La I Guerra Mundial

EN IMÁGENES

LA I GUERRA MUNDIAL

EN IMÁGENES

DE

J. H. J. ANDRIESSEN

EDIMAT Libros

www.edimat.es

Edición publicada en exclusiva en lengua castellana para

EDIMAT LIBROS, S. A.
Calle Primavera, 35 - Polígono Industrial El Malvar
28500 Arganda del Rey - Madrid - España
www.edimat.es

ISBN 84-9764-436-0

© 2002 Rebo International b.v.
© 2002 uitgegeven door Rebo Productions b.v., Lisse

Texto: J.H.J. Andriessen
Traducción: María Jesús Sevillano Ureta
Producción: Studio Imago, Amersfoort
Redacción/edición: Studio Imago, Elze Mulder, León Honings, Jannie Kroes
Diseño de cubierta: Ángel García
Composición: Adela Mogorrón
Impreso en 2003

CONTENIDO

Prólogo   10

ANTECEDENTES DEL CONFLICTO   12

Guerra franco-prusiana de 1870-1871   12

El imperialismo de las grandes potencias   13
   Francia   13
   El Congreso de Berlín traza el mapa de nuevo   14
   Los franceses ejercen poder colonial en África   16
   Acontecimiento peligroso en Fashoda   16
   Extensión de la colonización francesa y cese del ministro
      de Asuntos Exteriores   19
   La conferencia de Agadir censura a Alemania   21
   Segunda crisis marroquí, los alemanes envían al buque
      de guerra *Panther*   22
   Expansión colonial alemana y rivalidad económica
      y política   25
   El Imperio Británico, Gran Bretaña superpotencia   27

Sucesión de alianzas   28
   Alemania y sus aliados   28
   Convenio militar secreto entre Francia y Rusia en 1894,
      que induce a la I Guerra Mundial   32
   Fin de la Era Victoriana en Gran Bretaña   34

Carrera de armas navales entre Gran Bretaña y Alemania.
   Construcción de los «dreadnoughts» y ampliación de la
   flota alemana   39

Servia, origen de tensión, y asesinato de Alejandro
   Obrenovic   43

CRISIS DE 1914   50

Postura del Imperio austrohúngaro y de Rusia   50

Asesinato en Sarajevo con dramáticas consecuencias
para la paz mundial 55

Reacción de las grandes potencias, aplazada la movilización
del ejército austrohúngaro 59

«Cheque en blanco» de Alemania 61

El ultimátum vienés 62

Movilización de las grandes potencias 65
   Movilización de Alemania 65
   Movilización de Rusia 67
   Un millón de voluntarios en Gran Bretaña 69
   Movilización de Francia 72

Postura de Turquía e Italia 74
   Italia 74
   Turquía 76

ESTALLA LA GUERRA 78

Planes militares 78
   Motivos 79

El plan von Schlieffen 81

El plan n.º 17 francés 83

Plan de batalla británico 85

Plan de batalla austrohúngaro 86

Planes de guerra rusos 87

DESARROLLO DE LA GUERRA 88

Los alemanes invaden Bélgica y Luxemburgo 88
   Comienza la batalla 93
   Batalla de Lieja 95
   Batalla de Namur 99
   Batalla de Amberes 104
   Atrocidades alemanas en Bélgica: muerte del capitán
   Fryatt y Edith Cavell 109

La batalla del Marne   112

    Momento crucial   112

Carrera hacia el mar, batallas de Ijzer e Ypres   117

    Destitución de von Moltke y nombramiento de
    Falkenhayn   117

    Batalla de Ijzer, combate heroico del ejército belga   122

    La primera batalla de Ypres   141

    La segunda batalla y ataque con gas   159

    La tercera batalla   169

    La cuarta y última batalla de Ypres   171

    Espantosas bajas y pérdidas   171

El Frente Oriental, ataque ruso   172

Batalla de Tannenberg y heroicas funciones de Hindenburg
    y Ludendorff   176

Batalla de los lagos Masurios   181

    Ataque alemán   181

    Lucha en Galitzia   194

LAS GRANDES BATALLAS DE 1915 Y 1916

    198

Gallípoli   198

    Comienzo de la batalla   198

    Operaciones combinadas mal realizadas en tierra
    y mar   214

    Los desembarcos   233

    Fin de la aventura: retirada de Hamilton   238

Batalla de Verdún   242

    Operación «Gericht» para herir de muerte al ejército
    francés   242

    El combate en el Bois des Caures demora el avance
    alemán   259

    Caída del fuerte de Douaumont, afortunado viraje
    de los acontecimientos   272

    Toma del pueblo de Douaumont   276

Batalla por el fuerte de Vaux 285

Batalla de Mort-Homme y Colina 304 295

Toma de las dos colinas 296

Batalla continua 297

Ataque con granadas de gas en el fuerte de Souville 297

Batalla sangrienta del Somme 299

Uno de julio 339

La raza británica 353

Ofensivas de Brusilov 354

Ofensiva de junio 354

Nuevos intentos 356

Italia entra en la guerra en la batalla de Isonzo 360

GUERRA EN EL MAR 374

Planes de la armada alemana 374

Guerra total por medio de submarinos 384

Ataque con torpedos al *Lusitania* (1) 388

Batalla de Jutlandia 391

La *Hochsee Flotte* alemana se hace a la mar 391

Tácticas alemanas 391

Resultados 409

Barrenado de la flota alemana en Scapa Flow 417

ESTADOS UNIDOS ENTRA EN LA GUERRA 428

Estados Unidos, ¿neutral? 428

Ataque con torpedos al *Lusitania* (2) 437

Un día triste 437

Versión británica 439

Versión alemana 440

La postura norteamericana 443

Los hechos 445

El telegrama de Zimmermann, la gota que colmó el vaso   454

Acto final: Estados Unidos declara la guerra   457

EL FINAL   460

La Revolución rusa   460
   Abdicación del zar   460
   Rusia se retira de la guerra   465

La ofensiva alemana en marzo de 1918   474
   Un último intento   474
   Comienzo de la Operación Michael   477
   Segundo intento: la Operación George   494
   Tercer intento: el plan Hagen   498
   Cuarto intento: la Operación Gneisenau   502
   Quinto intento: Operación Marneschutz y batalla
     de Reims   503
   Contraofensiva aliada   504

8 de agosto: día negro para el ejército alemán   506

Alemania pide un alto el fuego   542

Paz sin vencedores   559
   Negociaciones de Armisticio   559
   El plan de catorce puntos del presidente Wilson   569
   El Armisticio   581

Tratado de Paz de Versalles, cambio en las fronteras
europeas   583

Bibliografía   588

Índice onomástico   599

Agradecimientos por las fotografías   600

PRÓLOGO

Las horribles batallas que tuvieron lugar entre 1914 y 1918, descritas en un principio como la Gran Guerra, pero posteriormente conocidas como Primera Guerra Mundial, sucedieron hace más de ochenta años y se han convertido en historia realmente.

¿Por qué será que esta guerra se recuerda todavía incluso después de una segunda e incluso más terrible guerra mundial? El interés que despierta la Primera Guerra Mundial hoy en día es mayor que nunca e incluso las publicaciones que tratan de este periodo se buscan cada vez más.

La redacción de la historia de la Primera Guerra Mundial estuvo dominada durante un largo período de tiempo por historiadores británicos. Gran Bretaña representó un destacado papel en el conflicto y casi todas las familias británicas lamentaron la muerte de un padre, de un hijo, o de un miembro de su familia, pero también fue éste el caso de los franceses y de los alemanes, que perdieron la mayor parte de esa generación en los campos de batalla.

Historiadores franceses y alemanes prestaron atención a este período y muchos libros se han publicado sobre el período comprendido entre 1914 y 1918. Sin embargo, fueron los textos en lengua inglesa los que consiguieron el mayor número de lectores y es totalmente comprensible que estos puntos de vista sobre los acontecimientos de la Primera Guerra Mundial lleven un marcado sello británico.

Tuvo su origen en el dominante papel que la lengua inglesa ha adquirido por los textos ingleses, al leerse y comprenderse de una forma más amplia, a diferencia del alemán o del francés, con muchos menos lectores. Como consecuencia, los historiadores se han dirigido a la lengua inglesa como fuente de material. Resulta bastante lógico, ya que se les podía comprender con más facilidad y por tanto se simplificaba su investigación. Las fuentes británicas no se incluyen con frecuencia en las biografías sino que generalmente se encuentran en la traducción más que en la fuente original.

En la década de 1920 varios historiadores empezaron a dudar sobre la validez del artículo 231 del Tratado de Versalles, que identifica a Alemania como único responsable de la guerra.

Los historiadores norteamericanos fueron los primeros en este movimiento. No solamente consiguieron que el Congreso de EE.UU. no firmara el tratado sino que historiadores como Sydney Fay, Barnes y R. Owen publicaran impresionantes críticas sobre el tratado.

En Alemania también hubo muchos actos ocasionados por el gobierno de la República de Weimar y se estableció una comisión parlamentaria para examinar la cuestión de culpabilidad. Ésta se inspiró en las declaraciones juradas de los principales grupos involucrados. Hubo otras publicaciones de escritores franceses, británicos y holandeses que se sumaron a los pensamientos revisionistas. La actitud de la época no fue correcta, sin embargo, y los esfuerzos realizados para revisar el tratado fueron contraproducentes y por tanto nada se consiguió de ellos.

Hasta la década de 1960 el tópico no recuperó interés después de la publicación de la obra *Griff nach der Weltmacht,* del historiador alemán Fritz Fischer, en la cual él culpa exclusivamente a Alemania. Esto provocó un tremendo debate entre las dos partes del argumento que continúa en la actualidad.

En los últimos años ha habido un cuidadoso ajuste de actitudes que rodean a la historia de la Guerra Mundial y se han realizado claros progresos. Nuevas ideas, disponibilidad de nueva fuente de material y un examen mucho más crítico realizado por una nueva generación de historiadores, tanto en el Reino Unido como en otros lugares, que lentamente están causando que se vuelva a escribir la historia de la Primera Guerra Mundial. Probablemente pasarán muchos años más antes de que se puedan sustituir los puntos de vista del pasado por una visión probablemente más justa de los papeles representados por los países que participaron en la Primera Guerra Mundial.

El autor ha intentado encontrar un lugar para nuevos puntos de vista que proceden de una nueva fuente de material en *La Primera Guerra Mundial en imágenes,* e ignorar los mitos originados en el siglo XX. Pone en relieve que en estas visiones de los hechos, algunas veces diferentes, de la Primera Guerra Mundial y la función de los diferentes gobiernos en ningún momento se duda del sacrificio, del vigor y de la valentía de los soldados de cualquier nacionalidad en el frente. Muy por el contrario, los soldados de la «Gran Guerra» realizan con frecuencia actos de inimaginable heroísmo, valor, abnegación, constancia y camaradería que nos resulta imposible comprender en este siglo XXI. El autor, por tanto, espera que esta colección de fotografías consiga dar una idea del sufrimiento inhumano y de la matanza de soldados en la primera línea de la Primera Guerra Mundial, y que pueda llevar a un nuevo interés crítico sobre el cómo y el porqué de la guerra de 1914 a 1918 con sus casi treinta millones de víctimas, que robó la vida a una generación entera de jóvenes y cambió el mundo por completo.

Akersloot,
Febrero 2003

J.H.J. Andriessen

ANTECEDENTES DEL CONFLICTO

La guerra inevitable

GUERRA FRANCO-PRUSIANA DE 1870-1871

Inmerecido orgullo, política y ambiciones personales, demasiada confianza y ausencia de realismo fueron las causas que llevaron a la guerra franco-prusiana de 1870-1871, siguiendo la oposición francesa a las ambiciones de un príncipe prusiano al trono español vacante. Francia no deseaba ver influencia prusiana en un país vecino y exigió al rey prusiano que evitara que el príncipe prosiguiera con su demanda. El rey prusiano actuó en efecto y el príncipe se retiró con resentimiento, pero resultó no ser suficiente para los franceses. Francia exigió garantía del rey prusiano de que nunca un prusiano accedería al trono español. Evidentemente, era una demanda imposible ante la que el rey prusiano no podía ceder y llevó a los franceses a declarar la guerra.

Fue un paso desastroso, ya que el ejército francés fue derrotado, el emperador Napoleón III fue apresado y encarcelado, y París fue ocupada por soldados alemanes. Para hurgar más en la herida, se declaró el Estado alemán en la Sala de los Espejos de Versalles y la rica provincia de Alsacia y Lorena, que los franceses se habían apropiado de Prusia, una vez más se convirtió en suelo alemán con el nombre de Elzas-Lotharingen. El Estado de Alemania había nacido y parecía que el poder de Francia se había debilitado.

Y sin embargo la semilla de una nueva guerra estaba germinando en este momento: una guerra que iba a incendiar Europa y a conocerse como Primera Guerra Mundial. El pueblo francés, conmocionado y vencido, perdió la confianza en su ejército, que resultó tan humillado y mantuvo un perfil tan bajo. Hasta 1880 los franceses no se tomaron en serio de nuevo la defensa de su territorio. Durante los años siguientes la frontera con Alemania se equipó con una línea fortificada de defensas prácticamente impenetrables y los militares comenzaron a hacer planes para reconquistar Alsacia y Lorena.

Último encuentro de los reyes de Europa en 1910 por el funeral del rey Eduardo VII. Fotografiados (de izquierda a derecha): Hakon (Noruega), Fernando (Bulgaria), Manuel (Portugal), Guillermo II (Alemania), Jorge (Grecia), Alberto (Bélgica), Alfonso XIII (España), Jorge V (Gran Bretaña) y Christian (Dinamarca).

EL IMPERIALISMO DE LAS GRANDES POTENCIAS

FRANCIA

El creciente deseo de venganza, unido a una creciente hostilidad hacia Alemania por parte de los franceses, no era compartido por todos. Algunos políticos opinaban que una nueva guerra con Alemania únicamente podía tener resultados desastrosos. Señalaban la realidad de que otros países como EE.UU., Gran Bretaña y Rusia no habían perdido el tiempo y habían creado grandes imperios coloniales. Sugerían que Francia actuara igual que ellos del modo más rápido posible, antes de que hubiera desaparecido toda oportunidad. Pensaban que la única política acertada era la de la colonización. En ese momento cedieron, aunque los franceses nunca olvidaron por completo la venganza.

El pueblo sí reconoció, sin embargo, que era necesario que Francia intentara primero extender sus colonias. La opinión general era que esto causaría que el país fuera más importante y por tanto con el tiempo aumentaría las oportunidades de recuperar Alsacia y Lorena. Lenta pero segura, la política exterior francesa se dirigió a la adquisición de nuevas colonias con la vista fijada, naturalmente, en África, donde se encontraban grandes extensiones de las que apropiarse.

EL CONGRESO DE BERLÍN TRAZA EL MAPA DE NUEVO

Los primeros intentos de los franceses por extender sus colonias en África se realizaron en 1878, durante el famoso Congreso de Berlín. Muchos países se reunieron allí bajo el liderazgo del canciller alemán Bismarck para resolver la llamada «cuestión oriental». Este asunto era resultado de la guerra ruso-turca de 1877-1878, en la que Rusia venció a Turquía y tomó posesión de amplias zonas del imperio turco, repartiéndolas entre sus amigos de los Balcanes. Esto dio como resultado el estado satélite ruso de la Gran Bulgaria, que se extendía hasta el mar Egeo.

Esto creó inquietud en los británicos, que no deseaban ver influencia rusa en el Mediterráneo, y a Italia también le preocupaba, mientras que el Imperio austrohúngaro observaba la significativa extensión de la influencia rusa en los Balcanes con gran preocupación. Exigieron un cambio significativo en los planes rusos, que Rusia, educada pero firmemente, rechazó. Gran Bretaña y Austria-Hungría comenzaron ahora a sacudir sus sables, Bismarck se ofreció de mediador y finalmente Rusia accedió a una conferencia que resolviera los problemas surgidos por la redistribución del territorio ganado a los turcos.

Rusia no salió de la reunión con mucho éxito. Poco quedó de la Gran Bulgaria al devolver parte de ella a los turcos. Servia era también una parte grande, un solo trazo dobló el tamaño del país, y Rumania también ganó en el proceso. El sur de Bulgaria se llamó

El káiser Guillermo II de Alemania, joven, con uniforme.

Sultán Mohammed de Turquía (1844-1918).
Ascendió al trono a los 65 años de edad después
de estar encarcelado en su propio palacio durante
muchos años. Murió poco después de la caída
de las potencias centrales en 1918.

El general Kitchener, durante la guerra Boer
de Sudáfrica. En 1914 llegó a ser ministro
de la Guerra.

Rumelia, como provincia autónoma del sultán turco pero con gobernador cristiano y ejército propio. Al Imperio austrohúngaro se le encargó la protección de Bosnia-Herzegovina para consternación de Servia, que también se había fijado en el territorio en el que vivían muchos servios. Esto conduciría a grandes problemas en el futuro. Gran Bretaña tomó el control de Chipre durante la conferencia, contra la voluntad del sultán, pero no tuvo poder para evitar este «robo» de su dominio como se refirió a él.

Sin embargo, no fueron las últimas palabras, porque Rusia se opuso al hecho de que el conquistador se había ido prácticamente sin nada. Gran Bretaña —generosa con la tierra de otros pueblos— ofreció a los rusos el Cáucaso en compensación, pero esto condujo a otras demandas de los franceses. Si Gran Bretaña iba a controlar Chipre —una zona a la que los franceses consideraban dentro de la esfera de su dominio—, entonces Francia recibiría algo de igual categoría que sugirieran los franceses. Generosamente los británicos, una vez más, ofrecieron a los franceses el territorio de otros, a saber, Túnez. Los franceses aceptaron felizmente esta oferta y por tanto, al no haber nadie que se quejara, el territorio de otros fue sencillamente expropiado como donaciones de unos a otros y el mundo se dividió de nuevo en el Congreso de Berlín.

LOS FRANCESES EJERCEN PODER COLONIAL EN ÁFRICA

Inmediatamente después del Congreso de Berlín, Europa parecía estar en paz. Los defensores de la expansión colonial en Francia consiguieron apoyo contra aquellos que estaban a favor de la venganza después del Congreso de Berlín.

La manzana madura de la provincia turca de Túnez estaba ya lista para ser arrancada. Las grandes potencias habían ofrecido a Francia, ¡en bandeja!, esta provincia situada al este de Argelia (que habían ocupado los franceses en 1830).

Aunque de una forma bastante extraña, ellos no estaban seguros de reclamar su premio. Sólo después de que Bismarck (quien deseaba conceder Túnez a los franceses para que se olvidaran de la venganza) amenazara con apoyar las demandas italianas sobre Túnez se puso en movimiento Francia. Finalmente, los franceses enviaron 30.000 soldados a Túnez el 28 de abril de 1881 con el pretexto de apoyar al gobernador turco para sofocar rápidamente la rebelión de la frontera y hacerse cargo del gobierno del país.

La ocupación de Túnez fue el principio de una futura expansión francesa en África. Con el tiempo, Francia se convertiría en la segunda potencia colonial más extensa. No obstante, los políticos franceses querían más, y rápidamente se fijaron en Egipto y el delta del Nilo, donde ya habían pisado anteriormente con Napoleón. Este interés por Egipto, sin embargo, les supondría un conflicto con Gran Bretaña, ya que se había reservado Egipto para ella.

ACONTECIMIENTO PELIGROSO EN FASHODA

Los franceses enviaron una misión militar al Alto Nilo en 1898. El Gobierno francés estaba en total desacuerdo con la ocupación británica de Sudán después de someter a todo Egipto en 1882. Los franceses también estaban muy interesados en esa parte de África y estaban molestos por la ocupación británica de Sudán sin discusión alguna con los franceses. Los soldados franceses, bajo el mando del capitán Marchand, llegaron al pequeño asentamiento de Fashoda en 1898 e izaron inmediatamente la bandera francesa. Los británicos reaccionaron en seguida enviando varios cañoneros Nilo arriba. Los buques

Edward Grey, ministro de Asuntos Exteriores británico.

El general británico Henry Wilson, revisando las fuerzas en los preparativos de la guerra británico-francesa.

El káiser Guillermo II (izquierda) y von Moltke (2.º izda.), comandante en jefe alemán, durante unas maniobras.

de guerra llegaron allí el 19 de septiembre y Marchand les dio la bienvenida con el mejor uniforme de gala. Esto irritó al general Kitchener, famoso después, que dirigía la expedición británica, y le dijo a Marchand con términos claros que liaran sus petates y se marcharan, sin olvidar llevarse la bandera francesa con ellos. Marchand, educada pero firmemente, se negó y ambos regresaron a sus líneas para pedir consejo a sus gobiernos. Ahora amenaza un serio conflicto entre los dos países y el ministro de Asuntos Exteriores francés, Delcassé, se ofreció a negociar. Los británicos se negaron: no había nada que negociar, los franceses se marcharían inmediatamente y ellos dieron un ultimátum. Había riesgo de guerra y los franceses se vieron obligados a retirar sus tropas de Fashoda. Las relaciones entre estos dos países después de este incidente no eran buenas, pero en 1902 los británicos buscaron un «acercamiento» y enviaron al rey Eduardo VII a París en visita oficial. Esta visita marcó el comienzo de unas relaciones oficiales mejores. Se creó una atmósfera de amistad y finalmente los dos países hicieron un pacto amistoso que trataba de relaciones comerciales. Posteriormente, los nuevos lazos diplomáticos también dieron como resultado un acuerdo secreto entre los dos países sobre cooperación militar. Se hizo con vistas a una posible futura guerra con Alemania, de la cual en ese momento los alemanes no tenían ni la más remota idea.

EXTENSIÓN DE LA COLONIZACIÓN FRANCESA Y CESE DEL MINISTRO DE ASUNTOS EXTERIORES

Mientras tanto los franceses miraban con ojos codiciosos a nuevas oportunidades de expansión en África. Soñaban con un gran imperio colonial que se extendiera desde el océano Atlántico hasta Túnez, con Marruecos formando parte. Los diplomáticos franceses comenzaron ahora conversaciones secretas con Italia, España y Gran Bretaña sobre la extensión de intereses franceses en África, mientras ellos eran uno de los firmantes, junto con Alemania, del Tratado de Madrid, que garantizaba que Marruecos permanecería como estaba. Como consecuencia de que Francia deseaba más, negoció con Gran Bretaña, Italia y España, pero omitió intencionadamente a Alemania, porque los franceses sabían que Alemania exigiría una compensación.

Alemania tenía intereses comerciales en Marruecos desde 1886, tres compañías navieras alemanas estaban establecidas allí y Alemania era la tercera nación comercial más importante de Marruecos. Era evidente que Alemania no estaría dispuesta a permitir que estos intereses pasaran a manos de los franceses sin protestar. Cuando Alemania descubrió las verdaderas intenciones de los franceses, en 1904 dejaron claro de forma ambigua que les desagradaba extremadamente. La posición francesa fue considerada inapropiada e insultante.

El gobierno alemán decidió dar un claro aviso de que se resistirían a la extensión de la influencia francesa en Marruecos. El canciller alemán exhortó al káiser, que en ese momento estaba cruzando el Mediterráneo, que realizara una breve visita a Tánger. Aunque Guillermo II estaba poco interesado en esa visita, tenía poca elección y por tanto desembarcó el 31 de marzo de 1905

Delcassé.

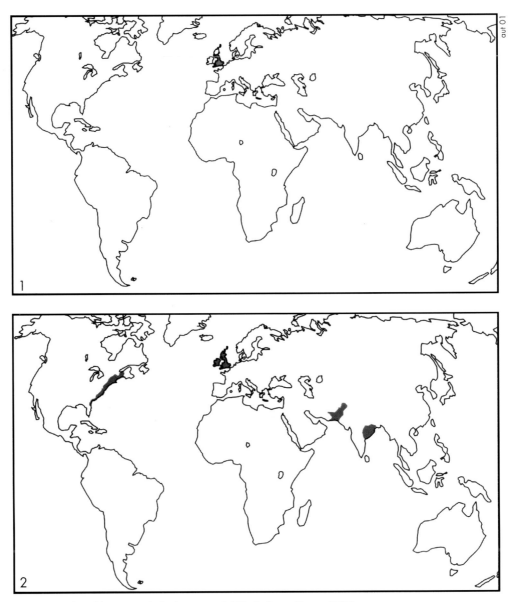

Extensión colonial británica: 1. Inglaterra en 1600. 2. Extensión en 1700.
Página derecha: 3. Extensión en 1800. 4. Imperio Británico en 1918.

para realizar una breve visita al sultán. Se declaró protector de la integridad marroquí y por tanto se opuso directamente a los franceses. Esta visita degeneró en un gran desacuerdo entre Rouvier, primer ministro francés (que temía un serio conflicto con los alemanes), y su ministro de Asuntos Exteriores, Delcassé, quien consideraba la visita de Guillermo como una fanfarronada y deseaba continuar con los planes de expansión. Planeó enviar varios buques de guerra a Tánger para reforzar su política. Rouvier buscó la ayuda del presidente francés y, después de una tormentosa reunión del gabinete, Delcassé fue despedido y desapareció durante un tiempo del escenario político.

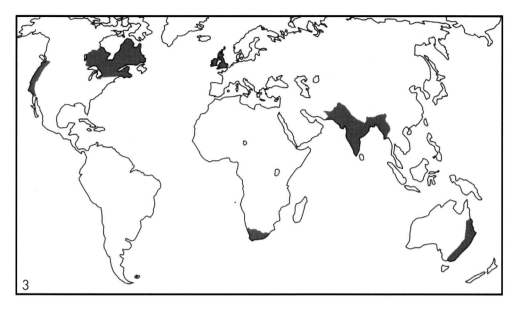

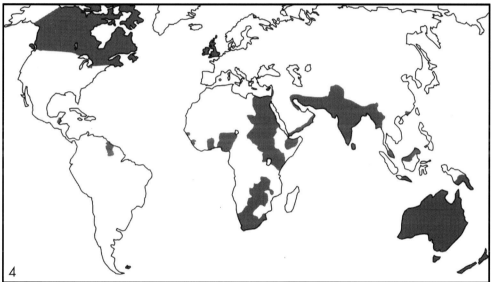

LA CONFERENCIA DE AGADIR CENSURA A ALEMANIA

La diplomacia alemana parecía haber prevalecido, pero no se había apreciado y pronto se hizo aparente. Alemania exigió una conferencia internacional para hablar del problema. La conferencia se mantuvo en Algeciras en abril de 1906 y el resultado fue un tratado en el que la postura de Francia respecto a Marruecos se regulaba y establecía. La conferencia fue una gran decepción para Alemania. Los franceses se salieron con la suya en todo, a excepción de unos cuantos puntos. Estaba clarísimo que Alemania tenía pocos amigos y estaba amenazada de aislamiento, porque prácticamente ningún país apoyaba el punto de vista alemán. Únicamente el estado austrohúngaro apoyó a Alemania, pero los demás países, entre

Postal de los aliados: el káiser Guillermo II y el emperador Francisco José de Austria-Hungría.

ellos Italia, que formaba parte de la alianza tripartita entre Alemania, Austria-Hungría e Italia, abandonaron a los alemanes.

El impacto fue enorme, especialmente porque Alemania no había esperado tal resultado y ahora era consciente de que su posición de gran potencia se debilitaba.

SEGUNDA CRISIS MARROQUÍ, LOS ALEMANES ENVÍAN AL BUQUE DE GUERRA *PANTHER*

Una nueva crisis surgió en 1911 cuando Francia decidió enviar tropas a Marruecos con el pretexto de proteger a sus súbditos contra una rebelión que había estallado. Aunque los franceses habían consultado a los británicos, habían dejado a los alemanes al margen y Alemania consideró el envío de tropas como el último intento de frustrar los intereses alemanes en Marruecos. La respuesta alemana fue el envío del buque de guerra *SMS Panther* a Tánger, como aviso de que Alemania no estaba dispuesta a consentir esa situación o permitir que se vieran comprometidos sus intereses en Marruecos.

También esta vez se calmó el asunto. Una vez más Francia no permitió que el asunto llegara a la guerra…, pero fue la última vez. Una vez más Alemania no tuvo el apoyo de otros estados y al parecer estaba totalmente aislada. No obstante, la acción del *Panther* había conducido a los franceses a brazos de los británicos con más firmeza y había sido contraproducente.

Alemania se encontraba sola en un mundo hostil y era obvio que aquellos asuntos pronto llevarían a un conflicto mayor.

La diplomacia alemana prevaleció una vez más. El nuevo ministro de Asuntos Exteriores alemán, Kiderlen Wächter, juzgó más prudente retirarse de Marruecos después de todos los problemas que habían surgido. Deseaba cambiar los intereses comerciales alemanes de allí por una compensación. Como consecuencia de que él consideraba que una nueva reunión en Marruecos no solucionaría nada y sencillamente uniría más a británicos y franceses (lo cual él deseaba evitar expresamente), decidió primero presionar a los franceses antes de exigir una compensación y retirarse de Marruecos.

Si la llegada del *Panther* había creado una tormenta, la demanda de compensación alemana fue como la explosión de una bomba. Alemania exigía todo el Congo francés a cambio de sus intereses marroquíes y ofreció, para moderar, la isla de Togo y parte del Camerún alemán. Inmediatamente, Francia se dirigió a los británicos y a los rusos. Los británicos reaccionaron con particular vehemencia. El primer ministro británico, Lloyd George, dio un discurso en el que incluso amenazaba de guerra si Alemania amenazaba al papel británico representado en el escenario del mundo. Fue en este momento cuando los británicos decidieron prepararse para la guerra con Alemania y su general Henry Wilson viajó a París para coordinar la posible acción militar franco-británica.

Al káiser alemán, que no había estado a favor de enviar el *Panther* a Tánger, le sorprendió enormemente esta reacción británica y dejó claro a su ministro de Asuntos Exteriores que el problema marroquí no merecía una guerra y que no siguiera adelante.

aut 14

El buque de guerra alemán *Panther,* enviado a Tánger en 1911 para avisar a los franceses de que no debían ignorar los intereses alemanes.

El presidente Poincaré, de Francia (segundo por la derecha), que representó un importante papel en el estallido de la Primera Guerra Mundial.

Francia también quedó conmocionada por la acción que fue consecuencia de la crisis del *Panther*. Una vez más se temía la guerra y los políticos franceses confiaban poco en el apoyo de rusos y británicos, si se llegaba a ella. Por consiguiente, decidieron negociar con los alemanes sobre sus demandas de compensación. Los países llegaron a un acuerdo en noviembre de 1911. Alemania aprobó la continuación de los intereses franceses en Marruecos, incluyendo cualquier decisión francesa para envío de tropas. A cambio Alemania recibió unos 250.000 km^2 del Congo francés, que hubiera ayudado a los franceses a ser una destacada potencia colonial.

La acción del *Panther* había dado fruto y Kiderlen Wächter siguió adelante. Francia también quedó satisfecha, porque ahora podría hacer lo que deseara en Marruecos sin interferencias alemanas. Únicamente los británicos se quejaron y blandieron sus sables. Hubo un repentino alivio de tensión, sin embargo, después del acuerdo franco-alemán y las relaciones entre los tres países se normalizaron e incluso fueron más amistosas. La paz del mundo tuvo un respiro durante unos años antes de que las oscuras nubes le cubrieran de nuevo e hicieran sombra.

EXPANSIÓN COLONIAL ALEMANA Y RIVALIDAD ECONÓMICA Y POLÍTICA

Alemania era una nación de rápido crecimiento en el siglo XIX. Más de la tercera parte de su población, que aumentaba rápidamente, tenía menos de quince años. El país se estaba convirtiendo en una nación muy industrializada, que producía una gama creciente de productos nuevos, para los que necesitaba mercados, obviamente. Resultaba ser un problema, ya que los alemanes también tenían dificultades para encontrar mercados preparados e incluso importar la materia prima necesaria se había hecho cada vez más difícil.

Para fijar la escena, las importaciones alemanas crecieron al menos un 244 por 100 entre 1887 y 1912 y sus exportaciones aumentaron en un 215 por 100 aproximadamente. Esto suponía que el crecimiento de las exportaciones alemanas en esta época era mayor que el crecimiento de EE.UU. (173%), Gran Bretaña (113%) y Francia (98%).

Alemania se convirtió en el mayor productor de carbón, hierro y acero, y la industria química alemana llegó a ser la más importante de Europa. Surgieron grandes empresas que crecían a un ritmo escalonado.

Naturalmente, este crecimiento económico lo seguían muy de cerca los británicos, especialmente cuando la industria química alemana empezó a conseguir grandes pedidos que anteriormente habían ido a empresas británicas. En seguida todos los mercados de exportación británicos se vieron inundados de repente por productos más baratos, y a menudo de mejor calidad, especialmente en el campo de la ingeniería eléctrica, textiles y astilleros, en los que los alemanes eran ferozmente competitivos. En algunos casos los alemanes exportaban más mercancías a un territorio británico que los británicos mismos. Cuando Alemania empezó también a construir su propia flota mercante (hasta entonces la mayoría de las mercancías alemanas se embarcaban en barcos británicos) los británicos se alarmaron realmente. Ahora se consideraba a Alemania una amenaza, no una amenaza militar, pero sí económica, contra la que los británicos no tenían una defensa inmediata.

Era evidente para el gobierno alemán que, si tenía que alimentar los estómagos hambrientos de su creciente población y tenía que encontrar trabajo para ellos, entonces la industrialización

El zar ruso Nicolás II.

y la exportación eran necesidades urgentes. Con el fin de asegurar la materia prima necesaria sin depender constantemente de la «buena voluntad» de los británicos, se consideró esencial fundar sus propias colonias. Aunque no todos apreciaban este paso adelante y muchos aspectos obraban de forma contraproducente para Alemania. Por cualquier lugar por donde ellos deseaban extenderse, como el arrendamiento en China de Kiow Chow en 1897, los esfuerzos por colonizar las islas Salomón en 1898, los esfuerzos por establecer una factoría en Filipinas, los intentos de establecer carboneras o factorías en Aden, Yemen, a lo largo de la costa persa y en la ruta hacia la India, ellos encontraban la oposición de Rusia, Japón y Gran Bretaña, y a Alemania le resultaba prácticamente imposible extenderse económicamente por medios pacíficos.

Es totalmente lógico que la demanda de sus propias colonias y de una flota capaz de proteger las rutas de aprovisionamiento crecieran en proporción directa a la oposición de otros países. Es igualmente comprensible que en aquella época los británicos –que poseían la armada más fuerte del mundo como sine qua non (o necesidad), por su condición de estado insular– sintieran que era una amenaza militar y, aunque

Desfile de tropas rusas ante el presidente francés durante una visita a San Petersburgo en julio de 1914.

los alemanes lo reconocieron, no había otra elección que continuar en la dirección elegida.

Por desgracia las tácticas y diplomacia de Alemania no siempre se realizaron con cuidado, dando como resultado que el sentimiento británico se intranquilizara.

EL IMPERIO BRITÁNICO, GRAN BRETAÑA SUPERPOTENCIA

Los británicos habían estado ocupados fundando sus colonias desde el siglo XVII. Cuando empezó la Primera Guerra Mundial en 1914, Gran Bretaña poseía el imperio más grande del mundo, que abarcaba territorios como Australia y Nueva Zelanda, Hong Kong, Singapur, Malasia, India, Sudáfrica, Egipto, Sudán, Nigeria, Costa de Oro, África Oriental británica, Uganda, Somalia, Rodesia, Sierra Leona, las Antillas y Canadá, pero incluso esto no fue suficiente.

Cuando estalló la guerra, los británicos se habían fijado también en zonas de Persia, zonas de Anatolia (Turquía asiática) y Mesopotamia y Bagdad, la bahía de Haifa y Akkad en el Mediterráneo, Helgoland y, por supuesto, en las colonias alemanas.

El ministro de Guerra británico, Haldane, creador de la Fuerza Expedicionaria británica enviada a Francia en 1914.

Los británicos habían creado una enorme flota naval durante siglos con el fin de proteger sus colonias y las rutas marítimas entre ellas. Era la armada más grande del mundo y ninguna nación osaba desafiar esta supremacía. Por esta razón, a Gran Bretaña se la podía considerar la potencia más grande del mundo y comprensiblemente los británicos deseaban mantener esta posición. Era obvio que cualquier cosa o cualquier persona que amenazara esta posición iba a ser considerada enemiga y tratada como tal. La política británica iba a mantener un equilibrio de poder en el mundo. Tan pronto como cualquier nación amenazaba con convertirse en demasiado fuerte, los británicos se aliaban con los enemigos de esa nación para aplicar un total doble dominio.

Los británicos consiguieron mantener la paz en Europa durante muchos años con este medio, incluso aunque debajo de esta calma exterior se ponían en marcha procesos que pondrían fin a esta paz. Alemania representó un papel clave en estos procesos con su expansión económica y sus planes de crear su armada.

SUCESIÓN DE ALIANZAS

ALEMANIA Y SUS ALIADOS

Inmediatamente después de la guerra franco-prusiana Bismarck hizo todo lo posible por aislar a Francia políticamente. Quería evitar que Francia perteneciera de nuevo a un círculo selecto de potencias importantes, ya que probablemente Francia se dirigiría en contra de Alemania y se convertiría en una nación peligrosa una vez más. Por consiguiente, Bismarck hizo todo lo posible por evitar que Francia consiguiera aliados poderosos. Un posible aliado era Rusia, por lo que Bismarck procuró un contacto diplomático con el embajador ruso en Berlín, al que le ofreció una alianza. Anteriormente, Bismarck había creado una alianza con el imperio austro-

El ministro de Guerra de Rusia, Suchomlinov, quien reconstruyó el ejército ruso después de la derrota con Japón (1904-1905), pero que posteriormente cayó en desgracia.

Flota de alta mar alemana, origen de inquietud británica; aquí, en el mar del Norte.

húngaro y posteriormente, en 1873, nació una alianza de tres reinos en la cual el káiser, el emperador austrohúngaro y el zar prometían cooperar entre ellos y adoptar la misma política si su paz era amenazada por otra potencia.

Este acuerdo entre los tres países no era perfecto y casi se dejó a un lado en 1879, cuando el zar protestó porque Alemania siempre se ponía de parte de los austrohúngaros en cualquier asunto importante.

Fue en este momento cuando Bismarck decidió no jugárselo todo a una carta, porque pensaba que ya no se podía confiar en los rusos. Sin informarles, entró en un pacto militar sumamente secreto con el imperio austrohúngaro el 7 de octubre de 1879, en el cual ambos países acordaban ayudarse mutuamente si Rusia atacaba a uno de ellos. Naturalmente, los rusos no estaban al tanto de esto y únicamente descubrieron este pacto secreto por casualidad, unos nueve años después.

En 1881 y 1884 la alianza tripartita fue renovada, pero en 1887 las relaciones entre Alemania y Rusia se habían deteriorado hasta tal punto que Rusia abandonó la alianza en protesta. Inmediatamente, Bismarck intentó limitar el daño y ofreció una alianza separada con Rusia, a la que describió como «cubrirse las espaldas». Bismarck prometió a Rusia que Alemania se mantendría neutral si ese país era atacado por el imperio austrohúngaro y declaró que estaba dispuesto a aceptar la esfera de influencia rusa en los Balcanes. Bismarck, por supuesto, no informó a Austria-Hungría de este

tratado (lo cual fue una flagrante violación de su alianza con ellos). Por tanto, se anticipaba claramente que aquello sería origen de problemas.

Bismarck consiguió por medio de estos acuerdos secretos evitar que Francia obtuviera nuevos aliados y mantenerlos perfectamente aislados.

En 1881 Italia también se unió a la alianza entre Alemania y Austria-Hungría, formando un nuevo acuerdo tripartito. Italia estaba preocupada por el crecimiento de la influencia francesa en el norte de África, donde Italia tenía intereses también. Los italianos esperaban conseguir fuerza suficiente para conseguir, por medio de este acuerdo, frustrar los planes franceses. Este tratado también se mantuvo en secreto, pero la participación italiana se descubrió, por supuesto, después de un tiempo. Una vez que Francia se enteró de esto, intentó apartar a Italia de la Triple Alianza con toda clase de promesas sobre la posible división de cada una de las otras esferas de influencia en África. Aunque Italia no concertó formalmente estos acuerdos, varios de éstos se hicieron en secreto y en 1902 ambos países acordaron un tratado muy secreto, en el cual Italia prometía mantenerse neutral si Francia era atacada por Alemania. A pesar de ello, Italia amplió su tratado con Alemania poco tiempo después. Los socios de Italia de la Triple Alianza desconfiaron de ella desde este momento y posteriormente se demostraría que tenían razón en hacerlo.

Cuando Bismarck tuvo que renunciar a la Cancillería en 1890, fue sucedido por el conde Caprivi, quien juzgó el acuerdo secreto de Bismarck contrario a su tratado con el imperio austrohúngaro y por tanto inaceptable. Lo consideró como clara traición hacia ese Estado (que por supuesto lo era) y aconsejó al káiser que no renovara el tratado cuando expirara. Guillermo II siguió su consejo, lo cual, aunque bien intencionado, resultó ser un momento crucial en la historia, que permitía a los franceses librarse de su aislamiento y tendría consecuencias muy negativas para Alemania a largo plazo.

CONVENIO MILITAR SECRETO ENTRE FRANCIA Y RUSIA EN 1894, QUE INDUCE A LA I GUERRA MUNDIAL

Pasó algún tiempo, como hemos visto, antes de que los franceses se recuperaran de su catastrófica derrota por el ejército prusiano en 1871, dejándola diplomáticamente aislada y un tiempo antes de que Francia intentara una vez más defender sus fronteras debidamente. Hacia el año 1880 los franceses empezaron a construir una cadena de fuertes a lo largo de su frontera con Alemania, con la cual pretendía sellar herméticamente su frontera contra un ataque. La idea de venganza comienza a surgir también en esta época y en 1887, poco después de completarse el último fuerte de la línea defensiva, el estado mayor francés traza los primeros planes ofensivos creados naturalmente para recuperar Alsacia y Lorena para Francia. Estos planes no tuvieron en cuenta una estrategia defensiva y el ejército fue transformado a partir de una fuerza puramente defensiva. El credo sagrado se convirtió en ataque y los soldados franceses intentaban atacar

El almirante Tirpitz (centro) y el príncipe Heinrich de Prusia (segundo por la izquierda), durante una visita privada al Royal Yacht Club de Queenstown en 1900.

La construcción británica del *HMS Dreadnought* intensificó significativamente la carrera de armas navales con Alemania.

por todos los medios y a cualquier precio. La palabra defensa se eliminó del vocabulario militar francés.

Mientras los militares se preparaban para recuperar Alsacia y Lorena los diplomáticos también estaban ocupados. Se hicieron todos los esfuerzos por acabar con el aislamiento diplomático que había causado Bismarck, con el fin de hacer de Francia una potencia importante de nuevo en el mapa de Europa.

La primera oportunidad para Francia surgió cuando Alemania ya no quiso prolongar su tratado con Rusia, como vimos antes. Una vez que los franceses vieron este rayo de luz, en 1890 enviaron al general Boisdeffre a Rusia, el cual empezó las conversaciones sobre una posible cooperación militar entre Rusia y Francia.

Boisdeffre fue recibido con los brazos abiertos por los rusos. Tenía mucha fuerza todavía su antiguo deseo de abrir un corredor desde el mar Negro a través de los Dardanelos y el Bósforo hacia el Mediterráneo. Esta ruta marítima se prohibió a los buques de guerra al finalizar la guerra de Crimea en 1856, después del Tratado de París entre las grandes potencias de la era de Gran Bretaña: Francia, Prusia y Austria, y por tanto los buques de guerra rusos estaban bloqueados en el mar Negro.

Para efectuar un cambio en esto, se requería el acuerdo de todas las partes, pero hasta entonces cada una de las partes había indicado su acuerdo con los términos del tratado. Los rusos esperaban que ahora fuera posible, con ayuda francesa, hacer el primer movimiento para la destrucción de este tratado. Los problemas rusos con los británicos sobre Persia también hacía atractiva una alianza con Francia.

El emperador francés Napoleón III (1808-1873).

Los franceses se esforzaron por llevar su relación con Rusia al más alto nivel. En julio del mismo año los franceses enviaron incluso un escuadrón a Rusia en visita oficial para subrayar la proximidad entre los dos países. Al año siguiente, el ministro de Asuntos Exteriores ruso, Giers, visitó París para avanzar las conversaciones. Pero hasta 1893 no se llegó a un acuerdo definitivo. El zar, que firmó el acuerdo por Rusia, exigía que el acuerdo permaneciera en estricto secreto, conocido sólo por el presidente y el primer ministro franceses. De igual modo, Francia participó en un tratado militar secreto con Rusia sin que el Gobierno ni el Parlamento francés fueran conscientes de ello.

Examinando este tratado, se hace evidente que, a pesar de las promesas de paz en su presentación, no podía haber duda de las agresivas intenciones de los dos países. Francia quería recuperar Alsacia y Lorena, y Rusia quería libre acceso hacia el Mediterráneo. Ambas naciones sólo podían lograr estos objetivos trabajando juntas, y así lo decidieron por tanto. Francia y Rusia se unirían en un conflicto contra Alemania cuando se completaran sus preparativos militares y llegara el momento oportuno. Mientras tanto, las dos naciones crearon sus ejércitos y sus armadas, propusieron planes conjuntos y se prepararon para el «gran momento», que suponían sucedería sobre 1917.

Por medio de esmerada diplomacia y hábiles pasos, Francia no sólo había tenido éxito al ganar a Rusia como potencia aliada sino también en debilitar enormemente la Triple Alianza, manteniendo conversaciones secretas con uno de sus miembros, Italia. Esa alianza era en consecuencia más débil que lo que se imaginaban. Las cosas no se iban a quedar así. Ahora Francia dirige su atención hacia Gran Bretaña en un esfuerzo por conseguir a esa nación como aliada en la futura guerra contra Alemania.

FIN DE LA ERA VICTORIANA EN GRAN BRETAÑA

La reina británica Victoria murió en 1901 a edad avanzada, suponiendo el fin de un período de gran progreso y prosperidad. A Victoria le sucedió Eduardo VII, un hombre franco y con ideas no demasiado positivas sobre Alemania y el káiser alemán, y además era un verdadero amante de la cultura francesa y de su forma de vida.

A finales de 1905 el gobierno conservador cayó y fue sustituido por los liberales. El ministro de Asuntos Exteriores era Edward Grey, antialemán acérrimo y quien había escrito en 1885 que Alemania era el enemigo principal de Gran Bretaña. Grey fue el principal defensor de la *entente cordiale* o acuerdo amistoso celebrado con Francia en 1904 y había destacado que sería bueno que se extendiera a otras áreas (militar quizá). También escribió que Europa seguía dividida en dos campos: la Triple Alianza (Alemania, Austria-Hungría e Italia) y la Doble Alianza (Francia y Rusia); pero ahora resulta obvio para todos que Gran Bretaña se había unido al lado francés. Por tanto, él apoyaba sinceramente las conversaciones militares secretas que el gobierno británico había comenzado con los franceses. Él permitió que avanzaran sin cambios cuando llegó a ser ministro de Asuntos Exteriores en 1905.

El pueblo británico, el Parlamento y la mayoría de los miembros del Gobierno británico no tenían conocimiento de estas conversaciones militares secretas franco-británicas y Grey las mantuvo en secreto, porque sabía que podría haber resistencia a ellas. Únicamente el primer ministro, Asquith; el ministro de la Guerra, Haldane, y varios generales, funcionarios antiguos y diplomáticos eran partícipes del secreto de Grey, y fue este grupo de hombres el que rápidamente llegó a la conclusión de que Gran Bretaña necesitaba un ejército que pudiera ser enviado a Francia en caso de guerra con Alemania.

El ministro de la Guerra, Haldane, presentó el 10 de enero de 1906 los planes de una fuerza expedicionaria británica que pudiera desembarcar en Francia o en Bélgica en catorce días, y se empezó a ampliar el ejército de forma que se pudiera situar en Bélgica o en Francia para ayudar a los franceses en una guerra anticipada con Alemania.

Mientras tanto, el general británico Grierson intentaba mantener conversaciones militares con los belgas. Aunque el Gobierno belga no podía mantenerlas por su estricta política de neutralidad respaldada por el tratado, el general belga Ducarne se reunió en secreto para hablar de ciertos asuntos y declaró que si los alemanes se movilizaban y concentraban tropas en la zona cercana a Aachen el ejército belga atacaría inmediatamente. En esta ocasión Grierson prometió disponer de 100.000 militares británicos para Bélgica. Henry Wilson, que sustituyó a

El general francés Boisdeffre, uno de los que iniciaron el convenio franco-ruso en 1894.

Grierson, aumentó esta cantidad a 160.000 hombres. Cuando el Gobierno belga tomó un mayor control del asunto y suspendió las conversaciones militares con los británicos, Wilson presentó planes nuevos y no tuvo escrúpulos al decir a los belgas que si fuera necesario los británicos desembarcarían en masa, aunque Bélgica se opusiera a ese desembarco. Lo que surgió de esto es que el liderazgo militar británico estaba violando la neutralidad belga, que en parte estaba garantizada por Gran Bretaña y por lo cual se consideraba imperativo militar. De esto es precisamente de lo que se acusó de estar haciendo Alemania como «crimen atroz». Los franceses también habían desarrollado planes para invadir Bélgica sin permiso del Gobierno belga si era necesario, si lo consideraban militarmente necesario, y el Estado Mayor francés hizo esta petición a su presidente Poincaré justo antes de estallar la Primera Guerra Mundial.

El general británico Henry Wilson fue nombrado director de operaciones militares en 1910 y por tanto se convirtió en la fuerza conductora más importante de los planes militares franco-británicos según se fueron desarrollando, incluyendo la cooperación entre las armadas francesa y británica. Por el mes de marzo de 1911 los planes de desembarco de cuatro divisiones británicas en Francia y Bélgica estaban preparados con detalle y Wilson firmó un acuerdo con el general francés

Fin de una era. El cadáver de la reina Victoria fue transportado en el yate real (centro) por el río Támesis a su último lugar de descanso.

Dubail el 20 de junio de ese año, en el cual se incrementaba a seis divisiones. El Parlamento británico y la mayoría de los miembros del gabinete desconocían por completo todas estas conversaciones y acuerdos, y cuando preguntaban a Grey respondía a la cámara diciendo que no había acuerdos con los franceses que obligaran a los británicos a unirse a ellos en caso de guerra con Alemania. Él no pensaba que se habían filtrado ciertos detalles. Varios ministros amenazaron con dimitir si no se revelaba la verdad. Se exigió una declaración escrita al primer ministro sobre que no habría más conversaciones franco-británicas sobre cooperación militar sin permiso previo del Parlamento. Se tuvo que dar esa declaración, pero Grey no prestó mu-

El ministro de Guerra británico, Lord Kitchener, quien proyectó una larga lucha y previó la necesidad de un enorme ejército.

cha atención a ello y continuaron las conversaciones como antes. Al año siguiente los planificadores franceses y británicos hablaron del papel de las armadas. Se decidió retirar por completo la flota francesa del mar del Norte y situarla en el Mediterráneo, y por consiguiente la flota británica se retiró casi por completo del Mediterráneo con el fin de poder proteger la costa francesa del ataque alemán. De esta manera las flotas de Gran Bretaña, Francia y Alemania quedaron dispuestas de la forma más eficaz posible y cada una de ellas era capaz de concentrarse en su propio territorio.

Ahora que las relaciones militares con Francia estaban establecidas, a pesar de que Grey no había firmado ni un solo documento y había celebrado acuerdos orales en el secreto más absoluto, Grey decidió fraguar relaciones más cercanas con Rusia. Para Rusia, que se había debilitado seriamente en la guerra con Japón de 1904, él pensó en un papel importante. Él pretendía una cooperación entre Francia, Gran Bretaña y Rusia contra Alemania. Esta cooperación resultaría fatídica para Alemania en caso de guerra. Las dos naciones firmaron un tratado el 31 de agosto de 1907, en el cual resolvieron varias diferencias, y al año siguiente el rey inglés visitó al zar acompañado de figuras militares importantes. Durante las conversaciones posteriores los británicos exigieron un fortalecimiento de la capacidad militar rusa para que pudiera representar un

La flota británica era considerada invencible, pero no resultó ser así en el caso contra la armada alemana en la batalla de Jutlandia en 1916.

papel decisivo en el escenario del mundo con Francia y Gran Bretaña, si la situación lo exigía. Los británicos dejaron claro que esperaban que se originara una crisis en siete u ocho años si Alemania seguía construyendo su flota. En tal situación, Rusia debería ser capaz de representar el papel decisivo que le indicara el portavoz británico. Los rusos reaccionaron positivamente y por tanto el ministro de Asuntos Exteriores británico había dado un paso más en el aislamiento diplomático y militar de Alemania. Ese país se veía obligado ahora a luchar en dos frentes contra tres enemigos poderosos en cualquier guerra. Alemania no podría ganar una guerra así y el resultado era por tanto predecible en ambos lados.

Por consiguiente, había dos bloques adversarios en 1914: la Triple Entente de Rusia, Francia y Gran Bretaña, y la Triple Alianza de Alemania, Austria-Hungría e Italia, siendo Italia el eslabón más débil y considerado de poca confianza. Era obvio para los alemanes que en unos cuantos años la supremacía sería demasiado grande y entonces una guerra resultaría fatídica. Por consiguiente, los militares alemanes empezaron a pedir con insistencia una guerra de prioridad mientras Alemania todavía tuviera oportunidad de ganar una guerra que se consideraba inevitable. Tanto el canciller alemán como el káiser se negaron a admitir esta petición.

CARRERA DE ARMAS NAVALES ENTRE GRAN BRETAÑA Y ALEMANIA. CONSTRUCCIÓN DE LOS «DREADNOUGHTS» Y AMPLIACIÓN DE LA FLOTA ALEMANA

Mientras tanto, la ampliación de la armada de Alemania, planeada por el almirante Tirpitz para defender Alemania de un ataque, había provocado cierto pánico en los británicos, y no era menor en el Almirantazgo.

A principios de 1900 el gobierno británico empezó a preocuparse por el rápido crecimiento del poder económico de Alemania. Surgió el interrogante de adónde iba a conducir aquello y qué sucedería si Alemania interrumpía el suministro de materia prima procedente del imperio durante una guerra, por ejemplo. La ampliación de la flota alemana aumentó esta preocupación y el Gobierno británico realizó estudios para averiguar qué se podía hacer. La conclusión fue que sería un desastre si Alemania tenía éxito a la hora de romper los lazos entre Gran Bretaña y sus colonias de ultramar. Por otro lado, se advertía lo mismo respecto a Alemania. Por tanto, se decidió bloquear los puertos alemanes en caso de guerra. En 1907 estaban preparados estos planes y, aunque contradecían directamente la legislación marítima establecida por los británicos mismos, en 1909 se consideró «imperativo militar». Para el almirante Tirpitz la posibilidad de un bloqueo británico era una de las mayores razones para continuar con la ampliación de la flota, porque, si la armada alemana era lo suficientemente fuerte, entonces quizá los

Soldado británico despidiéndose antes de marchar al frente.

británicos se pensarían dos veces bloquearlos. Su opinión encontró gran apoyo. Durante esta época los británicos habían comenzado la construcción del tipo «Dreadnought», un buque de guerra completamente nuevo, que suponía un considerable avance respecto a anteriores buques de guerra en cuanto a velocidad, blindaje y armamento. La supremacía naval británica estaba garantizada en un futuro previsible con la construcción de este tipo de barco.

Esto tuvo sus consecuencias, por supuesto, y era obvio que la carrera de armas navales con los alemanes había alcanzado un ritmo más alto. Para evitar esto, los británicos solicitaron ahora una conferencia de desarme en La Haya, en la cual propusieron reducir el tamaño de todas las flotas, incluyendo la armada real. Como primera valoración, fue una iniciativa positiva pero ingenua. Después de todo, los británicos se podían permitir el lujo de desguazar unos cuantos barcos viejos si iban a ser sustituidos por «Dreadnoughts», en menos cantidad pero más potentes.

No sorprende por tanto que Alemania se opusiera a la propuesta británica, especialmente porque los alemanes habían oído rumores del tratado ruso-británico de 1907, que ahora se estaba considerando exactamente como entente entre dos naciones. Los alemanes empezaron a preocuparse seriamente, especialmente cuando el presidente francés realizó una visita de estado a Gran Bretaña en 1908 e inmediatamente después los periódicos franceses empezaron a pedir con insistencia un reclutamiento en el Reino Unido. Los temores alemanes no disminuyeron cuando el rey británico visitó Rusia ese mismo año, con figuras militares destacadas en su séquito. Les hizo sospechar que se estaba pensando en un acuerdo militar entre los dos países. Alemania se vio rodeada cada vez más de países hostiles y esto aumentó el deseo de Alemania de fortalecer todavía más sus defensas. El Almirantazgo británico utilizó la preocupación de los británicos sobre la ampliación de la armada alemana para conseguir fondos adicionales para sus propios planes. En enero se publicó un informe en el que se indicaba que no sólo Alemania tenía su propio programa de «Dreadnoughts» sino que además los alemanes tendrían veintiún barcos de este tipo en 1912. Para seguir por delante de los alemanes se necesitaban fondos para construir ocho «Dreadnoughts» más, que estuvieran terminados para 1912.

El Almirantazgo sufrió las críticas de un grupo inesperado. Churchill, presidente del Ministerio de Comercio en esa época, consideró la propuesta mal aconsejada y argüía que era resultado de propuestas conducidas por el pánico presentadas por razones políticas parciales como parte de una política fantástica, sensacionalista, agresiva y mal dirigida. Era un claro reto al que prestaba atención y apoyaba la prensa. No obstante, la armada real continuó propagando avisos sensacionalistas sobre la creciente fortaleza de la armada alemana, pero la falsedad de sus declaraciones se demostró en 1912 cuando la armada alemana no tuvo veintiún «Dreadnoughts» sino sólo doce. En realidad la flota alemana nunca había sido una amenaza para la armada real británica. Las críticas en Gran Bretaña sobre el modo en el que sucedía la carrera de armas navales eran cada vez más serias. La prensa se cuestionaba abiertamente por qué no se pensaba en cooperación en vez de incrementar las diferencias entre ellos. Las críticas eran tan serias que el Gobierno no tuvo más elección —al menos para el público— que intentar reducir la tensión entre los dos países. Cuando los alemanes también propusieron conversaciones para que se redujeran las malas relaciones entre los dos países en 1912, el ministro de Asuntos Exteriores británico, Grey, envió al ministro de Guerra, Haldane, a Berlín con instrucciones estrictas de evaluar simplemente las intenciones alemanas y no celebrar ningún tipo de acuerdo.

Para gran sorpresa suya, Haldane tuvo un caluroso recibimiento en Berlín. El mismo káiser fue a darle la bienvenida y el canciller alemán hizo todo lo posible por llegar a una solución viable. Ambos desarrollaron un acuerdo conceptual sobre el cual Haldane escribió posteriormente que no había ido a Berlín con instrucciones de llegar a un acuerdo. Tal paso requería una preparación mucho mayor, pero su objetivo era comprobar si tal acuerdo era posible. Él no sabía cómo reaccionaría el Gobierno británico, pero pensó que las conversaciones habían tenido mucho éxito, de una manera que nadie preveía ni esperaba.

Por desgracia, Grey, probablemente impresionado por el éxito de

El Gobierno británico avisaba del ansia de poder de Alemania con esta clase de propaganda estridente.

El horrible asesinato del rey Alejandro de Servia y de su reina afligió al mundo entero. En esta fotografía se muestra a su sucesor, el rey Pedro Karadjordjevic, que quería crear una Gran Servia y se alió con Rusia.

Haldane, puso obstáculos en el camino e hizo varias demandas nuevas y demoró su respuesta. Esta táctica produjo gran frustración al káiser alemán, quien temía que los británicos no iban a tomar en serio las propuestas alemanas, ni su buena disposición para llegar a un acuerdo. Finalmente, nada resultó de los hechos sobre los que Haldane había informado de manera tan positiva. La obstinación de Grey –quien había mantenido informado al embajador francés de la visita y le había asegurado que sucediera lo que sucediera él aseguraría que no cambiarían las relaciones con Francia– fue el principal obstáculo. Gran Bretaña había tenido una oportunidad muy buena para reducir la tensión y hacerla desaparecer. La carrera de armas entre los dos países continuó sin disminuir y la oportunidad de una paz continua se desvaneció con el paso del tiempo.

SERVIA, ORIGEN DE TENSIÓN, Y ASESINATO DE ALEJANDRO OBRENOVIC

Mientras aumentaba la tensión en el escenario diplomático internacional, la situación en los Balcanes era cada vez más inestable. Después de la rebelión de 1800 y 1807 durante la cual Servia había salido con éxito al quitarse de encima parcialmente el yugo del dominio turco, el país cayó de nuevo bajo control turco en 1813. No obstante, el zar ruso obligó al sultán turco a conceder autonomía a los servios en 1829, para que su influencia aumentara con naturalidad. En 1867 el soberano de Servia de esa época, el rey Milan Obrenovic, tuvo éxito, con ayuda de los austrohúngaros, al conducir pacíficamente al resto de tropas turcas fuera de Servia y el país logró su independencia, aunque rápidamente dependió económicamente del imperio austrohúngaro. En realidad los autrohúngaros trataban a Servia como a una especie de protectorado, aprovechando la debilidad del rey Milan Obrenovic. La insatisfacción por este asunto de la dependencia aumentaba día a día y había muchas conspiraciones y actos en el aire. Milan fue obligado a abdicar en 1889 en favor de su hijo Alejandro, pero se dudaba tanto del hijo como del padre. Alejandro continuó con la misma política de su padre respecto al imperio austrohúngaro, lo cual no le hizo popular. Durante un golpe de los oficiales del ejército en junio de 1903 fue brutalmente asesinado junto con su esposa y el ministro de la Guerra, lo cual puso fin a la dinastía Obrenovic. Los austriacos habían apoyado en secreto el golpe, del que esperaban un nuevo liderazgo que sería grato, pero quedaron decepcionados. Ocho días después del asesinato había un nuevo soberano en el trono servio.

Era el anciano Peter Karadjordjevic de sesenta años de edad, que había regresado del exilio en Ginebra para ser reconocido y apoyado por Rusia inmediatamente. Peter propagó la

El rey Peter y su primer ministro, Pasic (con barba), que representó un papel primordial en las causas de la Primera Guerra Mundial.

Pasic y el príncipe Alejandro, de la corona servia, posteriormente rey de Yugoslavia.

idea de una Gran Servia y se declaró abiertamente a favor de que Bosnia-Herzegovina se uniera al suelo patrio de Servia. Estableció lazos estrechos con Rusia, la cual anhelaba ayudar. La influencia rusa en Servia creció considerablemente ahora y la posición de los austrohúngaros se derrumbaba a medida que Servia deshacía lentamente sus lazos económicos con el imperio austrohúngaro, que había significado que prácticamente todo el comercio y exportaciones servias estaban bajo el control de ese poder. Los austrohúngaros reaccionaron mal a estos intentos de independencia económica e intentaron todo para reestablecer la dependencia económica servia y para reafirmar la privilegiada posición de la que había disfrutado una vez.

La llamada «pig war» sucedió en 1906; en ella los servios tuvieron éxito al ser capaces de exportar directamente sus productos más importantes a mercados de Francia, Alemania, Italia, Egipto y Bulgaria, sin pasar por manos austrohúngaras. Esto significó el fin del monopolio austrohúngaro.

Una vez que Peter hubo logrado la independencia económica de los austrohúngaros para su país, también adoptó políticas contra esa nación. Su arma era Bosnia-Herzegovina. El control de este país, que previamente había sido gobernado por los turcos, pasó a Austria-Hungría en el Congreso de Berlín. Muchos eslavos vivían en ese país y Peter empezó entonces a sembrar la discordia y a presionar para que el país se uniera a Servia, llamando a todos los eslavos para que moraran en un solo Estado. Rápidamente, ejército, gobierno y pueblo servio desearon adoptar esta idea. Rusia también deseaba ver dar fruto a las aspiraciones servias y les apoyó ávidamente.

La situación en los Balcanes había cambiado por tanto en detrimento de Austria-Hungría después de acceder al trono el rey Peter Karadjordje-vic y también habían perdido un aliado en Servia, mientras la influencia rusa en los Balcanes aumentaba significativamente.

Ahora estaba preparado el terreno para un futuro conflicto y el imperio austrohúngaro empezó a preocuparse por la integridad de sus fronteras (como bien veremos, no sin una buena causa).

Se crearon entonces estrechos lazos entre Rusia y Servia, que suponían un peligro inherente para la continuación de la existencia del imperio austro-húngaro e incluso para la paz de Europa.

El conflicto a menor escala de los Balcanes podría tener consecuencias más serias como resultado de una serie de alianzas. Servia tenía la gran ambición de crear un suelo patrio servio más grande, en el cual se pudieran reunir los eslavos. La provincia de Bosnia-Herzegovina estaba bajo control de Austria-Hungría, pero tenía varios millones de eslavos dentro de sus fronteras a los que cada vez influía más la continua propaganda y la

Putnik, comandante en jefe servio en 1914.

El rey Nicolás de Montenegro, quien se unió a Rusia y a Servia en la guerra.

agitación servia. Rusia, que quería mantener su propia posición, se alegra-
ba de que Servia se entremetiera, ya que esto provocaba un constante origen de intranquilidad que iba en detrimento de la posición de Austria-
Hungría, la cual quería también ser la mayor potencia en los Balcanes.
Todas las condiciones para un conflicto importante estaban presentes y la
tensión aseguraba una amenaza silenciosa continua.

Rusia, obviamente, tenía todas las cartas. Simplemente tenía que apoyar
las ambiciones de Servia de ser la Gran Servia para originar la chispa que
prendiera el conflicto. Un conflicto entre Servia y el imperio austrohúngaro también involucraría a Alemania, por la alianza que les obligaba a ir
en su ayuda. Francia, y quizá Gran Bretaña, se unirían a Rusia si ese país
entrara en conflicto con Austria-Hungría por Servia. Toda Europa estaría
en llamas en muy poco tiempo.

La sargento Flora Sands fue una mujer importante, especialmente para su tiempo. Luchó con el ejército servio y la hirieron varias veces. Fue recompensada con la Cruz de la Orden de Kara George.

Esto es precisamente lo que pensaron varios hombres de Estado de Francia y Rusia cuando hicieron su alianza y pretendieron involucrar a los británicos también: una guerra europea en la cual Alemania se enfrentaría simultáneamente a tres enemigos. Dada la supremacía sobre Alemania, era seguro que ese país perdería la guerra y Francia podría recuperar Alsacia y Lorena, Rusia obtendría el acceso al Mediterráneo y seguiría influyendo en los Balcanes, y los británicos se librarían de un rival que amenazaba con hacerse más fuerte que ellos tanto económica como políticamente. Los motivos de los países de la entente eran bastante sencillos para verlos.

Por supuesto, esa guerra estallaría únicamente cuando los aliados estuvieran preparados para ella. Sólo entonces podría lograrse el gran resultado. Estimaban que tardaría varios años, probablemente en 1917, y mientras tanto era necesario calmar la intranquilidad de los Balcanes al máximo posible y preparar la guerra.

Fue muy de su época que se creara un nuevo partido radical en Servia con dinero y apoyo ruso que, entre otras cosas, proporcionaba apoyo a movimientos revolucionarios en Austria-Hungría y Bosnia-Herzegovina. Otras asociaciones y organizaciones, además de este partido, también se fundaron con propósito de propagar la idea de una Gran Servia entre los eslavos. Entre ellas se encontraban la *Narodne Odbrana* y la *Ujedindenje Ili Smrt* o «Mano Negra». Este último grupo, liderado por el jefe de inteligencia del ejército, coronel Dimitrijevic, era el más peligroso y su arma principal era el terrorismo. Sus miembros hacían un juramento de lealtad y secretismo bajo pena de muerte. Era esta organización en particular la destinada a la «liberación» de Bosnia-Herzegovina y en pocos años se había infiltrado en la vida pública. Sus miembros se encontraban en el más alto nivel y finalmente tuvieron éxito en ocupar prácticamente todos los puestos del ejército, de la policia y del gobierno.

Servia se dirigía ahora con toda su fuerza y abiertamente hacia la agresión, la agitación y el terrorismo contra el imperio austrohúngaro, apoyados en secreto por Rusia. La cantidad de ataques y actos terroristas en Bosnia-Herzegovina alcanzó un nivel sin precedentes y Servia poco a poco se convirtió en una verdadera amenaza para ese trono. La situación había llegado a ser extremadamente explosiva.

La visión del mundo iba a cambiar drásticamente.

En 1908 el ministro de Asuntos Exteriores austrohúngaro, Aehrenthal (1906-1912), decidió hacer algo al respecto. Buscó a su homólogo ruso, Iswolski, y le informó de que Austria-Hungría había decidido anexionar Bosnia-Herzegovina, por lo que su ejército podía restablecer el orden. A cambio de la cooperación rusa él ofreció apoyo al objetivo de Rusia de obtener permiso de las grandes potencias para que se abrieran los Dardanelos y el Bósforo a los buques de guerra rusos.

Iswolski se sobresaltó ante la proposición, pero pensó que debería haber antes una conferencia internacional para discutir estos asuntos. Acababa de dar su respuesta cuando Aehrenthal anunció la anexión y las tropas austrohúngaras entraron en la provincia. Al no estar interesadas ninguna de las demás grandes potencias en esa conferencia, Iswolski no tenía autoridad para actuar y a partir de ese momento se produjo una clara ruptura con Austria-Hungría.

En Servia vieron que su ambición de ser la Gran Servia se desvanecía de repente. Estaban enfurecidos e incluso amenazaron con la guerra. Únicamente la intervención de las grandes potencias evitó el conflicto y Servia se vio obligada a conformarse con la anexión. Como consecuencia de esto, Rusia y Servia trabajarían más estrechamente y la antipatía hacia los austrohúngaros se pronunció más. En las dos guerras balcánicas posteriores de 1912 y 1913 la situación política de los Balcanes cambió de nuevo. Se formó un bloque eslavo que permitía a Servia extenderse más y Rumania se alió (pero no abiertamente) a Rusia y a Servia, mientras la débil Bulgaria aceptaba agradecida la mano que le ofrecía Austria-Hungría y se puso de su parte.

CRISIS
DE 1914

La tensión crece, Europa se moviliza

POSTURA DEL IMPERIO AUSTROHÚNGARO Y DE RUSIA

Como hemos visto, la posición del imperio austrohúngaro se había debilitado después de las guerras balcánicas. Esa nación se encontraba enfrentada ahora a un bloque eslavo hostil bajo liderazgo ruso y los rusos estaban haciendo lo posible para despertar el nacionalismo servio y aumentar la tensión en los Balcanes. La agitación servia había causado una situación explosiva en Bosnia-Herzegovina. Ataques y asesinatos continuaban con una regularidad puntual y el Gobierno bosnio declaró que sólo las medidas más severas podrían librar ahora al país de la catástrofe. La posición del imperio austrohúngaro como gran potencia y del emperador también estaban en juego ahora y el Gobierno empezó a pensar en tomar medidas, con el comandante en jefe, general Conrad von Hötzendorff, aplicando mayor presión para la movilización y una incursión en Servia con el fin de poner fin al régimen de terror existente allí. Su opinión era que Servia sólo se podía «corregir» por la fuerza de las armas.

La espera sólo aumentaba la posibilidad de que Rusia se involucrara en apoyo abierto a Servia. Decía que atacaran ahora, especialmente porque Rusia no estaba preparada todavía para la guerra. Su análisis de la situación demuestra que el asunto era realmente serio. Decía que el imperio austrohúngaro estaba amenazado tanto desde dentro como desde fuera. La oposición interna era resultado de los grupos étnicos de Bosnia: los servios que querían unirse a Servia, los checos que querían un Estado independiente, los musulmanes que querían formar parte de Turquía y los cristianos que querían continuar formando parte del imperio austrohúngaro. También había intranquilidad en la parte húngara de esa provincia.

Las amenazas externas procedían de:

1. Los esfuerzos de Rusia por influir en Constantinopla, que representaba un papel preponderante en los Balcanes, y oponerse a los planes de Alemania en Asia.
2. Italia quería apoderarse de parte del territorio austrohúngaro en la frontera italiana y crear una hegemonía en el Adriático.
3. Los esfuerzos de Servia por crear el reino de la Gran Servia que emplearon la agitación de los servios de Bosnia-Herzegovina para lograrlo.

El archiduque Francisco Fernando de Austria-Hungría con su familia. Fue asesinado durante una visita a Bosnia en 1914.

Única fotografía del archiduque durante unas maniobras en Bosnia el 27 de junio de 1914, varios días antes de su asesinato.

4. Rumania deseaba tomar posesión del territorio austrohúngaro de habla rumana.
5. Abierta hostilidad creciente de Francia hacia su aliado Alemania.

Von Hötzendorff sembró una gran preocupación en Austria-Hungría que no podría describirse como optimista. Los problemas se apilaban y sólo hombres de estado sabios podrían encontrar una solución. La pregunta era si los austrohúngaros tenían tal hombre de estado.

Mientras tanto, Rusia era consciente de los problemas a los que se enfrentaban los austrohúngaros porque eran consecuencia directa de la política que ellos habían perseguido hacia su vecino. Después de la anexión de Bosnia-Herzegovina por parte de Austria-Hungría la actitud del ministro de Asuntos Exteriores ruso, Iswolski, cambió por completo. Se sintió defraudado personalmente por la «traición», como la llamó él, de Aehrenthal y ahora hacía todo lo posible por minimizar el peligro. En 1909 entabló conversaciones con Bulgaria y llegó a un acuerdo militar con ellos. En el artículo cinco del tratado leemos: «En vista del hecho de que la realización del ideal de los pueblos eslavos en los países balcánicos, tan cercanos al corazón de Rusia, sólo se puede realizar mediante un resultado positivo de guerra con Alemania y Austria-Hungría...» Es indicador claro de los futuros planes de Rusia.

En octubre de ese año Iswolski decidió celebrar un acuerdo secreto con Italia en el cual ambos países reconocían las esferas de influencia de cada uno, debilitando así posteriormente la Triple Alianza. Iswolski podría sentirse satisfecho de sí mismo. Había colocado los cimientos del posterior debilitamiento de la Triple Alianza y había fortalecido la posición rusa en los Balcanes. Para él la futura guerra europea, o «su guerra» como la describió cuando ocurrió, no podía llegar lo suficientemente pronto. Partió hacia París, donde en calidad de embajador ruso se esforzó por que llegara la guerra.

Iswolski fue sustituido como ministro de Asuntos Exteriores ruso por Sazonov, que durante mucho tiempo siguió con la misma política. Intentó la formación de una Liga de los Balcanes bajo liderazgo ruso y consiguió fortalecer los lazos entre Servia y Bulgaria.

El comandante en jefe austrohúngaro, el mariscal de campo Conrad von Hötzendorff (1852-1925). Continuamente incitaba a una guerra contra Italia y Servia. Cuando estalló la guerra en 1914 su ejército no parecía estar preparado y tuvo que demorarse la movilización.

También estuvo detrás de la alianza entre Servia y Montenegro, que fortaleció la Liga de los Balcanes. Las guerras de los Balcanes, sin embargo, perturbaron todo cuando Servia y Bulgaria se enfrentaron y los búlgaros invadieron Servia inesperadamente. Sus tropas fueron vencidas de manera ignominiosa y una Bulgaria debilitada dio la espalda a Rusia y aceptó agradecida la mano que le ofrecieron los austrohúngaros, pero Austria-Hungría no consiguió mucho por ello, ya que Bulgaria salió completamente debilitada de la lucha. Sazonov sí tuvo éxito al conseguir que los rumanos (que ayudaron a Servia contra los búlgaros) se libraran de la Triple Alianza. Rumania había firmado en secreto un tratado militar y político con Austria-Hungría en 1883. Cuando estalló la guerra en 1914 Rumania se declaró neutral, pero posteriormente se unió a la *entente*.

Sazonov también estaba ocupado en asuntos navales. Además del tratado del ejército existente, Rusia consiguió un tratado naval con los franceses el 16 de junio de 1912, en el que se incluía un acuerdo de cambio de frente de ambas flotas. Francia iba a retirar toda su flota del Mediterráneo y Rusia reforzaría la flota del mar Negro.

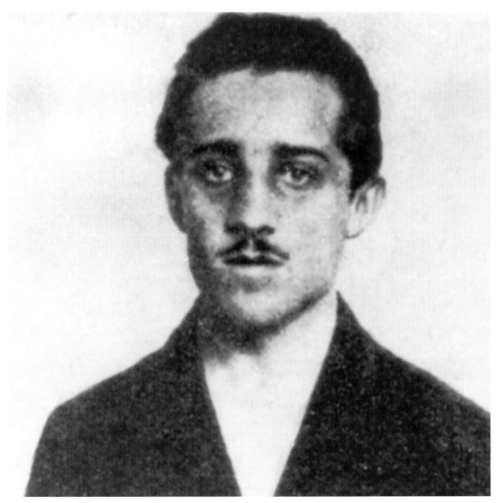

Princip, asesino de Franciso Fernando y de su esposa, Sofía. Murió en prisión de tuberculosis.

Se acordó con los británicos trasladar su flota mediterránea al mar del Norte, prometiendo la armada real británica defender la costa francesa si Alemania atacaba. Anteriormente, en 1907, Rusia, Francia y Gran Bretaña firmaron un tratado entre ellos en el cual resolvieron sus diferencias sobre Persia, Afganistán y el Tíbet. Se mantuvieron más conversaciones sobre un tratado naval en el cual a los británicos se les solicitaba también que defendieran la costa báltica. Todavía se estaban celebrando conversaciones, cuando estalló la guerra en agosto de 1914 y la participación de Gran Bretaña fue un hecho. Finalmente, Sazonov también llegó a un acuerdo secreto en julio de 1912 con el gran rival de Rusia, Japón, para que Rusia no corriera peligro en esa dirección si llegaba a enredarse en una guerra con Austria-Hungría y Alemania.

Mientras tanto, la agitación dentro de Bosnia-Herzegovina había estallado de forma extensa una vez

Dos de los conspiradores, Cabrinovic y Grabez, quienes planearon el asesinato de Francisco Fernando.

más y el Gobierno bosnio declaró que ahora sólo se podría evitar una catástrofe por medio de una intervención militar directa. Fue con este ambiente con el que el archiduque Francisco Fernando y su esposa, Sofía, realizaron una visita oficial, que duraría varios días, a Bosnia-Herzegovina el 25 de junio de 1914, con el fin de estar presente en unas maniobras. Esta visita iba a encender la mecha que hizo que explotara el barril de pólvora balcánico. La guerra que iba a costar la vida a treinta millones de personas estaba a punto de empezar.

ASESINATO EN SARAJEVO CON DRAMÁTICAS CONSECUENCIAS PARA LA PAZ MUNDIAL

El archiduque Francisco Fernando, heredero al trono austrohúngaro, y su esposa, Sofía, fueron asesinados durante un paseo en carruaje por Sarajevo el 28 de junio de 1914. ¿Quiénes fueron los asesinos y cuáles sus motivos?

Este drama, que llevó directamente a la Primera Guerra Mundial, empezó en el pueblo de Sabac a orillas del río Sava. Tres jóvenes estudiantes bosnios, Princip, Grabez y Cabrinovic, llegaron al puerto de este pequeño lugar en un bote procedente de Belgrado en la mañana del 28 de mayo de 1914, donde contactaron con un tal Popovic, miembro de la hermandad secreta servia «La Mano Negra», la organización terrorista que deseaba la unión de Bosnia-Herzegovina con Servia. La Mano Negra era el origen principal de actos terroristas y rebelión en Bosnia y sus miembros hacían un estricto pacto de silencio bajo pena de muerte. La organización estaba profundamente enraizada con miembros de los círculos políticos y militares más elevados. Los dirigía el coronel servio Dimitrijevic del servicio de inteligencia, que anteriormente había sido cómplice en el asesinato de la pareja real servia.

Los tres estudiantes habían tenido problemas a causa de su anarquismo y actividades en contra de Austria-Hungría y huyeron a Servia para evitar su arresto. A pesar de su entrada ilegal, encontraron pocas dificultades en su camino por Servia. Rápidamente entraron una vez más en círculos anarquistas y cuando se tuvo noticia en Belgrado de la visita del archiduque vieron en ella una magnífica oportunidad de demostrar sus servicios a su patria y dar un golpe al odiado imperio austrohúngaro. Nació el plan de asesinar a Francisco Fernando y comenzaron a hacerse planes que dieran su fruto.

Se hizo un rápido contacto con cierto mayor Jankovic, mano derecha del coronel Dimitrijevic, quien les proveyó de armas y munición y se aseguró de que fueran entrenados para su uso. Consiguió que cruzaran la frontera de Bosnia sin dificultades y les puso en contacto con Popovic, a quien habían ordenado ayudarles.

El emperador Francisco José de Austria-Hungría (1830-1916) gobernó continuadamente durante 68 años. Se oponía a la guerra con Servia y únicamente a regañadientes dio orden de movilizarse.

A su vez Popovic les entregó una carta de recomendación para el jefe de aduanas, un tal Prvanovic, y también miembro de La Mano Negra, en el punto de la frontera más cercano a Loznica y éste les ayudó a cruzar la frontera con Bosnia via Tuzla. Los tres estudiantes llegaron a Sarajevo el 6 de junio, donde permanecieron con sus familias. Princip se encontró con su amigo Ilic, también revolucionario, y le reveló el plan de asesinar al archiduque. Durante las semanas siguientes los conspiradores hablaron del asesinato, teniendo en cuenta varios escenarios diferentes. El programa de la visita sólo se publicó en los periódicos el día 27 de junio, el día antes de la llegada del archiduque. Mientras tanto el grupo se había ampliado con tres hombres más, a quienes se había encontrado

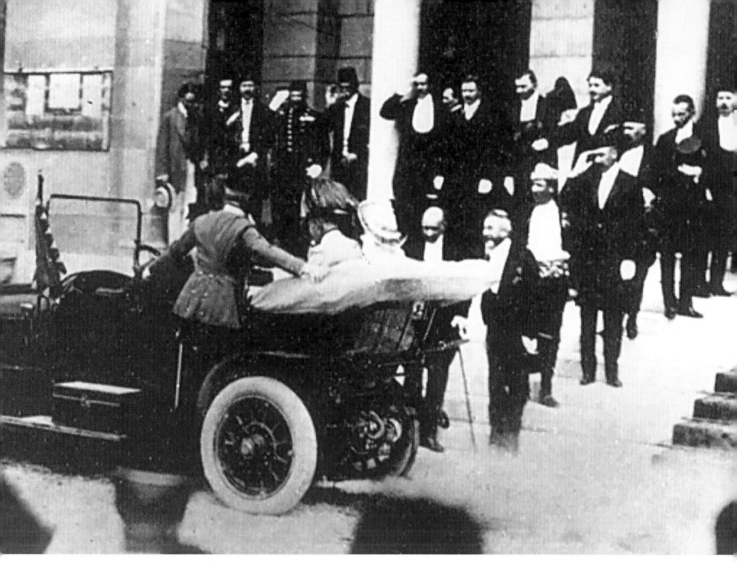

El archiduque Francisco Fernando y su esposa, Sofía, llegando al Ayuntamiento de Sarajevo.

en varios lugares. Una vez que llegó a conocerse el programa, decidieron jalonar la ruta y aprovechar la oportunidad tal como se presentara para utilizar sus armas.

Al día siguiente, domingo 28 de junio de 1914, llegó por la mañana Francisco Fernando a Sarajevo, en tren, y fue recogido por un coche que le llevó al Ayuntamiento para ofrecer una recepción. El público se amontonaba en la ruta y entre él, a cierta distancia de ellos, estaban los seis conspiradores. Además de sus armas, cada uno de ellos tenía un frasco de cianuro potásico en caso de que el intento de asesinato fallara y fueran arrestados.

Al pasar el desfile, Cabrinovic quitó la anilla de una granada sin indecisión ninguna y la tiró en dirección a Francisco Fernando. La granada calló sobre el capó y rodó antes de explotar en la calle. El conductor del coche de Francisco Fernando aumentó la velocidad inmediatamente mientras Cabrinovic intentaba tragarse el cianuro, pero se le cayó la botella y se vertió el contenido. Huyó corriendo y saltó al río, donde posteriormente fue capturado y arrestado.

Francisco Fernando miró hacia atrás y vio que el coche que les seguía se había detenido y que sus ocupantes estaban heridos, pero su conductor condujo a más velocidad, pasando ante Princip y luego ante Grabez, pero éstos se encontraban bastante alejados para ser efectivos. El atentado había fracasado y Francisco Fernando decidió continuar su programa como estaba previsto. Después de una breve visita al Ayuntamiento, él y su esposa regresaron al coche para dirigirse al hospital militar a visitar a los heridos. Su coche pasó entonces por el lugar donde Princip estaba todavía apostado. Princip sacó la pistola y disparó varias veces en dirección al archiduque y su esposa. Los disparos dieron en el blanco y Sofía murió casi al instante, Francisco Fernando un poca más tarde. Todos los conspiradores fueron detenidos, pero el acto estaba hecho. El asesinato de Francisco Fernando y de su esposa inflamó al mundo; imperios y reinos desaparecerían, y millones de personas iban a perder la vida en una lucha que duró cuatro años,

El archiduque Francisco Fernando y su esposa abandonando el Ayuntamiento para comenzar su último viaje.

pero que iba a dar origen a un conflicto nuevo e incluso mayor, que se conocería como Segunda Guerra Mundial.

REACCIÓN DE LAS GRANDES POTENCIAS, APLAZADA LA MOVILIZACIÓN DEL EJÉRCITO AUSTROHÚNGARO

El asesinato del heredero al trono austrohúngaro causó un gran impacto en todo el mundo y si ellos hubieran invadido Servia en ese momento ninguna gran potencia se hubiera opuesto a ello, pero no hubo ataque por parte del ejército austrohúngaro.

Al parecer, sus tropas no estaban preparadas para combatir. Se había hablado de una guerra preventiva durante años, pero cuando llegó ese momento no estaban en condiciones de responder inmediatamente. Austria-Hungría fracasó por completo y permitió que pasara la única oportunidad de lograr sus objetivos respecto a Servia sin aprovecharse de ella. En vez de ello empezó un proceso de interminables conversaciones, consultas políticas, reuniones ministeriales; en resumen, una plétora de actividad que pretendía una solución rápida.

Esta demora dio tiempo al mundo para que se recuperara del impacto inicial y la antigua antipatía hacia los austrohúngaros apareció de nuevo pasando la iniciativa a sus oponentes. Al día siguiente del asesinato, el general von Hötzendorff exigió una movilización general pero su emperador rechazó la petición y von Hötzendorff anotó en su diario que no existía la voluntad política necesaria para la única acción justa ni en su país ni en Alemania. El ministro de Asuntos Exteriores, Berchtold, también quería una acción inmediata, pero se encontró con la oposición del primer ministro húngaro Tisza, que quería comprobar primero si había alguna complicidad del Gobierno servio en el asesinato. También consideraba que no era el momento adecuado para una guerra con Servia, porque se temía que Italia y Rumania no cumplirían con sus obligaciones del tratado y la alianza con Bulgaria todavía no se había celebrado oficialmente. Además argumentaba que primero era esencial asegurarse de que Alemania les apoyaría en una acción contra Servia.

El ministro de Asuntos Exteriores, Berchtold, concluyó que la cuidadosa política exterior que él había perseguido era contraproducente más que útil. Se opuso firmemente al comandante en jefe cuando le había llamado para una

Princip,
autor del disparo mortal.

guerra preventiva. Durante las dos guerras balcánicas Berchtold se había mantenido al margen, permitiendo que servios y rusos tuvieran libertad para hacer cualquier cambio, con el resultado de que nadie tomaría ya en serio a Austria-Hungría y nadie creería que podría continuar siendo una potencia importante. Berchtold temía que, ahora que Turquía había desaparecido más o menos de Europa, su nación sería la siguiente de la lista. Esta preocupación creció después del asesinato del heredero al trono austrohúngaro y ahora llegaba él a la conclusión de que era esencial eliminar el régimen servio como primera causa de las intrigas en contra de Austria-Hungría.

Berchtold no era él único que pensaba así. Incluso el anciano emperador Francisco José, amante de la paz, había llegado a la misma conclusión, aunque todavía pedía la máxima precaución. El Emperador escribió a su aliado, el káiser alemán Guillermo II, expresando su opinión de que la situación se hacía insostenible. Acusó a los servios de actividades que, en su esfuerzo por reunir a todos los servios, tendrían que llevar inevitablemente a un conflicto con su país y que Servia también se había convertido en una fuente continua de amenaza a la monarquía. Terminó con una petición formal de la ayuda de Alemania en la guerra que venía y envió una misión a Berlín, encabezada por el conde Hoyos, para reforzar la petición.

EL «CHEQUE EN BLANCO» DE ALEMANIA

El conde Hoyos fue recibido por el káiser Guillermo el 5 de julio y le dijo que Alemania no abandonaría a su aliado y le remitió al canciller alemán para que hablara con él. Él deseaba a una acción rápida, porque el mundo se había horrorizado por el horrible asesinato y por tanto sentía cierta simpatía por el estado austrohúngaro. También dijo que estaba seguro de que Rusia no intervendría, porque esa nación no estaba preparada para la guerra. El canciller alemán confirmó en carta del 6 de julio que Alemania estaba convencida del peligro al que se enfrentaba su aliado y ellos les respaldaban por completo. El canciller también insistió en una acción rápida. Esta carta se describió después como «cheque en blanco» de Alemania a Austria-Hungría.

En Viena consideraron la misión a Alemania de gran éxito y Berchtold informó del apoyo de Alemania en la reunión del gabinete del 7 de julio. Propuso que ahora podrían entrar en Servia, aceptando que corrían el peligro de la intervención rusa. «Pero», mantuvo, «Rusia hizo todo lo posible por unir los Balcanes con el fin de emplearlo después contra el trono austrohúngaro». La guerra era inevitable, mantenía, y las cosas sólo podían empeorar. El primer ministro húngaro se opuso una

Desfile del funeral de la pareja real en Trieste, en agosto de 1914.

El primer ministro austrohúngaro, Berchtold.
Tomó la decisión de declarar la guerra
a Servia incluso aunque ocasionara
una guerra más amplia.

vez más y exigió una promesa: si llegaba la guerra ningún territorio servio se anexionaría. La reunión terminó sin una decisión firme.

Berchtold instó entonces al emperador a enviar un ultimátum al gobierno servio, pero el emperador se negó porque consideraba que los medios diplomáticos todavía no se habían agotado, ni había una prueba definitiva de la participación del Gobierno servio. Berchtold no cedió, sin embargo, y decidió enviar el ultimátum. Informó de palabra al embajador alemán de las demandas que proponía que hiciera a Servia y también envió a un diplomático a Servia para asegurar el asunto y buscar testimonio de la complicidad servia.

Mientras tanto, la tensión aumentaba rápidamente en Austria-Hungría. La prensa excitaba especialmente. Publicaron una entrevista del embajador ruso en Belgrado con un periodista búlgaro, en la cual el embajador declaraba que estaba seguro de que si Servia iba a tener en sus manos a Bosnia-Herzegovina, Bulgaria podría adquirir Macedonia. Este artículo influyó mucho en Tisza, quien, junto a la presión a la que estaba sometido, lentamente pero de forma segura comenzó a abandonar su posición.

Berchtold solicitó una nueva reunión del gabinete el 14 de julio y esta vez Tisza estuvo de acuerdo en declarar la guerra a Servia, con ciertas condiciones establecidas de antemano, aunque mantuvo su demanda de que no habría ninguna anexión de territorio servio, para evitar cualquier excusa que provocara la intervención de Rusia.

EL ULTIMÁTUM VIENÉS

La reunión decidió, ahora por unanimidad, presentar a Servia un ultimátum. El acuerdo de Tisza fue decisivo. Hasta entonces él había hecho todo lo posible por evitar la guerra. Que finalmente estuviera de acuerdo él después de oponerse durante tanto tiempo, a pesar de la presión que soportaba, descarta cualquier idea de que Austria-Hungría decidiera el peligroso curso de una guerra con Servia de una forma desenvuelta, o sin la debida consideración. Tanto el emperador como Tisza cambiaron de opinión en el último momento, pero no antes de estar convencidos

El anciano emperador Francisco José en una recepción de Viena.

ambos de la necesidad de tal decisión. Para ellos la elección estaba entre su reino doble o la guerra, pero la elección les resultaba difícil.

El texto final del ultimátum austrohúngaro a Servia estaba preparado el 19 de julio. Las demandas que se hacían en el texto eran tan severas que todos esperaban que Servia las rechazara. Una de las demandas era que el estado austrohúngaro se reservaba el derecho de realizar sus propias investigaciones en suelo servio. Tal demanda no podría aceptarla ninguna nación que se respetara a sí misma. No se confiaba, sin embargo, en las promesas servias y el ultimátum se redactó para hacer inevitable la guerra. La carta que contenía el ultimátum llegó finalmente a manos de los servios a las 6 de la tarde del día 23 de julio de 1914. Como se anticipó, el ultimátum fue rechazado y el emperador Francisco José firmó la orden de una movilización limitada el 25 de julio, seguida por la declaración de guerra contra Servia el 28 de julio. La primera acción sucedió rápidamente. Una pequeña flotilla de cañoneros disparó sobre la capital servia de Belgrado, causando daños considerables, pero éstos también fueron los

El embajador austrohúngaro entregó finalmente en Belgrado, el 23 de julio de 1914, el fatídico ultimátum que condujo a la Gran Guerra.

Una entusiasta multitud reunida al estallar la guerra bajo el *Unter den Linden*.

primeros disparos de la Gran Guerra, que duró cuatro años y costó millones de vidas.

MOVILIZACIÓN DE LAS GRANDES POTENCIAS

MOVILIZACIÓN DE ALEMANIA

Una vez que el embajador alemán conoció el texto del ultimátum a Servia, inmediatamente lo pasó a Berlín. El ministro de Asuntos Exteriores alemán, Jagow, describió el ultimátum como *reichlich scharf* (bastante severo) y se quejó de que ahora era demasiado tarde *dazu Stellung zu nehmen* (para expresar una opinión sobre él). También declaró que Viena había quemado sus naves con este ultimátum, pero él no se distanciaba de él. El 27 de julio incluso envió un telegrama a Berchtold para avisarle que probablemente se enviarían propuestas de mediación desde Berlín pasados unos días, pero él no se preocuparía por ellas, porque Alemania las enviaba simplemente para evitar un conflicto con Gran Bretaña en ese momento. A pesar de ello, el 28 de julio aconsejó a Berchtold mantener conversaciones directas con Rusia. Berchtold lo ignoró y provocó la ira del canciller alemán al día siguiente, quien declaró que Alemania seguía dispuesta, por supuesto, a apoyar a su aliado, pero que no quería verse involucrado en una guerra si los austrohúngaros eran tan arrogantes y no escuchaban sus consejos.

Impresionado, Berchtold dio instrucciones a su embajador para que mantuviera una conversación con el ministro de Asuntos Exteriores ruso, pero resultó ser demasiado tarde. El comandante en jefe alemán, von Moltke, escribió a su colega el general Conrad von Hötzendorff ese mismo día, incitándole a que no demorara la movilización, ya que era la única oportunidad de supervivencia de Austria-Hungría. Prometió que Alemania tomaría parte en la guerra sin ninguna reserva. El emperador Francisco José firmó la orden de movilización general el 31 de julio a las 12,33 h.; entre otras palabras incluía la guerra contra Rusia, pero sin efecto hasta el 4 de agosto. Mientras tanto, Rusia ya había anunciado una movilización general el 30 de julio, que evitaba la posibilidad del anuncio de una movilización restringrida austrohúngara sólo contra Servia. Por tanto, la movilización rusa precedió a la de Austria-Hungría y provocó que Alemania

Tropas alemanas se despiden de sus familias con banda militar, antes de marchar al frente.

Caballería rusa camino del frente.

anunciara la «inminente amenaza de guerra» y enviara un ultimátum a Rusia para detener su movilización en doce horas o causaría una guerra según los convenios de la época. Fue así como la movilización rusa pasó de ser un conflicto local entre Austria-Hungría y Servia a una guerra mundial en la cual Francia, Gran Bretaña y Alemania también participaron como resultado de las alianzas habidas entre las partes.

MOVILIZACIÓN DE RUSIA

Aunque la movilización general rusa convirtió un conflicto local en una guerra mundial, no se puede negar que el ministro de Asuntos Exteriores ruso había avisado al Gobierno austrohúngaro el 22 de julio de que no actuara contra Servia o las consecuencias serían graves.

El presidente francés, Poincaré, quien había estado de visita oficial, partió por aguas rusas camino de casa el 23 de julio. Varias horas después de su marcha el ultimátum austrohúngaro estaba en Belgrado. Por tanto, como hemos visto, se aprovechó la oportunidad de evitar que el asunto se hablara entre el presidente francés y los rusos. Esto resultó ser una vana esperanza. El presidente Poincaré también había dado a los rusos un «cheque en blanco» con firme seguridad de que apoyaría a Rusia y cumpliría las obligaciones de su tratado.

Las noticias del ultimátum a Servia se conocieron en todo el mundo el 24 de julio. Se dice que Sazonov había dicho que esto significaba «la

Los hombres reaccionaron de forma entusiasta en Gran Bretaña también. En la fotografía se muestra una oficina de reclutamiento del ejército. Aproximadamente un millón de voluntarios para el servicio.

guerra europea» cuando se enteró. Inmediatamente convocó una reunión del gabinete y dio instrucciones al ministro de Economía para que retirara los depósitos del Estado ruso de los bancos de Alemania. El gabinete decidió al principio una movilización parcial en cuatro regiones, porque el zar se oponía a una movilización general. Durante los días siguientes se ejerció una fuerte presión sobre el zar, que finalmente cedió. La movilización general llegó con fuerza el 30 de julio. Fue una decisión que decidió el destino del mundo. Esta medida obligaba tanto a Alemania como a Austria-Hungría a seguir el ejemplo. Tanto el tratado como los convenios franco-rusos de la época significaban que una movilización general era equivalente a una declaración de guerra y por tanto esto también sucedió.

UN MILLÓN DE VOLUNTARIOS EN GRAN BRETAÑA

Edward Grey, ministro de Asuntos Exteriores británico, dio su famoso discurso sobre la declaración de guerra en la Cámara de los Comunes el 3 de agosto de 1914, después de la invasión de Bélgica por Alemania. Grey insistía en que los británicos estaban obligados por tratado a ir en ayuda de Bélgica y no podían permitir que Alemania borrara a esta «pequeña pero valiente» nación del mapa.

La declaración de que Gran Bretaña estaba ligada al deber por este tratado para ayudar a Bélgica no es del todo correcta. Esa obligación no existía en el tratado. Los firmantes habían prometido individualmente no usurpar la neutralidad de Bélgica, pero no acudirían a la fuerza de las armas en caso de que la neutralidad fuera violada. Lord Loreburn, anteriormente Lord Canciller, insistió en que respecto a ese informe él daría cuenta a la Cámara Alta de que Gran Bretaña no estaba obligada a intervenir, ni por los términos del tratado de 1839 ni por ningún otro tratado, porque Gran Bretaña, Austria, Prusia, Rusia y Holanda simplemente habían acordado considerar siempre a Bélgica como estado neutral. Gran

Las primeras tropas salen de sus barracones para embarcarse hacia Francia. Primer Batallón de Defensa Irlandesa, agosto de 1914.

Bretaña se había obligado igual que los demás a no violar la neutralidad de Bélgica, pero no habían acordado defender a Bélgica si otro Estado se retiraba de este acuerdo. Grey continuó, sin embargo, como si tal obligación existiera y lo empleó como argumento para el pueblo británico: el país estaba justificado tanto moral como legalmente para entrar en guerra. Lo presentó como que, si Gran Bretaña incumplía sus obligaciones del tratado (no existente), sería censurable y que era una guerra justa y justificada para salvar a un país pequeño e indefenso y una guerra que amenazaba a todos los niveles civilizados de Europa. Fue este argumento sobre todo el que más conmovió al pueblo británico y les llevó tras de sus líderes. La honestidad de Grey nunca se cuestionó. Después de todo, él había hecho muchas propuestas de conversaciones que Alemania había rechazado en su totalidad. Muchos historiadores todavía mantienen este punto de vista, pero lo que es obvio es que la mayoría de los ofrecimientos de conversaciones de Grey se hicieron después del 25 de julio, día en el que Rusia decidió movilizarse. Grey era consciente de que en aquellos días movilización significaba guerra. Ese mismo día sus principales funcionarios del Ministerio de Asuntos Exteriores le aconsejaban en un memorándum que era demasiado tarde para intentar ejercer presión sobre Rusia por medio de los franceses para moderar su postura respecto al conflicto entre Servia y Austria-Hungría, porque al parecer tanto Rusia como Francia habían decidido aceptar el riesgo de un conflicto más amplio. Ese memorándum indicaba que sería arriesgado para Gran Bretaña intentar cambiar esa decisión y que los intereses británicos estarían más a salvo eligiendo específicamente el lado de Rusia y Francia en la guerra que se avecinaba.

Gabinete de guerra británico.

El buque de guerra alemán *Goeben*, acompañado por el *Breslau*, entra en el Bósforo y ancla en Estambul.

Otra consideración suscitó dudas sobre las proposiciones de conversaciones de Grey. Con toda probabilidad, Grey estaba ganando tiempo, igual que Francia y Rusia. La realidad es que ni el Parlamento británico ni el pueblo deseaban una guerra. Cuando trascendieron las noticias, en 1912, de que Grey había permitido conversaciones militares secretas con Francia durante algunos años sin conocimiento del Parlamento ni de la mayoría del gabinete, esto condujo a una importante oposición hacia el ministro de asuntos de exteriores. Varios ministros amenazaron con dimitir si él no llevaba los asuntos abiertamente por parte de Gran Bretaña. Después de esto, Grey tuvo más cuidado y no firmó más acuerdos y no hizo informes escritos de esos asuntos, aunque las conversaciones continuaron y moralmente vinculaba a Gran Bretaña con el programa de acción francés. En su libro *Los orígenes de la guerra de 1914,* el famoso historiador Albertini escribió que Grey debería haberse dado cuenta sin ninguna duda de que con las conversaciones británico-francesas, y también indirectamente con las conversaciones británicos-rusas, él había situado a Gran Bretaña en una posición ambigua. También suscitó la duda sobre si realmente se podía decir que Grey había hecho todo lo que estaba en su poder para evitar el fatídico paso que llevaba a la guerra. Contestó negativamente a la pregunta y dijo que en ese terreno Grey no podía ser exonerado.

Inmediatamente después del discurso de Grey a la Cámara Baja los británicos empezaron a movilizarse y a los catorce días se enviaron tropas al continente, donde todo estaba preparado para trasladarlos a los lugares designados. Mientras tanto, el ministro de la Guerra recién nombrado,

El ministro de la Guerra turco a favor de Alemania, Enver Pasha, y el comandante en jefe turco
(tercero por la izquierda).

Lord Kitchener, hizo una enorme campaña para reclutar voluntarios, porque a diferencia de otros él preveía una guerra de muchos años con muchas víctimas. Quería reforzar las fuerzas armadas con un millón de hombres. El entusiasmo entre la población era tan grande que pronto un millón de reclutas estaban ya con el uniforme. Muchos de ellos morirían en la batalla de Somme y Gran Bretaña se vio obligada entonces a iniciar un reclutamiento para lograr los soldados necesarios.

MOVILIZACIÓN DE FRANCIA

El papel del presidente francés, Poincaré, en el estallido de la guerra fue decisivo. Es evidente, por fuentes como la de una carta enviada por el embajador ruso en París a su ministro de Asuntos Exteriores después de haber sido elegido Poincaré presidente de Francia. La carta indica que el embajador acababa de tener una conversación con Poincaré, quien le anunciaba que ahora que era presidente podría influir por completo en la política exterior francesa y por tanto haría buen uso de sus siete años para cooperar más con Rusia. El embajador dijo que el presidente veía como algo muy importante para el Gobierno francés influir suficientemente en la opinión pública sobre que ellos estarían preparados para ir a la guerra ante el problema de los Balcanes. Él entonces insistió en que era necesario que Rusia evitara cualquier acto por su parte que condujera a la guerra antes de discutirlo con Francia.

Poincaré y su ministro de Asuntos Exteriores, Viviani, regresaron a París el 29 de julio de 1914 después de una visita de estado a Rusia que duró varios días y fue informado de los progresos que estaban teniendo lugar. Se había llamado a los oficiales franceses de permiso el día 25 –día de la movilización rusa– y se planeó embarcar tropas coloniales hacia Francia. El gobierno ruso envió un telegrama a los franceses en el que les informaba de que Rusia iba a rechazar el ultimátum alemán de que detuvieran su movilización y pedía a Francia que utilizara su influencia a fin de presionar a los británicos para que se aliaran con Rusia y Francia. Para evitar la posibilidad de que se viera a Francia como agresor –lo que hubiera hecho imposible una alianza británica– Poincaré ordenó que se enviaran tropas francesas a 10 km de la frontera franco-alemana, a pesar de las protestas de su comandante en jefe. El presidente francés firmó la orden de movilización limitada el 31 de julio. El agregado militar ruso informó de la noticia a San Petersburgo, el ministro de Guerra francés le había informado de un modo amplio que Francia se había decidido definitivamente por la guerra y le había pedido que informara a sus jefes de que el Estado Mayor francés esperaba que los esfuerzos de Rusia se dirigieran contra Alemania. La acción contra los austrohúngaros se iba a considerar de prioridad menor. Desde Italia enviaron un telegrama que informaba a sus aliados de que el

El cabeza de la misión militar alemana en Turquía, el general Liman von Sanders (segundo por la izquierda), antes de estallar la guerra.

Gobierno italiano ya no se consideraba ligado a Alemania y Austria-Hungría por el tratado. Únicamente Gran Bretaña no se había pronunciado todavía. En 1 de agosto a las 16,00 h. se dio permiso al comandante en jefe francés para una movilización general que se iba a llevar a cabo al día siguiente. Francia iba a la guerra con entusiasmo.

POSTURA DE TURQUÍA E ITALIA

ITALIA

Italia había pedido permiso para unirse a la alianza habida entre Alemania y Austria-Hungría en 1881. Esa nación buscaba aliados porque se sentía amenazada por el deseo de expansión francés. La calidad de socio de Italia era extraña no sólo porque sus relaciones con el imperio austrohúngaro distaban de ser las ideales. Italia reclamaba ciertos territorios del imperio austrohúngaro, cosa que no agradaba a Austria-Hungría. El comandante en jefe austrohúngaro consideraba a Italia más un enemigo que un aliado y los acontecimientos posteriores iban a demostrar que su juicio era acertado. Cuando en 1896 la aventura abisinia de Italia terminó en derrota en Adowa, echó en parte la culpa a Alemania por su incumplimiento de

El káiser Guillermo II durante una visita al sultán turco en octubre de 1917. El general Liman von Sanders (segundo por la derecha) representó un importante papel en la derrota turca de los británicos en Gallípoli al mando del V Ejército turco.

La familia real italiana antes de estallar la guerra.

darles apoyo militar. Decepcionados y quizá llenos de rencor, pero también con cierto oportunismo, los italianos se mostraban entonces abiertos a un acercamiento hacia Francia. Después de haber renovado su tratado con Alemania y Austria-Hungría, los italianos hicieron un tratado militar secreto con los franceses en 1902, en el cual prometían mantenerse neutrales si Francia entraba en guerra con Alemania, incluso aunque los mismos franceses tomaran la iniciativa. Este tratado secreto era sin duda una flagrante violación del tratado de alianza de Italia, y más porque Italia acababa de renovar ese tratado. Con el fin de cubrir todos los ángulos, Italia una vez más firmó una ampliación y también celebró un acuerdo naval secreto con Austria-Hungría en 1913, mientras mantenía también conversaciones para estrechar los lazos con sus otros aliados. Durante estas conversaciones Italia sugirió que si Alemania y Austria-Hungría iban a la guerra contra Francia y atacaban la flota mediterránea francesa, Italia invadiría Francia y situaría un ejército italiano en los Alpes occidentales y enviaría también dos cuerpos del ejército a Alemania para apoyar a las tropas alemanas. Estas conversaciones no habían finalizado cuando estalló la guerra. La deslealtad de Italia como aliado se hizo aparente rápidamente

porque Italia exigió compensación de cualquier
extensión del territorio austrohúngaro y cuando los
austriacos se negaron, el Gobierno italiano declaró
que no apoyaría el ultimátum a Servia y por tanto
sería neutral en el conflicto. Se contactó rápidamente con los aliados adversarios, quienes estuvieron dispuestos a ofrecer compensación a Italia con
parte del territorio austrohúngaro. De aquí que
Italia declarara la guerra a su aliado austrohúngaro
en mayo de 1915 y a Alemania en agosto de 1916.
Esta decisión hizo que Italia ganara territorio después de la guerra, incluyendo Istria, pero le costó
465.000 muertos y 900.000 heridos. La participación de Italia en la guerra tuvo sin duda influencia
en su resultado y fue un golpe importante para la
Triple Alianza.

TURQUÍA

La influencia británica en Turquía siempre había
sido considerable y Gran Bretaña había ido en
ayuda de los turcos contra los rusos en la Guerra
de Crimea. Una misión naval británica había estado ocupada en Turquía
antes de estallar la guerra en 1914 y un almirante británico estaba al mando de la flota turca. No obstante, Alemania, a gran distancia, iba a conseguir a Turquía como aliado y su embajador, el barón von Bieberstien,
tuvo éxito al conseguir gran influencia en el gobierno turco y en su ejército. El trato bárbaro de los turcos hacia ciertas minorías étnicas fue origen de una crítica severa de Turquía en la prensa británica y al antagonis-
mo del pueblo británico hacia ese país. Cuando Gran Bretaña y Rusia
firmaron un tratado en 1907 para acordar sus diferentes áreas de influencia, el Gobierno turco vio claramente que su cercanía a Gran Bretaña iba
a terminar. Esto se manifestó rápidamente cuando Gran Bretaña y Francia se negaron a conceder un préstamo a Turquía. En seguida Alemania
rellenó la brecha al disponer del dinero y por consiguiente estrechó los
lazos con ellas. Alemania ofreció instrucción militar a oficiales turcos que
habían sido entrenados en Gran Bretaña y Francia, pero ya no querían
que fuera allí y acordaron felizmente ayudar en la reorganización del ejército turco. Los alemanes enviaron al general Liman von Sanders a Estambul, donde fue nombrado comandante en jefe de su Primer Cuerpo del
Ejército. Rápidamente hubo un conflicto con Rusia, quien se sentía
amenazada porque un general alemán estuviera al mando del ejército turco en lo que ellos consideraban su esfera de influencia. El ministro de
Asuntos Exteriores ruso, Sazonov, protestó con vehemencia y amenazó
con tomar medidas. Alemania se volvió atrás como si no estuviera todavía
preparada para un conflicto abierto. Pidieron a los turcos que nombraran
a Sanders mariscal de campo, un rango demasiado superior para estar al

La guerra se hace realidad y tropas británicas llegan a Le Havre para tomar posición.

mando de un cuerpo del ejército en el campo, y disminuyó la tensión y se calmó todo el asunto.

El grupo de «Jóvenes Turcos» ganó poder en 1913. Uno de ellos, Enver Pasha, había sido entrenado en Alemania y estaba muy a favor de los alemanes. Al igual que el nuevo ministro de Guerra, su poder era considerable y el nuevo embajador alemán, Wangenheim, que seguía la misma política que su predecesor, tuvo éxito al lograr su plena confianza. Los dos hombres se llevaban bien y la influencia británica disminuyó perceptiblemente. Cuando estalló la Primera Guerra Mundial, Turquía era todavía neutral oficialmente. Una vez más los británicos (que subestimaron por completo la importancia de Turquía y el papel que podría representar en el conflicto que se acercaba) cometieron un grave error confiscando dos buques de guerra que se estaban construyendo en Gran Bretaña para la armada turca. La manera tan improvisada en la que se hizo, sin discusión y sin ofrecer compensación, fue la gota que colmó el vaso. Cuando Alemania reaccionó inmediatamente ofreciendo los buques de guerra alemanes *Goeben* y *Breslau,* que se encontraban en el Mediterráneo y se dirigían velozmente a los Dardanelos para mostrar la bandera, el Gobierno turco aceptó su oferta y permitió que los dos barcos entraran en Estambul. Por este acto Turquía se había puesto oficialmente del lado de Alemania en el conflicto mundial, con mucho gasto para los británicos, como veremos después.

ESTALLA LA GUERRA

Se prepara la ofensiva

PLANES MILITARES

El estallido de la Primera Guerra Mundial no fue del todo inesperado. De hecho esta guerra parecían haberla previsto desde hacía tiempo las principales naciones participantes y tenían planes militares detallados. Inmediatamente después de la Guerra Franco-Prusiana de 1870-1871, Bismarck reconoció que su anexión de Alsacia y Lorena llevaría a un nuevo conflicto con Francia. Su política se dirigió hacia el aislamiento de Francia para evitar que los franceses se convirtieran en una amenaza para la nueva nación alemana. Para este fin celebró varios acuerdos secretos con Austria-Hungría, Rusia y otros, y siguió una política que consiguiera que Alemania fuera una potencia política y militar permanente. El sucesor de Bismarck no siguió la misma política y no renovó el tratado con Rusia, permitiendo que Francia saliera de su aislamiento en 1894 formando una alianza secreta con Rusia, la cual finalmente demostraría que se dirigía contra Alemania.

Desde ese momento los estados mayores de Francia y Rusia desarrollaron planes de victoria conjuntos si sucedía una guerra con Alemania. Desde 1904 los franceses también mantuvieron conversaciones con los británicos sobre cooperación militar en caso de una guerra con Alemania. Un nuevo impulso dio a estas conversaciones el ministro de Asuntos Exteriores, Grey, cuando se creó el nuevo gobierno liberal en 1906. Desde ese momento los estados mayores francés y británico se acercaron, pero también hubo contactos secretos y los británicos decidieron formar una Fuerza Expedicionaria Británica (BEF) con el fin de

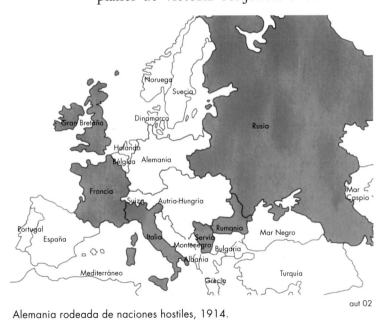

Alemania rodeada de naciones hostiles, 1914.

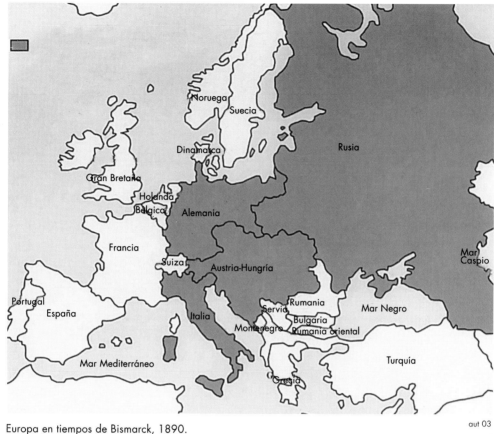

Europa en tiempos de Bismarck, 1890.

aut 03

ser enviadas estas tropas a Francia para apoyar al ejército francés en caso de guerra con Alemania. En 1908 los británicos también mantuvieron conversaciones con Rusia. Eduardo VII hizo visitas oficiales a ambos países y el zar y las dos naciones hablaron de cooperación entre sus armadas. Estas conversaciones continuaban todavía cuando estalló la guerra en 1914.

MOTIVOS

¿Por qué estaba tan convencido todo el mundo de que era inevitable la guerra que se acercaba? Esa convicción ha de descansar en el hecho de que todos los participantes importantes tenían un motivo que conducía a la guerra.

El motivo francés era Alsacia y Lorena, de las que los prusianos se habían apoderado en 1871 y para el orgullo francés era indispensable que se subsanara este error. El credo francés era el retorno de Alsacia y Lorena a Francia, pero el Gobierno francés sabía que este objetivo nunca se lograría sin ayuda exterior. El tratado franco-ruso de 1894 fue el primer paso hacia la posible ejecución de los planes franceses para recuperar su territorio perdido.

El motivo ruso se podía encontrar en los Dardanelos y en el Bósforo. Desde la Guerra de Crimea estas vías marítimas se habían cerrado a los buques de guerra. El mar Negro ruso estaba cerrado, por lo que la flota rusa atracada en este mar estaba atrapada y fue ineficaz como tal durante la guerra ruso-japonesa de 1904. Era un punto vital de la política exterior rusa ser capaz de conseguir libre acceso al Mediterráneo pudiendo pasar por los Dardanelos y el Bósforo. Este deseo no se podía realizar sin el acuerdo de las grandes potencias. Trabajando en unión con Francia, Rusia aspiraba al apoyo francés para su deseo de crear una salida del mar Negro. Al mismo tiempo Rusia también contaba con apoyo en una futura guerra contra su mayor rival en los Balcanes, el imperio austrohúngaro. Como esta nación era aliada de Alemania, la guerra con ellos llevaría al conflicto de Alemania, lo cual Rusia no se podía permitir el lujo de que ocurriera. El tratado militar con Francia, sin embargo, cambió significativamente la posición de Rusia.

El peligro de tener que luchar en dos frentes a la vez (contra Francia y Rusia) se

El mariscal de campo Alfred von Schlieffen, jefe del Estado Mayor alemán desde 1891 a 1905. Desarrolló los planes de la ofensiva alemana. Anticipó la guerra en dos frentes y planeó una rápida victoria contra Francia antes de que Rusia se pudiera movilizar del todo.

había previsto durante muchos años en Alemania y los alemanes sabían que no podían ganar una guerra así. Cuando Francia y Rusia ampliaron extensamente sus fuerzas armadas, el alto mando alemán presionó para que hubiera una guerra preventiva y evitar que se hiciera realidad este temor. El káiser Guillermo se negó a entrar en guerra a pesar de la presión, pero la postura militar alemana iba siendo cada vez más difícil y cuando finalmente comenzó el conflicto en los Balcanes por parte de los aliados austrohúngaros de Alemania, ésta decidió apoyarles, incluso aunque significara una guerra mundial, porque se consideraba lo bastante fuerte en ese momento para ganar.

Respecto a Gran Bretaña, los asuntos eran otros. El enorme aumento del poder económico de Alemania era una gran preocupación para esa nación. Los alemanes también tenían ambiciones coloniales que los británicos temían que dañarían a su propio imperio. La ampliación de la armada alemana fue una razón más para elegir el lado de Francia y Rusia en un futuro conflicto. El ministro de Asuntos Exteriores británico, Grey, después de la visita del rey británico al zar, lanzó la idea de que la cooperación con Francia y Rusia le permitiría mantener bajo control el aumento de poder alemán, por lo que eligió el lado de Rusia y Francia. Los motivos de estos tres países eran lo suficientemente claros y finalmente llevaron a la guerra. Seguramente ninguna de las naciones involucradas tenía idea de que esa guerra duraría cuatro años y costaría más de treinta millones de víctimas y un cambio en el mundo tan importante.

PLAN VON SCHLIEFFEN

El comandante en jefe alemán, mariscal de campo von Molkte, se dio cuenta inmediatamente después de la victoria sobre Francia en 1871 de que se había sembrado la semilla de una futura guerra y que el territorio ganado tendría que ser defendido. También anticipó que Francia contaría con el apoyo de Rusia. Von Moltke desarrolló un plan que hiciera posible considerar la lucha en dos frentes. Basó su plan en una defensa lo más fuerte posible en la frontera franco-alemana. Después de todo, allí fue donde los franceses, según la última información, habían construido una línea defensiva extremadamente fuerte y muy difícil de penetrar. Un ataque en ese frente probablemente resultaría grave para los alemanes, ya que también tenían que defenderse contra el apoyo ruso al Este. En consecuencia, planeó reunir a la mitad de su ejército en la frontera francesa para defensa y emplear la otra mitad en un golpe preventivo contra Rusia, con el fin de vencer primero a esa nación antes de emplear toda su fuerza contra los franceses. De esta manera esperaba evitar una batalla en dos frentes y salir victorioso.

El mariscal de campo von Schlieffen, que sucedió a von Moltke en el cargo de jefe del Estado Mayor en 1891, rechazó el plan von Moltke por ser demasiado arriesgado. También consideraba a Rusia la amenaza más grande para Alemania, mientras que reconocía que la sed de venganza que se manifestaba abiertamente cada vez más en Francia bien podría llevar a una nueva guerra. Mantenía casi sin pasión que Alemania perdería tal guerra a causa de las limitaciones de hombres y medios que no permitían una guerra larga y ciertamente no en dos frentes. Von Schlieffen opinaba que sería desastroso para los alemanes invadir las vastas extensiones de Rusia, especialmente si la mitad del ejército estaba ocupada en defender la frontera con Francia.

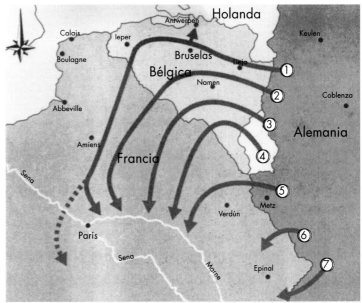

Plan von Schlieffen.

aut 05

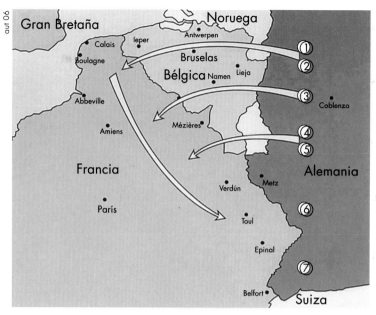

Movimientos del plan von Schlieffen. Las tropas se moverían hacia el oeste de París, dejando la frontera alemana abierta al ataque.

Por tanto, creó un plan completamente nuevo basado en el movimiento rápido y medios de transporte modernos, que era diametralmente opuesto al plan von Moltke. Pedía un ataque inmediato contra Francia y una postura más defensiva hacia Rusia.

El elemento principal de su plan era que no se intentaría atacar la frontera francesa misma sino mediante un despliegue a la velocidad del rayo, atravesando Holanda y Bélgica hacia el norte de Francia para una ofensiva contra reloj con Metz como eje central. La arremetida se dirigiría por la costa francesa occidental de París antes de retroceder hacia el este, con el fin de atacar las fortificaciones de la frontera francesa desde la retaguardia. El plan exigía un flanco derecho muy fuerte, utilizando el 90 por 100 del ejército alemán para la marcha por Francia. El resto se iba a situar para la defensa cerca de Metz a lo largo de la frontera oriental. Von Schlieffen contaba con que los franceses se aprovecharían de la relativa defensa débil alemana en la frontera para efectuar un ataque y retomar Alsacia y Lorena. Su plan no provocaba demasiado la oposición inicial hacia los franceses. Cediendo provisionalmente territorio alemán, las tropas francesas se mantendrían alejadas de la batalla en el norte y en el oeste, permitiendo así un rápido avance alemán. La velocidad era esencial a fin de aprovecharse de los diferentes tiempos necesarios para movilizar los ejércitos de Francia y Rusia. Informes de inteligencia sugerían que los franceses podían movilizarse en dos semanas, mientras que los rusos necesitarían al menos seis semanas. La esencia del plan von Schlieffen era vencer a los franceses antes de que los rusos estuvieran preparados, de forma que la mayoría de las tropas alemanas se pudieran trasladar de una Francia vencida hacia el frente oriental.

De esta forma esperaba von Shlieffen evitar una guerra en dos frentes. Era obvio que el tiempo era el mayor elemento de riesgo en su plan. Después de todo, si los alemanes fracasaban en lograr sus objetivos dentro del tiempo permitido, los rusos conseguirían movilizarse con más rapidez y entonces surgiría precisamente la situación tan peligrosa que von Schlieffen deseaba evitar a toda costa. Al parecer. el asunto le preocupaba mucho y continuó siendo consejero del Estado Mayor después de su jubilación y en 1912 envió informes que pedían, entre otras cosas, el refuerzo del flanco derecho.

EL PLAN N.º 17 FRANCÉS

Los documentos parecían demostrar que los franceses conocían el contenido del plan von Schlieffen casi desde el principio. El general Dubail viajó a San Petersburgo en 1911 y consiguió el acuerdo de los rusos de reducir significativamente su tiempo de movilización y que ellos entrarían en Prusia Oriental antes de completarse la movilización general. Fue una decisión crucial, porque daba de lleno en el corazón del plan Schlieffen, que dependía de cuatro semanas de diferencia entre la movilización francesa y la rusa y lo anulaba. En 1912 se llegó a más acuerdos sobre la cantidad de tropas rusas que tomarían parte en la primera invasión de Prusia Oriental: serían 800.000 hombres y su movilización se reduciría a catorce días.

También los franceses, por supuesto, tenían un plan de guerra. Después de muchas enmiendas, finalmente decidieron el famoso Plan n.º 17. Era un plan un tanto oscuro, que dejaba mucho a las circunstancias. En su núcleo figuraba la idea de que el soldado francés siempre iba a tener la iniciativa y el sagrado credo sería atacar.

El Plan n.º 17 era tan oscuro porque al parecer nunca se consignó por escrito. Cuando una comisión parlamentaria le preguntó al general Joffre por ello después de la guerra, él alegó mala memoria. Él insistió en que nunca se escribiera el Plan n.º 17 y no podía recordar con qué oficiales del Estado Mayor había hablado sobre el estallido de la guerra.

Su jefe de estado provisional, el general de Castelnau, dijo a la misma comisión que nunca había visto el plan de operaciones, lo cual sonaba bastante ilógico, pero que Joffre no negó. En otras palabras, había algún error en el plan francés. A menos que sirviera para cubrir el verdadero plan francés. Una reconstrucción del plan seguiría estas líneas.

El conde Berchtold, ministro de Asuntos Exteriores austriaco, decidió atacar Servia, incluso aunque provocara un conflicto mundial.

aut 08

El sultán de Turquía, 1914.

Utilizando el conocimiento del plan von Schlieffen, los franceses decidirían lo siguiente:

1. Inmediatamente después de estallar las hostilidades, las tropas francesas atacarían y entrarían en Alsacia y Lorena, donde encontrarían poca resistencia, debido al plan von Schlieffen. Para aprovecharse de esta ventaja, las fuerzas francesas tendrían que ser lo más fuertes posible. Este ataque, sin embargo, iría seguido por la invasión de Bélgica por parte de Alemania, porque sólo en ese caso se pueden activar los británicos. La invasión alemana es por tanto condición imperativa y Francia debe evitar que se la considere agresora. Por consiguiente, la mayor parte de sus tropas retrocederían desde la frontera para evitar malentendidos.

2. Las tropas británicas desembarcarían en Bélgica y Francia y demorarían todo lo posible el avance alemán. Esto sujetaría a los alemanes en este sector y así las tropas no estarían disponibles para ayudar ni en el frente oriental ni en Austria-Hungría, lo cual consideran vital los franceses porque:

3. Los rusos, después de una rápida movilización (en catorce días), invadirán Prusia Oriental con 800.000 hombres y establecerán un segundo frente. Esto significa que Alemania, con casi todo su ejército en Bélgica, será capturada con un movimiento de tenazas.

4. Francia se aprovechará del plan von Schlieffen que proyecta la invasión temporal de Alsacia por tropas francesas, pero los franceses pretenden que sea permanente esta ocupación.

5. Francia transmite casi por completo a los británicos la defensa inicial de su país, con intención de que la mayor parte de la guerra tenga lugar en Bélgica.

Elementos de esta reconstrucción se pueden encontrar en las actas de los encuentros anuales de los estados mayores militares de Francia y Rusia, en las cuales ambas naciones desarrollan y discuten sus planes ofensivos.

Ahora sabemos que el asunto en realidad era muy diferente. Los rusos atacaron mucho antes, pero fueron vencidos rápidamente de forma humillante. Los británicos desembarcaron en Bélgica como se acordó, pero los alemanes les presionaron tanto en un principio que tuvieron que retirarse, y el resto del plan francés fracasó en gran parte. La situación sólo cambió un poco después de la batalla del Marne.

PLAN DE BATALLA BRITÁNICO

Poco después de la creación de la *entente* en 1904, los jefes militares franceses y británicos hablaron de cooperación si Francia se viera involucrada en una guerra con Alemania. Estas conversaciones estaban bajo los auspicios de los respectivos ministros de guerra y por tanto estaban cubiertos políticamente. El general Wilson de Gran Bretaña, entonces jefe de operaciones militares, llegó a un acuerdo con los franceses el 20 de junio de 1911, en el cual prometía enviar 150.000 hombres y 67.000 caballos a Boulogne y Le Havre para proteger del envolvimiento al flanco izquierdo francés. Sorprende que éste sea precisamente el punto en el que la principal fuerza alemana se encontrara avanzada y se esperaba que los británicos detuvieran el avance alemán o al menos lo demoraran. Esto daría posibilidad a Francia de establecer una fuerza superior en su frontera oriental y por tanto cortar el flanco derecho alemán del resto de su ejército.

En septiembre de 1912 los británicos prometieron también apoyar a su armada para proteger la costa occidental en caso de guerra y las flotas fueron reasignadas. Los británicos trasladaron la mayor parte de su flota del Mediterráneo mientras los franceses trasladaron toda su flota a ese mar.

Los planes militares británicos estaban preparados con detalle y en marzo de 1914 un ejercicio logístico anglofrancés fue conducido a suelo francés para practicar el despliegue de tropas británicas desde su puerto de entrada y examinar el transporte, las posiciones y tiempos de salida y llegada.

Enver Pasha, ministro de Guerra turco.

El buque de guerra alemán *Goeben* que, junto con el *Breslau*, fue vendido a Turquía y atacó en puertos rusos del mar Negro.

PLAN DE BATALLA AUSTROHÚNGARO

Austria-Hungría también se había preparado para la guerra. Aunque sorprendentemente los austrohúngaros creían que cualquier conflicto se podría mantener limitado puramente a una guerra contra Servia. Los planes militares austrohúngaros se preparaban por tanto de esta manera: si Rusia intervenía, lo cual no se esperaba, entonces se pensaba que ésta se podría ajustar a un alto en la guerra contra Servia. Había dos planes: el «plan de guerra de los Balcanes» y el «plan de guerra ruso». El último plan era únicamente por si finalmente intervenía Rusia. No se consideró luchar en una guerra con dos frentes. La explicación a ello es que el comandante en jefe del ejército austrohúngaro, el general Conrad von Hötzendorff, también preveía mucho tiempo para que Rusia se movilizara y pensaba que ellos habrían vencido a Servia antes de que los rusos pudieran intervenir. El plan de los Balcanes permitía movimiento de marcha atrás de las tropas en cinco días después de la movilización contra Servia. Después del sexto día ya no era posible y cualquier ataque ruso desde entonces sólo podría tener lugar con la ayuda del aliado, Alemania.

Estudios posteriores demuestran que el plan austrohúngaro, y especialmente todo el plan de movimiento completo, tenía grietas muy graves que significaban que la marcha contra Servia era un fracaso desde el principio, por lo que en seguida fue necesaria la ayuda de su aliado alemán. Cuando Italia se retiró de la alianza en el último momento y Rumania también fracasó en acuerdos de honor, Austria-Hungría se enfrentó a grandes dificultades y dependió completamente de la ayuda alemana.

PLANES DE GUERRA RUSOS

Los planes de guerra de Rusia se trazaron en un principio con cooperación y aprobación de Francia. La misión rusa era abrir un segundo frente en una primera invasión a Prusia Oriental, con el fin de sujetar, y si era posible vencer, a las tropas alemanas situadas allí. El alto mando del ejército ruso había dedicado sus esfuerzos a este fin y esperaba estar preparado en 1917. Bajo el liderazgo del ministro de Guerra, Suchomlinov, el ejército ruso fue reconstruido de arriba a abajo y modernizado después de su derrota contra Japón. Si sus planes se hubieran realizado en su totalidad, Rusia habría tenido el ejército más grande y más poderoso del mundo. Sin embargo, la modernización militar rusa estaba muy lejos de completarse cuando los políticos se hicieron cargo del plan militar en 1914 y decidieron que había llegado la hora de que Rusia, Francia y Gran Bretaña terminaran con la gran potencia que era Alemania y de lograr las propias ambiciones de Rusia en los Balcanes y la destrucción del imperio austro-húngaro. Pero los planes operacionales no se completaron y los armamentos, suministros, equipamientos, etc. eran completamente inadecuados. Rusia por tanto entró en la guerra sin estar preparada técnicamente para la batalla. El país no estaba preparado para una guerra y rápidamente se hizo evidente, como veremos posteriormente.

aut 11

Comandante en jefe ruso, el gran duque Nicolás.

DESARROLLO DE LA GUERRA

Estallan las primeras escaramuzas

LOS ALEMANES INVADEN BÉLGICA Y LUXEMBURGO

El káiser alemán firmó la orden de movilización a las cinco de la tarde del día 1 de agosto, y esa tarde, Lichnowski, el embajador alemán en Londres, envió un telegrama en el cual informaba a sus superiores de que el ministro de Asuntos Exteriores británico, Edward Grey, le había comunicado que Gran Bretaña estaba dispuesta a garantizar la neutralidad de Francia si Alemania no emprendía el ataque a ese país.

El general von Moltke, que estaba preparando la orden de movilización, fue llamado inmediatamente. El canciller alemán, Bethmann Hollweg, que se había esforzado constantemente por mantener buenas relaciones con Gran Bretaña y había esperado hasta el último momento que esta nación no entrara en la guerra, le dio la bienvenida con entusiasmo. «Los británicos se mantienen fuera del conflicto», declaró triunfante, pasando el telegrama a von Moltke. «Ahora sólo tenemos que luchar contra Rusia.

El káiser Guillermo II de Alemania.

El general von Moltke, comandante en jefe alemán al estallar la guerra. Fue destituido inmediatamente después de la *debacle* de la batalla del Marne.

El rey Alberto de Bélgica, en su cuartel general.

Permita que nuestras fuerzas armadas den la vuelta y marchen hacia el frente oriental», añadió la voz del káiser. El mundo se caía en pedazos para von Moltke. Hacer volver a un ejército entero era imposible y podía tener catastróficas consecuencias. Así mismo sabía que la orden de movilización general también se había dado en Francia. El telegrama británico no podía ser cierto, sencillamente.

El general von Kluck, comandante en jefe del Primer Ejército alemán.

Von Moltke informó al káiser y dijo que, si tenía que hacer volver a sus ejércitos de la frontera, Alemania quedaría totalmente indefensa y abierta al enemigo. Guillermo II se negó a escuchar. «Su tío me daría una respuesta diferente», añadió el emperador, refiriéndose al von Moltke más anciano que había asegurado la victoria para los alemanes durante la guerra franco-prusiana de 1870-1871. Bethmann Hollweg también participó y se volvió contra von Moltke, quien defendía su convicción de espalda a la pared y se negaba a aceptar la responsabilidad de una decisión tan trascendental. «El plan de batalla alemán»,

Tropas alemanas a cubierto en el límite de la «tierra de nadie», antes de entrar en Luxemburgo en agosto de 1914.

Cañones alemanes en acción cerca de la ciudad de Lieja.

La infantería alemana avanza por terreno abierto.

declaró, «está basado en nuestro fuerte enfrentamiento y ataque a unidades francesas, mientras que sólo unas cuantas unidades defensivas poco armadas están en la orden de batalla contra Rusia. Los cambios repentinos e irreflexivos de este plan serían por tanto catastróficos». Von Moltke convenció finalmente al káiser después de una larga discusión de que los planes de movilización tenían que llevarse a cabo y sólo entonces se pensaría en enviar unidades más poderosas al Este.

La discusión entre el káiser y el canciller había dejado exhausto a von Moltke. Las tensiones de los días anteriores al estallido de la guerra le habían agotado y posteriormente declaró que esto le destrozó y nunca se recuperó. La causa principal de ello fue la petición de Bethmann Hollweg de, en cualquier caso, demorar la ocupación de Luxemburgo. Esto situó a todo el plan de ataque alemán en un riesgo, porque la toma del empalme ferroviario tan importante era parte fundamental para el plan de batalla

Milicianos belgas.

Soldados belgas, descansando detrás de la primera línea en 1916.

alemán. Bethmann Hollweg, sin embargo, opinaba que esta ocupación era una amenaza directa a Francia, con lo cual la oferta de neutralidad británica sería retirada sin duda. El káiser llamó a su ayudante y, sin consultar a von Moltke, dictó una orden para la División 16 de detener la marcha sobre Luxemburgo.

A pesar de las fuertes protestas de von Moltke, Guillermo II se mantuvo firme en su decisión y despidió a von Moltke. Cuando regresó a su cuartel general la orden ya le estaba esperando, pero von Moltke se mantuvo firme y se negó a refrendar la orden. Varias horas después, a las 11 de la noche, recibió orden una vez más de informar al káiser. El emperador le recibió en su habitación y le mostró el telegrama del rey británico que afirmaba que la declaración de Lichnowski se había basado en un malentendido y que no había duda de que los británicos garantizaban la neutralidad francesa. El káiser estaba de muy mal humor y le dijo a von Moltke: *Nun können Sie machen, was Sie wollen* (ahora puede hacer lo que guste), con lo cual von Moltke podía marcharse.

Derecha: Estación de agua compartida por belgas y británicos en el punto más alejado de la primera línea belga.

El fatídico momento había llegado y el espantoso drama que al principio se conoció como la «Gran Guerra» y posteriormente Primera Guerra Mundial estaba a punto de estallar. Von Moltke envió de inmediato a la División 16 la orden de entrar en Luxemburgo sin demora y tomar el empalme ferroviario.

COMIENZA LA BATALLA

Ocho ejércitos alemanes se enviaron entonces para ejecutar el plan Schlieffen. Siete fueron destinados al frente occidental y uno al oriental.

El I Ejército alemán bajo el mando del general von Kluck, el II bajo el mando de von Bülow, y el III al mando de von Hausen iban a entrar en Bélgica. El IV Ejército, bajo el mando del duque Albrecht, se destinó a Luxemburgo. El V, guiado por el príncipe heredero alemán; el VI, bajo el mando del príncipe heredero Rupprecht von Beieren, y el VII, mandado por el general von Heeringen, se ordenaron para el combate rápidamente entre Saarbrücken y Basel.

El día 2 de agosto de 1914, por la mañana temprano, los alemanes entraron en Luxemburgo. Justo antes de ello el Gobierno de Luxemburgo había recibido un telegrama que le avisaba de que Alemania había sabido por fuentes fidedignas que una fuerza de tropas francesas estaba camino de Luxemburgo y que Alemania, por desgracia, se veía obligada a defenderse tomando el control del empalme ferroviario de allí. El Gobierno de

Luxemburgo protestó con fuerza, pero no tenía medios para defender su país, el cual rápidamente cayó en manos alemanas.

Los enormes movimientos de tropas podían empezar ahora. Entre el 2 y el 14 de agosto más de 2.200 trenes de tropas pasaron por Colonia hacia el oeste. Los objetivos se conocían. El I y II Ejército se dirigían a Bruselas. El III Ejército era necesario para cruzar el Mosa (Maas) en Namur y Dinant, y se esperaba que el IV Ejército tomara el control desde allí hacia el punto más al sur de Bélgica, en su frontera con Luxemburgo. El V Ejército, del príncipe heredero, fue necesario finalmente para proteger los puestos alrededor de Metz, mientras los otros dos ejércitos iban a enfrentarse a los franceses en el flanco izquierdo.

El domingo 2 de agosto, el embajador alemán lanzó un ultimátum al Gobierno belga exigiendo libre paso por Bélgica para el ejército alemán. Si accedían a esta demanda, Alemania prometía recompensar a Bélgica después del conflicto por cualquier daño sufrido y necesidad de desocupar

Puente destruido e iglesia de Nuestra Señora en Dinant.

El general alemán von Emich, quien dirigió el ataque contra Lieja.

la tierra. Suplicaba al Gobierno belga que no ofreciera resistencia con el fin de evitar un derramamiento de sangre innecesario y llegó hasta el extremo de insistir en que el Estado alemán sólo estaba defendiéndose y que no tenía intención de ocupar territorio belga. Finalmente, el ultimátum exigía respuesta en el plazo de doce horas. Naturalmente, el Gobierno belga rechazó el ultimátum y al día siguiente, 3 de agosto, las tropas alemanas entraron en Bélgica camino de Francia.

BATALLA DE LIEJA

Lieja era el primer objetivo alemán. La ciudad misma estaba defendida por varios fuertes que protegían toda la zona oriental belga, y a toda costa era vital para los alemanes su captura con el fin de evitar demoras en el flanco derecho alemán que pusieran en peligro el plan Schlieffen. La velocidad era esencial y el Estado Mayor alemán había creado un plan independiente para tomar la ciudad al principio de la guerra. Unos 34.000 hombres y unas 125 piezas de artillería, entre ellas las de calibre más elevado, se acercaron el

Tropas alemanas en el campo.

El oficial de artillería recibe instrucciones para que las tropas ataquen Lieja.

4 de agosto al anillo de fuertes que rodeaban la ciudad. La 3.ª División belga, compuesta de 23.000 hombres, fue desplegada entre los fuertes que se encontraban a unos cuatro kilómetros. Toda la defensa, las guarniciones del fuerte, estaban al mando del general Leman.

Los alemanes habían explorado la zona antes de la guerra y observaron que había pocos obstáculos de defensa entre los fuertes. Su plan era avanzar durante una noche a varios puntos situados entre dichos fuertes. Los defensores tenían que arrollar con el fin de ganar acceso dentro del anillo y alcanzar Lieja. A los fuertes no les quedaría entonces otra opción que rendirse. La fuerza especial reunida para esta osada hazaña estaba al mando del general von Emmich con la ayuda de un oficial del Estado Mayor, Erich Ludendorff, quien poste-

En apariencia nada podía oponerse a la artillería pesada alemana. Resto del Fuerte Loucin, cerca de Lieja.

riormente iba a representar un importante papel en la historia de la Primera Guerra Mundial.

Durante la noche del 5 al 6 de agosto comenzó a ejecutarse el plan con ataques sobre tres frentes entre los fuertes. Unidades de la Brigada 14 alemana tuvieron éxito al penetrar en los fuertes de Fléron y Evegné. A causa de la oscuridad, no fueron advertidos y por tanto no hubo fuego de artillería. Se encontraron con soldados de la 3.ª División belga, que ofrecieron dura resistencia, pero no consiguieron detener a los alemanes. Cuando el comandante alemán murió en acción, Ludendorff asumió el mando sobre los puentes que cruzan el Mosa (Maas). Ludendorff dio orden de apoderarse de los puentes, la cual se cumplió milagrosamente sin un disparo.

En la mañana del 7 de agosto Ludendorff ordenó que sus tropas entraran en Lieja. Él personalmente dirigió a las tropas directamente hacia la ciudadela, que parecía sellada herméticamente. Llamó a la puerta varias veces y para su sorpresa la puerta se abrió. Dijo a los guardias que se rindieran y después entraron, y él mismo apresó al comandante que rindió la guarnición a los alemanes. Esta pequeña hazaña fue el comienzo de una brillante carrera. Mucho más se iba a oír de Ludendorff.

La ciudad de Lieja se encontraba ahora en manos alemanas y la defensa belga fracasó en unirse a otras fuerzas belgas de Lovaina. Sorprendentemente los fuertes que rodeaban Lieja permanecían en manos belgas y su artillería era una gran amenaza para el constante avance alemán. Había una destacada barrera de artillería con piezas pesadas, como el mortero austriaco de 305 mm e incluso los cañones Krupp más pesados, de 420 mm, conocidos como «Fat Bertha», para destruir los fuertes que al final resultaron no ser lo suficientemente fuertes. Uno por uno fueron reducidos a escombros y su guarnición o se rendía o era asesinada. Uno de los últimos en caer fue el Fuerte Loncin, que cayó el 15 de agosto después de un golpe directo a su polvorín. La explosión resultante mató a la mayoría de sus ocupantes. El comandante belga, general Leman, que se encontraba en el fuerte, sobrevivió. Cuando lo sacaron de entre los escombros estaba inconsciente. Sus primeras palabras cuando volvió en sí fueron: «No me he rendido», y cuando fue apresado solicitó que el oficial alemán que viniera a buscarle incluyera eso en su informe. Los dos últimos fuertes cayeron en manos alemanas el 16 de agosto, lo que dio fin a la amenaza del avance alemán hacia el abierto y llano país de Bélgica.

Infantería belga retirándose hacia Amberes; 20 de agosto de 1914.

Soldados belgas reforzando posiciones defensivas.

BATALLA DE NAMUR

Después de reagruparse la 3.ª División belga alrededor de Lovaina, la batalla se trasladó hacia el oeste. Los belgas habían construido una línea defensiva en el pequeño río Gete, antes de la guerra, siguiendo la línea de Namur, Dinant y Givet. La 4.ª División belga reforzó la guarnición de Namur y se esforzó por que fuera una defensa bien organizada. Aunque una fuerza alemana asignada especialmente bajo el mando del general von Gallwitz redujo en seguida a escombros los fuertes que rodeaban Namur con su artillería pesada, que incluía seis baterías de cañones de 420 mm y cuatro baterías de cañones austriacos Skoda de 305 mm.

Al mismo tiempo, los alemanes tuvieron éxito al cruzar el Sambre y el Mosa; por tanto, Namur estaba amenazada de ser sitiada y el 22 de agosto la 4.ª División belga se retira hacia Mariëmbourg, adonde llegaron aproximadamente la mitad de los 30.000 hombres de un principio. Una semana

Uno de los fuertes de Amberes antes de ser destruido por el fuego de la artillería pesada alemana.

Los habitantes de Amberes huyen cuando se acercan las tropas alemanas.

Tropas francesas en bicicleta se apresuran a ayudar a Bélgica.

Derecha: Los británicos también envían tropas de ayuda, las cuales son recibidas con entusiasmo.

después se retiraron hacia Amberes, donde se unieron al resto del ejército belga el 2 de septiembre. Dinant también cayó en manos alemanas por unidades del III Ejército alemán, que rodearon la ciudad y entraron el 22 de agosto por la mañana temprano.

Mientras tanto, aproximadamente medio millón de hombres del I Ejército alemán bajo el mando del general von Kluck y el II Ejército, al mando de von Bülow, seguían adelante en Bélgica hacia el norte del Mosa. Aquí también hubo una fuerte resistencia belga. El Regimiento 22 belga de la línea perdió más de la mitad de sus hombres en St. Margriete. La abrumante cantidad de alemanes era demasiado grande, por lo que el 18 de agosto el rey belga decide que sus tropas deben retirarse hacia el río Dijle para crear una nueva línea defensiva en dirección de Amberes. Rápidamente, el 20 de agosto, el ejército belga tiene que retrocer aún más hacia el interior de las fortificaciones de Amberes. Este mismo día el 4.º Cuerpo alemán, bajo el mando del general Sixt von Arnim, llega a Bruselas y ocupa la ciudad, mientras los ejércitos I, II y III alemanes penetran en más profundidad en Bélgica. Mientras tanto, franceses y británicos vienen en ayuda de Bélgica. El V Ejército francés, bajo el mando del general Lanrezac, toma posiciones para bloquear el avance alemán en el flanco derecho del Mosa. La Fuerza Expedicionaria británica bajo el mando del general Sir John French había llegado al continente ahora también y toma posición uniéndose al V Ejército francés.

Prisioneros de guerra británicos esperan el transporte en el Ayuntamiento de Menen.

Desfile de batería de morteros ligeros alemanes ante el almirante Schroeder, en Brujas.

El 21 de agosto las tropas francesas contraatacan, pero les vencen un mayor número de contingentes. Habían preparado mal su ofensiva y rápidamente tienen que retroceder con una considerable pérdida de terreno. Por el 23 de agosto su posición era insostenible y el general Lanrezac dio orden de retirada general. Mientras tanto, los británicos habían establecido un frente de 35 km aproximadamente a lo largo de la línea de Harmignies, Condé y Binche. Pronto fueron amenazados por los cuerpos 2.º, 4.º y 9.º alemanes y la primera línea británica se entregó rápidamente la mañana del 23 de agosto. Un poco más tarde, ese mismo día los británicos tuvieron que abandonar Mons y, cuando el general French supo aquella tarde que los franceses se habían visto obligados a retroceder, se preocupó por que pudieran rodearles y dio orden de retirada hacia Le Cateau. Llegaron el 24 de agosto por la tarde en un acto de decidida retirada, que costó unos 3.800 hombres. Aquí les atacaron el día 26 por la mañana temprano las unidades del ejército de von Kluck. La batalla, que duró todo el día, siendo el golpe más duro el del 2.º Cuerpo británico al mando del general

El almirante alemán Schroeder, que estuvo al mando de la armada alemana en Flandes.

Smith Dorrien, obligó a los británicos a retroceder una vez más. Los británicos perdieron unos 8.000 hombres y treinta y seis cañones en esta batalla y apenas si evitaron que los rodearan. La situación de las fuerzas aliadas no era buena. El general French era pesimista cuando avisó a Londres el día 31 de su plan de retirarse a una línea detrás del Sena, hacia el oeste de París, porque ya no creía en la victoria francesa y temía que todo su ejército pudiera caer en manos alemanas.

BATALLA DE AMBERES

Los alemanes deseaban ahora llegar a la costa belga lo antes posible, antes de que lo hicieran los aliados. Avanzaron rápidamente hacia Amberes, donde el ejército belga se había situado detrás de fortificaciones. Se habían preparado para reforzar las fortificaciones que rodeaban Amberes desde el momento en el que los alemanes entraron en Bélgica. Varios fuertes se habían reforzado concretamente para defenderse contra la artillería pesada alemana y habían provisto municiones y provisiones para preparar la resistencia a un largo asedio. Las tropas ganaron confianza cuando vieron las

Tropas alemanas entran en la ciudad de Lille.

enormes fortificaciones y estuvieron seguros de que los alemanes no tendrían éxito en conquistar las defensas de Amberes.

El ataque alemán sobre Amberes empezó el 27 de septiembre. Ese mismo día fuerzas alemanas dirigidas por el general von Beseler tomaron la ciudad de Mechelen. Al día siguiente, la artillería pesada alemana rompió el fuego y los fuertes cayeron uno a uno a los proyectiles de 420 mm y de 305 mm. El 29 de septiembre las tropas alemanas llegaron a los primeros puentes de Amberes, donde cayeron bajo el fuego del Fuerte Wealhem. La artillería alemana devolvió los disparos y un proyectil cayó en el polvorín, causando una enorme explosión que mató e hirió a muchos hombres. El Fuerte Wavre-St.Catherine, que había estado disparando durante treinta

Los generales Hindenburg y Ludendorff durante su visita a Bruselas.

El káiser Guillermo II durante su visita a la base submarina alemana de Zeebrugge.

horas seguidas, también recibió un impacto directo en su almacén de municiones y los ocupantes se vieron obligados a evacuar el fuerte. La artillería alemana también disparó sin piedad sobre los demás fuertes y sus alrededores; por consiguiente, poco a poco fueron dejando fuera de servicio y destruido cada uno de ellos. Los belgas esperaban todavía la ayuda de sus aliados, pero el día 29 por la tarde ya no parecía haber esperanza en los aliados, pues todavía se encontraban a cierta distancia de Amberes y era improbable que llegaran a tiempo a la ciudad. El 2 de octubre era obvio que el ejército belga ya no podía seguir manteniendo Amberes y el rey Alberto dio orden de que se preparara el ejército para retirarse y formar una nueva línea defensiva en Ostende. La resistencia belga fue dura una vez más contra las

El comandante de las tropas británicas en Francia, general Sir John French, retiraba constantemente sus tropas, hasta que el mariscal de campo Lord Kitchener le ordenó que resistiera.

abrumadoras fuerzas alemanas. Incluso lanzaron contraataques y conquistaron varios puntos de abastecimiento, pero después les hicieron retroceder por su superioridad en número. Las hazañas del ejército belga se consideran entre las de mayor valor de la Primera Guerra Mundial.

Finalmente, llegó la ayuda el 3 de octubre. Las tropas británicas llegaron a Ostende y avanzaron para unirse al ejército belga. Más tropas británicas llegaron durante los dos días siguientes, en total unos 6.000 hombres, que constaban principalmente de soldados de infantería de marina, y los habitantes de Amberes les dieron una calurosa bienvenida con gran entusiasmo. El mismo Churchill quiso visitar la ciudad para animar a la ciudad de Amberes, pero era demasiado tarde. El avance alemán ya no se podía detener durante más tiempo y el 6 de octubre los británicos se vieron obligados a retroceder. En la noche del 6 de octubre, el ejército belga desocupó las fortificaciones de Amberes en la oscuridad y cruzó el río Schelde.

El 7 de octubre por la mañana, el Gobierno belga y el Cuerpo Diplomático con sede en la ciudad también partieron hacia Ostende. Su marcha causó gran pánico en los ciudadanos, los cuales intentaron abandonar la ciudad en masa. Amberes se rindió a los alemanes el viernes 9 de octubre. Las tropas alemanas no entraron en la ciudad hasta el día siguiente cuando desfilaron triunfalmente ante el nuevo gobernador militar de Amberes, el almirante von Schroeder. La ciudad de Amberes iba a permanecer en manos alemanas durante los cuatro años siguientes.

ATROCIDADES ALEMANAS EN BÉLGICA: MUERTE DEL CAPITÁN FRYATT Y EDITH CAVELL

Inmediatamente después de la invasión de Bélgica por tropas alemanas hubo informes de espantosos actos perpetrados contra la población civil. Estos informes se hicieron más crudos y llegó a la prensa internacional, que con frecuencia los exageró enormemente. Es realmente cierto que en muchos casos los alemanes fueron muy crueles con la población civil y a menudo les aterrorizaban sin una buena razón. Los alemanes se imaginaban rodeados por todas partes de francotiradores. Si se volaba un puente en algún lugar, los civiles de la zona eran los culpables y los castigaban. Algunas veces las sospechas alemanas eran fundadas,

El general Haig sucedió a French como comandante de la Fuerza Expedicionaria británica en Francia.

Centinelas alemanes vigilan un edificio de Lille.

El capitán de la marina mercante británica Charles Fryatt, quien intentó obedecer órdenes de Churchill y atacó a un U-boot alemán. Fue detenido y ejecutado por francotirador.

Proclamación de la ejecución del capitán Charles Fryatt.

pero con frecuencia no lo eran. Pero a los alemanes no les interesaba realmente quiénes eran los culpables. Procuraban por medio de la intimidación y de una respuesta cruel reprimir cualquier forma de resistencia civil y a menudo ello conducía a actos escandalosos y francamente criminales. Un ejemplo lo tenemos cuando al ocupar el pueblo de Andenne los alemanes descubrieron el puente destruido. Se incendió inmediatamente el pueblo y dispararon en el lugar hasta dar muerte a trescientos aldeanos. Unas trescientas casas fueron destruidas y durante los días siguientes el pueblo fue saqueado y destruido por los alemanes. Éstos fueron demasiado crueles también después de la caída de Namur y Dinant. Saquearon las casas, entraron en iglesias durante la misa y dispararon a todos los hombres. Más de ochenta hombres fueron ejecutados en la plaza del mercado como advertencia pública y luego incendiaron la ciudad y la destruyeron casi por completo. La famosa biblioteca de la ciudad de Lovaina fue incendiada y por consiguiente se perdieron siglos de cultura sin que se hiciera ningún esfuerzo por salvar esos tesoros. Durante el avance alemán por Bélgica hubo muerte y saqueos. Entre estos actos destacan las ejecuciones del marino mercante británico capitán Charles Fryatt y de la enfermera británica Edith Cavell. Sus muertes alteraron la opinión del mundo e hicieron gran daño al nombre de Alemania. Los alemanes intentaron defender sus actos posteriormente e introducirlos en un contexto y es realmente cierto que la propaganda de los aliados los exageró significativamente y con frecuencia, pero la realidad es que el avance alemán por Bélgica fue en sí inexcusable y nada puede justificar las atrocidades que cometieron. Los alemanes se hicieron odiosos y cayeron directamente en manos de la propaganda enemiga.

Póster propagandístico británico después de la muerte de Edith Cavell.

Póster propagandístico diseñado para reforzar el deseo de lucha de la población británica.

La enfermera británica Edith Cavell ofreció ayuda y refugio a soldados británicos heridos: se le acusó de espionaje y traición y fue ejecutada.

La muerte de Edith Cavell provocó una gran preocupación y dañó a Alemania. La proclamación en Bruselas en octubre de 1915.

Soldados alemanes en sus trincheras de Flandes.

LA BATALLA DEL MARNE

MOMENTO CRUCIAL

El comandante en jefe francés se vio obligado a ordenar la retirada a sus ejércitos por el rápido avance de las fuerzas alemanas. Ordenó que se creara una nueva línea defensiva a lo largo de la línea de Verdún-Laon-Amiens y ordenó la formación de un VI Ejército nuevo para tomar posición rápidamente en Amiens y sus alrededores, por encontrarse completamente abiertos a los avances alemanes. Debido a la derrota británica en Le Cateau, las seis divisiones de este nuevo ejército tuvieron dificultdes en seguida y tuvieron que retirarse hacia París.

El Gobierno francés decidió que eran necesarias ahora medidas especiales para asegurar la protección de París y dio órdenes de enviar a los tres cuerpos allí. Se pidió al anciano general Gallieni, que ya se había retirado, que tomara el mando de estas tropas y defendiera la ciudad a toda costa. El nuevo VI Ejército, que mientras tanto se había aproximado a París, fue reforzado con unidades marroquíes y argelinas al mando del general Manoury, quien ordenó a sus tropas que se desplegaran y se atrincheraran hacia el norte de París. La ciudad misma se preparaba para la batalla que se avecinaba y la población esperaba con ansiedad el desarrollo de los acontecimientos.

La presión alemana aumentó incisivamente y los aliados se vieron obligados a retroceder hasta el final de la línea, pero este rápido avance alemán les dio más problemas. Las líneas de comunicación eran cada vez más largas entre las unidades alemanas y su comandante en jefe. De hecho von Moltke ya no tenía una visión completa del frente y no sabía exactamente lo que estaba sucediendo. Su idea sobre los acontecimientos del frente occidental estaba cada vez más desviada por el avance ruso, totalmente inesperado, por el este.

Gritos de alarma desde ese frente causaron que von Moltke retirara dos cuerpos del frente occidental y los trasladara rápidamente para detener el avance ruso. Es obvio que von Moltke sentía pánico. El plan von Schlieffen concebía una defensa flexible en la frontera oriental que tenía en cuenta una posible ocupación

Póster de reclutamiento francés.

transitoria de territorio alemán por los rusos en Prusia.

Von Moltke había observado también que sus tropas estaban ganando rápidamente mucho territorio enemigo, pero no estaban apresando muchos prisioneros de guerra ni botines. Los franceses y los británicos se retiraban constantemente, pero sus ejércitos no se rendían y se mantenían dispuestos al combate. Von Moltke quería ver resultados y aunque no cambió de objetivos estuvo de acuerdo con la petición de von Bülow, al mando del II Ejército, de perseguir al V Ejército francés y hacerlo pedazos cuando se retirara del este de París hacia el sudeste. Esto significaba que el elemento principal del plan von Schlieffen se ignoraba. Las tropas alemanas presionaban ahora al oeste de París, ignorando la ciudad, procurando –pensaban ellos– una victoria rápida y fácil sobre el V Ejército francés.

Esta decisión de von Moltke de aceptar la petición de von Bülow tuvo consecuencias de gran alcance: le costó la victoria en la batalla por Francia y además finalmente Alemania perdió la guerra. El I Ejército alemán, bajo el mando de von Kluck, no quería que von Bülow se quedara para él todo el botín del V Ejército francés retenido. Sin permiso, se desvió de la ruta recomendada, cruzó el Oise y alcanzó la retaguardia de los franceses, que todavía se estaban retirando. Sólo entonces informó a von Moltke de que se había desviado de su ruta original. Von Moltke no intervino sino que ahora ordenó al I Ejército que protegiera el flanco del II Ejército para protegerlo de ataques procedentes del oeste. Esto significó que von Kluck tenía que avanzar más despacio ahora para mantener la paz con las fuerzas de von Bülow, pero von Kluck no advirtió nada de ello. Finalmente, fue

Un oficial francés mantiene al corriente a tropas coloniales de la batalla del Marne.

capaz de mantener su rápido avance y tuvo que abandonar la persecución de los franceses por la escasez de provisiones. El II Ejército, sin sorpresa alguna, no había sido capaz de igualar los rápidos avances de von Kluck y de sus tropas y ahora necesitaba descanso urgente; por consiguiente, se abrió un gran espacio entre los dos ejércitos.

Una vez que el anciano general Gallieni se dio cuenta, el 3 de septiembre, de que al parecer los alemanes iban a desviarse de París y le exponían su flanco, ordenó que se reuniera el VI Ejército recién creado. Avisó a Joffre de que al parecer los alemanes no planeaban atacar París sino pasar hacia el este y de que un gran espacio se había abierto entre los dos ejércitos alemanes. Pidió permiso a Joffre para atacar. Mientras tanto, la cercanía de los alemanes a París había causado un gran pánico en la ciudad y el Gobierno se retiró a Burdeos.

El pánico estalló también en los cuarteles generales alemanes. Von Moltke vio el gran peligro debido a la creciente distancia entre el I y II Ejército. Envió a uno de sus oficiales, el teniente coronel Hentsch, a los dos generales con órdenes estrictas de rellenar inmediatamente ese espacio entre ellos. Hentsch tuvo alguna dificultad para convencer a los generales de esta necesidad. El V Ejército francés estaba en plena retirada y dispuesto a dar el tirón. El 6 de septiembre un reconocimiento alemán informó de que había movimientos de tropas peligrosos desde las líneas de defensa de París y que tropas francesas parecían estar preparadas para atacar al flanco alemán. Apenas se había recibido el informe cuando comenzó la batalla en el Marne. Von Kluck luchaba ahora por su vida cerca de París. Su flanco estaba expuesto al VI Ejército francés, pero sus tropas soportaron estos ataques y creía de manera optimista que vencería a los franceses. Las cosas eran diferentes para el II Ejército de von Bülow. Después de cuatro días de dura batalla con los franceses, ataque tras ataque, von Bülow se vio obligado a retirarse el 9 de septiembre y por tanto von Kluck también se vio obligado a retirarse. Ahora eran las tropas de von Bülow las que se movían con mayor rapidez y, en vez de cubrir el espacio existente entre los dos ejércitos, se amplió, aumentado hasta 30 km. El general Joffre pidió a la Fuerza Expedicionaria británica que se intercalara en este espacio para aislar a las dos fuerzas alemanas, pero la respuesta británica fue poco entusiasta. Sí avanzaron, pero tan lentamente que se perdió la oportunidad del éxito.

Batalla del Marne (del 6 al 12 de septiembre de 1914). Las ruinas del pueblo de Sermaize-les-Bains después de los disparos de la artillería alemana.

El río Ijzer, lugar donde las fuerzas belgas y francesas retuvieron a los alemanes.

Durante este tiempo los franceses habían formado un nuevo ejército, el IX, bajo el mando del general Foch, que fue enviado a reforzar al V Ejército. Inmediatamente entró en contacto con el III Ejército alemán y con varios cuerpos del II Ejército de von Bülow, que lograron el éxito de hacer retroceder a los franceses varios kilómetros el 8 de septiembre. Foch ordenó un contraataque, pero no tuvo éxito en abrirse paso.

La iniciativa de Foch dio resultado, sin embargo. La firme oposición tuvo como consecuencia que von Moltke diera orden de retirarse y de restablecer la unión con el I Ejército de von Kluck. El 11 de septiembre von Moltke hizo su primera visita al frente y llegó a la conclusión de que las posiciones del I y II Ejército todavía corrían el riesgo de ser rodeadas. Dio orden de retirada coordinada a nuevas posiciones en el Aisne y el Vesne, cerca de Reims. Los demás ejércitos alemanes también se retiraron; por tanto, se formó un nuevo frente desde Reims hasta Verdún después de la batalla del Marne.

La desobediencia de von Kluck y el hecho de que von Moltke no le castigara de inmediato, junto con los celos habidos entre von Kluck y von Bülow, fueron la causa final del fracaso del plan von Schlieffen. Las oportunidades de un final rápido de la guerra habían desaparecido.

CARRERA HACIA EL MAR, BATALLAS DE IJZER E YPRES

DESTITUCIÓN DE VON MOLTKE Y NOMBRAMIENTO DE FALKENHAYN

La retirada de los ejércitos alemanes después de la batalla del Marne dio como resultado el relevo de mando del general von Moltke y su sustitución por el ministro de Guerra, teniente general Erich von Falkenhayn.

Falkenhayn regresó a lo básico. Estaba convencido de que Alemania tenía una larga guerra por delante, para la cual posiblemete no serían suficientes las reservas de hombres, materiales y alimentos. Dio órdenes a la industria alemana de orientarse totalmente hacia la producción para la guerra y conceder menor prioridad a la producción de bienes de consumo. También introdujo una política mucho más estricta para aquellos que se eximían del reclutamiento, con el fin de poder armar a más hombres, y posteriormente ordenó a sus tropas que llegaran a la costa belga a la mayor rapidez posible, para rodear a las tropas francesas y británicas y cortarles el paso hacia el

Póster de reclutamiento británico después de haber empleado a los primeros reclutas en el campo de batalla.

Posiciones francesas en el río Ijzer en 1915.

Cuartel general alemán a orillas de un canal en Ypres.

mar. El frente en este momento estaba situado desde Soissons por el norte pasando por Péronne, Arras y Loos, hacia el este de Ypres, Langemark, Lille, Diskmuide, hacia la costa belga. Los franceses habían reforzado considerablemente el saliente situado entre esta línea y la costa e intentaban empujar a los alemanes hacia el este por medio de duros ataques. Entre el 21 y el 30 de septiembre se hicieron grandes esfuerzos por detener el avance alemán en el Oise por el sur y hacerles retroceder. Al mismo tiempo el II Ejército francés, bajo el mando del general de Castelnau, al norte del Oise, intentaba la misma táctica, mientras las fuerzas británicas bajo el mando del general French estaban desplegadas entre Loos e Ypres para defenderse contra ataques alemanes. La batalla alrededor de Ypres fue muy dura, porque los alemanes intentaron penetrar con mucha fuerza. El saliente final hacia el norte de la línea británica, a lo largo del río Ijzer hacia la costa, fue defendido por las tropas belgas y francesas. Los belgas abrieron las compuertas en Nieuwendamme para inundar la tierra de alrededor, pero no fue suficiente para detener a los alemanes. Una vez más

Tropas francesas reuniéndose en el río Ijzer en 1915.

Una zona de «tierra de nadie», junto al destruido puente del Ijzer.

Soldados belgas en el frente cerca de Ijzer, en 1916.

Importante línea de ferrocarril en Boezinge, que enlazaba el frente de Ijzer.

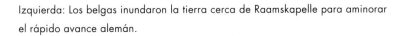

Izquierda: Los belgas inundaron la tierra cerca de Raamskapelle para aminorar
el rápido avance alemán.

Tropas australianas esperando la orden de atacar en Ypres, en 1916.

los belgas lucharon con gran determinación y valor. Cuatro nuevos cuerpos alemanes, compuestos de 165.000 hombres, se abrieron paso el 16 de octubre para llegar al Ijzer. La primera batalla de Ijzer estaba a punto de empezar.

BATALLA DE IJZER, COMBATE HEROICO DEL EJÉRCITO BELGA

Los 48.000 soldados belgas que habían luchado continuamente durante dos meses y medio se enfrentaron a las tropas alemanas de 100.000 soldados con 350 piezas de artillería en el Ijzer. Era necesario que los belgas resistieran al menos cuarenta y ocho horas hasta que llegaran los refuerzos. La tierra se había convertido en un espeso barro después de una fuerte lluvia, haciendo las condiciones de lucha extremadamente onerosas. Los belgas se desplegaron desde sus posiciones en Diksmuide y Nieuwpoort hacia el norte y hacia el sur del Ijzer, desde donde controlaban el posible punto de cruce de los alemanes. Con el fin de demorar el avance alemán, también mantuvieron sus posiciones en el otro lado del río con una segunda línea de defensa creada en seguida detrás de las orillas del río. Las tropas francesas

Infantería británica de la primera línea, 1916.

Disparos de la artillería alemana en posiciones británicas, justo antes del ataque de la infantería en Ypres.

Edificios dañados a orillas del río Lys.

La artillería alemana disparó sin éxito a este puente de Warmeton.

Tropas francesas también pasan por Ypres camino del frente. Soldados franceses en el Grote Marka de Ypres, octubre de 1914.

Tropas británicas entran en Ypres el 13 de octubre de 1914, después de haber abandonado la ciudad los alemanes.

Soldados de infantería británica en su trinchera.

Un oficial británico y sus soldados, apresados en Ypres; 1915.

también se habían desplegado para mantener comunicación abierta con Ostende y Francia.

El centro del ataque alemán era Diksmuide. Éste era el punto en el que esperaban abrirse paso los alemanes, separando a los belgas de sus aliados antes de conducirlos al mar o derrotarlos. El 16 por la tarde un grupo de reconocimiento se acercó a Diksmuide, pero no logró llegar a la ciudad. Al día siguiente, la artillería alemana rompió el fuego sobre el pequeño asentamiento de Rattevanger y lo incendió. El 18 empezó un duro combate a lo largo de la línea defensiva belga frente al Ijzer. Mientras la batalla hacía estragos, una flotilla de la armada real británica rompió el fuego sobre el flanco de atacantes alemanes, de forma que la ofensiva vaciló y luego se detuvo.

Los alemanes tuvieron más éxito en Mannekesvere, al sur de Nieuwpoort, y llegaron a este lugar. Su artillería tuvo éxito en sacar a los belgas de su primera línea de defensa, pero esa noche los belgas contraatacaron y ganaron las posiciones que habían perdido. El 19 de octubre, unidades belgas tuvieron éxito en ocupar una vez más las partes alejadas de Mannekesvere, pero fueron sacados de estas posiciones varias horas más tarde. Diksmuide también cayó bajo el fuego pesado de los alemanes mientras la

Pieza de artillería pesada británica sobre raíles, después de entrar en acción.

La infantería abandona sus trincheras y asalta las líneas enemigas de Ypres, 1917.

Soldado alemán herido, llevado tras las líneas
como preso de guerra.

mayor parte del frente belga caía en manos alemanas. Cruzaron el canal de Passchendaele por el norte y llegaron a Lombardzyde. Simultáneamente, se atacaba Diksmuide. Después de una pesada barrera de fuego, la infantería enemiga apareció por varias direcciones a las diez de la mañana, pero no lograron vencer a los belgas. Había también ahora un gran combate a la largo de todo el Ijzer. Diksmuide y Nieuwpoort estaban en llamas y el fuego se extendía rápidamente. Los alemanes montaron otra dura ofensiva contra Tervate la noche del 22, logrando capturar una pequeña pasarela sobre el río y crear una cabeza de puente en el flanco izquierdo del Ijzer. Una contraofensiva belga fracasó y el 23 los alemanes consiguieron extender y reforzar su punto de apoyo en la

Colina 60 en Ypres. Una dura lucha con muchas pérdidas en ambos lados.

Un regimiento alemán de artillería carga sus caballos y equipos para transportarlos al frente.

La infantería alemana ataca cerca de Ypres, 1917.

Una guerra medieval con medios modernos: soldado de caballería alemán con máscara de gas y lanza.

Arma temible. Impacto con lanzallamas contra trincheras enemigas.

Artillería alemana contemplando un globo en Ypres, 1917.

Infantería alemana preparada para atacar cerca de Ypres en 1917. Observe la granada con mango, a la izquierda de la fotografía.

Cráter de proyectil causado por la artillería alemana en las posiciones británicas de Ypres.

Los proyectiles llueven sobre la infantería británica durante la batalla de Ypres, 1917.

Puesto de ametralladora cerca de Ypres, 1917.

orilla izquierda; por tanto, ahora amenazaban a la segunda línea de defensa de los belgas. Se pidió ayuda a los franceses y 6.000 soldados de infantería de marina del almirante Romarch ayudaron a los belgas a defender la zona hasta el 10 de noviembre, pero era demasiado tarde realmente. A pesar de la fuerte resistencia, las tropas alemanas vencieron lenta pero inexorablemente a la línea belga y la tarde del día 25 unidades avanzadas alemanas llegaron a Diksmuide. La segunda línea de defensa belga cayó el día 26, Diksmuide cayó el 29 y la división de reserva del V Ejército alemán tomó Ramskapelle el día 30. Por tanto, el frente belga quedó dividido en dos. Los belgas y franceses contraatacaron con fuerza. Llegaron a las afueras de Ramskapelle y retiraron a los alemanes de sus posiciones en una amarga lucha cuerpo a cuerpo. Los alemanes no eran capaces de avanzar más porque los belgas habían inundado la zona situada entre el Ijzer y la línea de ferrocarril de Diksmuide-Nieuwpoort, obligando a los alemanes a evacuar la orilla occidental del Ijzer. La batalla de Ijzer se terminó y había fracasado el intento alemán de abrirse paso. Sus pérdidas se estimaron en 40.000 hombres. Los belgas habían perdido a 25.000, pero su heroica defensa había evitado que los alemanes se abrieran paso hacia el canal de la Mancha y ocuparan la costa. Había sido un gran logro.

La tregua duró poco. Tropas alemanas salen de nuevo para atacar Ypres.

Una patrulla de soldados de caballería se acerca a un castillo de Houtrust, cerca de Ypres, en 1917.

Excavaciones bajo posiciones enemigas para colocar minas explosivas.

Soldados alemanes descansan en sus trincheras del frente.

Terreno intransitable en el campo de batalla...

...hasta donde alcanza la vista.

Agujeros de proyectiles llenos de agua, cerca de Ypres.

Puesto de ametralladora alemán cerca de Ypres. Observe la armadura para protegerse contra balas y metralla.

Tropas británicas atacan en Ypres. Las condiciones del terreno son pésimas. Fuerte lluvia y proyectiles continuos convierten el campo de batalla en un gran lago de barro.

Una lucha a vida o muerte se libró en este terreno. Muchos murieron en agujeros de proyectiles llenos de agua de lluvia cerca de Ypres.

Caballos y equipos se hunden en el barro y llega a ser imposible trasladar la artillería.

Trincheras llenas de agua con barro resbaladizo y viscoso.

Algunas veces los soldados permanecían con el agua hasta las rodillas durante días, lo que, con frecuencia, les provocaba una enfermedad degenerativa de los pies, conocida como pie de trinchera.

Algunas veces únicamente se podía llegar al frente por enrejados de madera.

El transporte se clavaba en el barro con regularidad, lo que provocaba la demora de alimentos y municiones.

Esfuerzos para rescatar a los caballos después de haberse hundido un carro en el barro.

Un pelotón británico al que le daban la tarea imposible de mantener las trincheras sin barro. Al día siguiente lo harían de nuevo.

LA PRIMERA BATALLA DE YPRES

Los alemanes también intentaron abrirse paso hacia el mar en otros lugares. A principios de octubre se ordenó al IV Ejército francés atacar la línea británica y francesa en Ypres y después avanzar hacia Abbeville en Francia. Este movimiento les supondría los puertos importantes y la costa. Cuando fracasó la batalla de Ijzer, Ypres se convirtió en el siguiente objetivo importante para su ofensiva. El 21 de octubre de 1914 había comenzado la batalla de Ypres por parte de los cuerpos de reserva 26 y 27 alemanes, entre los que se

Oficiales británicos se ayudan
para llegar al puesto de mando.

Un soldado canadiense herido le da fuego a un alemán,
también herido, mientras esperan al transporte
que les saque del barro.

Infantería belga en Zillebeke, donde tuvo lugar una dura batalla.

La artillería británica cava alrededor de un cañón de dieciocho libras clavado en el barro en Ypres.

Campo de batalla de Passendale.

Enorme cráter de mina en Wijschaeten.

Soldados del Cuerpo de Zapadores británico crean una posición defensiva en la loma de Passendale bajo la mirada vigilante de la Virgen María.

Campo de batalla de Zonnebeke.

Zonnebeke después de la batalla.

Reservistas alemanes llevados en un tren de vía estrecha en Menen.

Soldados escoceses muertos en Zonnebeke.

hallaban varios jóvenes estudiantes. Se habían presentado voluntarios y se les había enviado al frente después de un corto período de entrenamiento. Ahora querían demostrar de lo que estaban hechos y cayeron contra su enemigo en Langemark con cierto *élan*. Después de cuatro días de dura batalla se tuvo que abandonar la lucha. Unos 3.000 estudiantes murieron por su emperador y por su tierra en Langemark, donde todavía se pueden ver sus tumbas.

El intransitable terreno de Ypres.

Bosque de Delville después de una barrera de fuego de la artillería alemana.

Heridos británicos camino de un hospital de campaña. Prisioneros de guerra alemanes transportan las camillas.

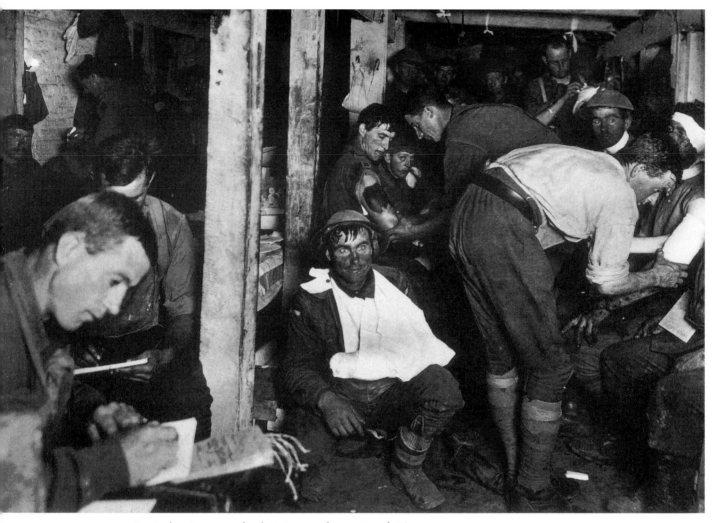

Puesto de primeros auxilios bajo tierra en la carretera de Menen.

Carretera de Menen. Adolfo Hitler prestó servicio aquí como ordenanza.

Bosque de Polygoon cerca de Ypres.

Ruinas de Ypres.

La caballería canadiense pasando por la destruida ciudad de Ypres.

Izquierda: Soldados heridos esperando ser transportados
a un hospital de campaña para los primeros auxilios.

Hellfire Corner en Ypres. Un carro de municiones alcanzado por un proyectil.

La odiosa Colina 60, con soldados alemanes en su búnker.

Soldados alemanes esperando un ataque.

Una de las muchas granjas destruidas cerca de Ypres.

El 29 de octubre se llevó a cabo un segundo intento alemán de abrirse paso en Geluveld. Aquí también se detuvo la batalla después de tres días de dura lucha. Fue en Geluveld donde el 16.º regimiento de infantería de reserva bávaro —en el cual prestaba servicio Hitler— sufrió graves pérdidas

Buscando a un camarada.

Hielo roto por un proyectil en Beaumont-Hamel.

Un viento helado sopla en el campo de batalla. Muchos murieron congelados en sus trincheras.

Los hombres intentan preparar algo caliente en sus trincheras para combatir el frío intenso.

Las condiciones empeoraban en invierno. Húsares británicos en sus trincheras de Zillebeke.

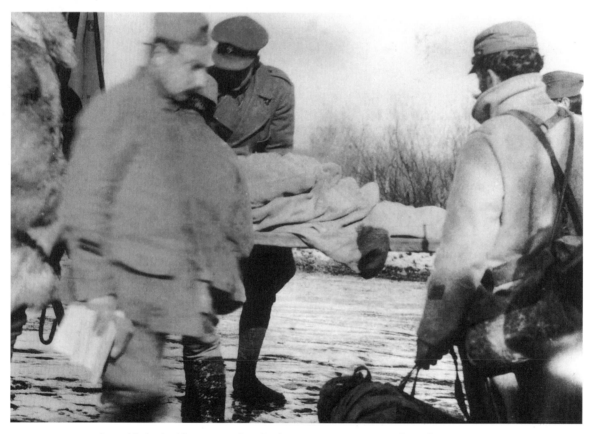

Los soldados heridos se congelan rápidamente y rara vez se pueden salvar.

El primer ministro británico, Lloyd George, durante su visita al frente. No estaba a favor del general Haig, a quien acusó de incompetente por la enorme pérdida de hombres en el frente.

y murieron más de la mitad de los camaradas de Hitler. El 1 de noviembre los alemanes tuvieron éxito al tomar la cumbre Menen, la cual les ofrecía una buena visión de la ciudad de Ypres y de sus alrededores. Se prepararon ahora para un nuevo ataque, que se lanzó el 11 de noviembre con 18.000 hombres a lo largo de la carretera de Menen hacia la ciudad de Ypres. A pesar de ser mucho más numerosos (las tropas británicas estaban compuestas por 8.000 hombres solamente), este ataque fracasó contra la dura resistencia británica y así terminó la «Primera Batalla de Ypres» (nombre con el que llegó a conocerse). Los alemanes atacaron varias veces, pero el 22 de noviembre el alto mando decidió detener la ofensiva de Ypres, que terminó por el momento con la penetración hacia el mar.

Tropas indias del Imperio británico, camino del frente en Ypres.

Inspección de máscaras de gas.

Soldados coloniales franceses de infantería de marina de Anam (Indochina), cerca de Ypres, 1916.

Los franceses emplearon a muchas tropas de Anam en Ypres.

Estas tropas coloniales fueron famosas por sus agresiones y temidos por el feroz espíritu luchador contra el enemigo.

Anameses descansando en su camino hacia el frente.

Además de sus tropas coloniales, los británicos tenían también «culis chinos» que trabajaban en el frente.

La muerte estaba alrededor y no resultaba extraña. Soldados lavándose las manos en un agujero de proyectil, lleno de agua, que tiene tumbas nuevas desenterradas.

Soldados heridos ayudándose para llegar a un puesto de primeros auxilios.

La artillería no perdona los cementerios. Los cadáveres quedan al aire y destrozados
y se han de enterrar de nuevo.

Soldados alemanes muertos a causa de un proyectil.

LA SEGUNDA BATALLA Y ATAQUE CON GAS

La segunda batalla de Ypres tuvo lugar entre el 22 de abril y el 25 de mayo de 1915. Los alemanes tuvieron más éxito esta vez. Por primera vez los alemanes utilizaron gas de cloro en su ataque, lo cual sorprendió por completo a las tropas coloniales francesas entre Poelkapelle y St. Julian, quienes sufrieron tremendas pérdidas cuando intentaban escapar. Cuando las tropas canadienses de su flanco recibieron órdenes de rellenar el espacio también se vieron envueltas en nubes de gas y murieron 2.000 de los 18.000 hombres. El ataque de gas había causado una brecha de seis kilómetros de anchura en

Ordenanzas enfermeros británicos llevando a un herido de gravedad a un hospital de campaña con unas condiciones del terreno que hacen onerosa su misión. Con frecuencia, no se podían encontrar las víctimas o se hundían en el barro y se ahogaban.

Cuerpos mutilados y restos humanos por todas partes. Recuperación del cuerpo de un soldado ahogado en el barro.

Soldado canadiense herido, trasladado entre el barro a un hospital de campaña.

Soldados alemanes muertos en su trinchera después de un ataque británico.

Desaparecido en acción, pero hallado posteriormente...

Otra víctima de un ataque.

La ayuda llegó tarde para muchos. Morían desangrados, exhaustos, o por falta de agua.

Primeros auxilios a un soldado británico gravemente herido. Murió después a causa de sus heridas.

Primeros auxilios en una trinchera cerca de Ypres.

Las estrechas trincheras dificultaban con frecuencia
la prestación de primeros auxilios.

Puesto de mando alemán alcanzado por un proyectil.

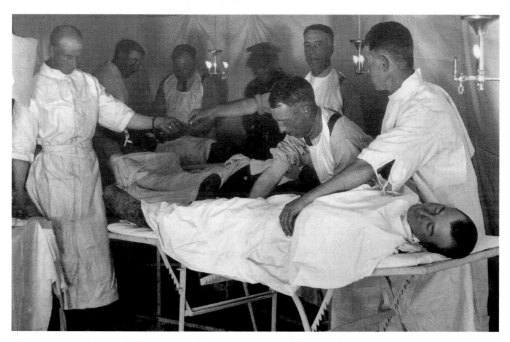

Operación en el hospital de campaña del Tercer Regimiento de Ambulancia en Ypres.

las líneas aliadas y era tan profunda que los alemanes podrían haberse abierto camino sin duda si hubieran tenido disponibles las reservas. Éste no fue el caso y los aliados lograron temporalmente cerrar el espacio. El 24 de abril hubo otro ataque de gas y los alemanes ganaron terreno importante una vez más, pero los aliados conseguirían de nuevo retomar sus posiciones y detener a los alemanes. Los ataques alemanes cesaron el 25 de mayo. Las pérdidas totales de muertos y heridos durante la segunda batalla de Ypres fue de 105.000 hombres, jóvenes principalmente, que yacían muertos o mutilados en el barro de Flandes. El 2 de mayo de 1915, el doctor militar canadiense John McCrae escribió el famoso poema *In Flanders Fields* (En Campos de Flandes), inspirado por la muerte de un amigo suyo, a quien se había encontrado ese día entre los millones de amapolas que crecían allí. El poema fue publicado por *Punch* ese mismo año en el número del 8 de diciembre y se ha recitado anualmente desde entonces en conmemoración suya.

El campo de batalla se cubría de cadáveres en descomposición
y el hedor era insoportable a menudo.

Soldados alemanes muertos a lo largo de su refugio.

Camilleros alemanes llevando a un compañero a un puesto de primeros auxilios detrás del frente.

Soldados alemanes muertos después de un ataque británico sobre su posición.

Alarma durante un ataque de gas de los alemanes en Ypres. Observe la primitiva máscara de gas.

In Flanders Fields

*In Flanders Fields the poppies blow
Between the crosses row on row
That mark our place: and in the sky
The larks, still bravely singing, fly
scarce heard amid the guns below.*

*We are the dead, short days ago
we lived, felt dawn. Saw sunset glow,
loved and were loved, and now we lie
in Flanders Fields.*

*Take up your quarrel with the foe
To you from failing hands we throw
the torch. Be yours to hold it high.
If ye break faith with us who die
we shall not sleep, though poppies grow
in Flanders Fields.*

En Campos de Flandes

*En campos de Flandes ondean las amapolas
entre las filas de cruces
que señalan nuestro lugar; y en el cielo
las alondras, aún cantan valerosamente, vuelan
apenas se oyen entre los cañones de abajo.*

*Somos los muertos, hace unos días
vivíamos, sentíamos, el brillo del ocaso veíamos,
amábamos y éramos amados, y ahora yacemos
en Campos de Flandes.*

*Detén tu lucha con el enemigo,
a ti desde estas manos decaídas pasamos
la antorcha. Que sea tuya y manténla en alto.
Si faltas a tu palabra dada a los que mueren,
no dormiremos, aunque crezcan las amapolas
en Campos de Flandes.*

Soldados británicos atacados con gas, camino de un puesto de primeros auxilios. Muchos quedaron ciegos y murieron lentamente después de sufrir mucho.

Soldados alemanes del 27.° Regimiento de infantería con las primeras máscaras de gas.

LA TERCERA BATALLA

La tercera batalla de Ypres tuvo lugar entre julio y noviembre de 1917 y también se la conoce como Batalla de Passendale. También fue sangrienta. Los alemanes emplearon una nueva forma de gas, el odioso gas mostaza.

Esta tercera batalla comenzó el 31 de julio precedida por la lucha en Messines del 7 de junio, donde los británicos empujaron significativamente a los alemanes. El ataque británico comenzó con la explosión de diecinueve minas que habían colocado, debajo de las posiciones alemanas, equipos de minadores británicos que cavaron largos túneles durante varios meses. Estaban situadas debajo de posiciones como la de Colina 60 y Cráter Alto.

Una vez más las pérdidas fueron asombrosas. Se estima que los británicos perdieron 340.000 hombres y los alemanes unos 250.000. La ganancia territorial británica aumentó en unos 8 km por el norte y unos 2 km por el sur. Es imposible expresar las condiciones en las que se libró la batalla. La combinación de bombardeos de artillería pesada y de lluvia torrencial hicieron prácticamente intransitable el terrero por el barro y muchos se ahogaban o se asfixiaban en los charcos de barro en los que se libró la batalla.

Un buen final para él: está herido pero felizmente camino de casa.

Muchos soldados no tuvieron un entierro decente.

Las tropas británicas llevan a un compañero a su tumba.

LA CUARTA Y ÚLTIMA BATALLA DE YPRES

La «cuarta» batalla de Ypres no aparece como tal en muchos libros de historia, aunque sin duda las acciones tuvieron lugar y se recuerdan en otras partes. Los alemanes abrieron una nueva ofensiva (y definitiva suya) en el frente occidental en marzo de 1918, con el fin de abrirse camino delante de las tropas americanas que se habían unido a la guerra ahora, y la fortalecieron. Los alemanes se habían preparado para esta ofensiva durante meses y habían trasladado tropas del frente oriental al occidental. La fuerza alemana aumentó mientras las fuerzas británicas se redujeron significativamente. El ataque, al que también se le llama algunas veces Batalla de Hazebroeck, tuvo lugar entre el 9 y el 30 de abril y se pretendía conducir a los británicos hacia el mar. Los alemanes tuvieron éxito en ganar territorio que habían perdido en favor de los británicos, pero una vez más fracasaron en abrirse el camino decisivo.

ESPANTOSAS BAJAS Y PÉRDIDAS

Los británicos perdieron medio millón de hombres entre muertos, heridos o perdidos en acción, defendiendo el saliente de Ypres entre 1914 y 1918. Unos 42.000 de ellos no tienen tumba conocida. Los alemanes perdieron una cantidad similar de hombres, por tanto las batallas por el saliente de la costa sufrieron un millón de bajas sin ganancia de terreno para ninguna de las dos partes. Al principio el general británico Smith Dorrien había recomendado fortalecer la línea, pero su consejo no se tuvo en cuenta. Cuatro años después se le iba a reconocer que tuvo razón, pero al precio de la vida de un millón de hombres; casi una generación entera sacrificada en la flor de su vida.

El comandante en jefe ruso, archiduque Nicolás, pasa revista a sus tropas camino del frente.

La infantería rusa se dirige a la frontera alemana; agosto de 1914.

EL FRENTE ORIENTAL, ATAQUE RUSO

Los alemanes esperaban un ataque ruso contra Prusia Oriental al este del río Weichsel y lo tuvieron en cuenta en el plan von Schlieffen. La intención era defender este territorio, pero se preveía que las tropas rusas excederían en número a los defensores y por tanto ocuparían Prusia Oriental durante algún tiempo. La pérdida sería temporal, porque los ejércitos alemanes que estaban luchando en el oeste se encaminarían rápidamente al frente oriental en masa, una vez hubieran vencido a los franceses. Se había construido una serie de fortificaciones para ralentizar cualquier avance ruso hacia el Weichsel a lo largo de la línea de Thorn, Kulm, Graudenz, Mariënburg y Danzig (Gdansk).

Prusia Oriental compartía frontera con Rusia tanto por el este como por el sur, así que se tuvieron que realizar los preparativos para ataques simultáneos procedentes de las dos direcciones. Era importante, por tanto, evitar que los dos ejércitos rusos penetraran en Prusia Oriental y se unieran. Los lagos Masurios representaron un importante papel en esto, porque las fuerzas alemanas del este y del sur tendrían que dividirse en los lagos y por tanto las fuerzas alemanas podrían atacarles por separado y quizá vencerles.

La defensa de Prusia Oriental se dejó al VIII Ejército alemán al mando del general von Prittwitz und Guffon, a quien se le ordenó resistir a los invasores rusos el tiempo que fuera posible y emplear su propia iniciativa sobre cuándo contraatacar.

Las fuerzas alemanas estaban compuestas por el 10.º Cuerpo al mando del general de infantería von Francois, el 17.º Cuerpo del general de caballería von Mackensen, el 20.º Cuerpo al mando del general de artillería von Scholtz, el Primer Cuerpo de Reserva al mando del teniente general von Melow y varias unidades de guardia nacional y guarniciones, que sumaban dieciséis divisiones, entre las que se encontraban seis divisiones de infantería, tres divisiones de reserva, tres divisiones y media de guardia nacional, una división de caballería y dos divisiones y media de tropas de guarnición. Los alemanes tenían también un total de 846 piezas de artillería.

Para enfrentarse al VIII Ejército alemán había dos ejércitos rusos: el I mandado por el general von Rennenkampf y el II al mando del general de caballería Samsonov, quien se acercó a la frontera alemana desde el sur. Los rusos tenían dieciocho divisiones de infantería, tres divisiones de reserva y diez divisiones de caballería para oponerse a Prusia, y éstas llevaban con ellas 178 baterías de artillería con 1.284 cañones.

Inmediatamente después de estallar la guerra, el general Prittwitz había dirigido sus tropas hacia su posición y se completó el 10 de agosto, pero sin enfrentamiento con las tropas rusas. Prittwitz quería atacar a los rusos con la mayor rapidez posible y eligió al I Ejército porque parecía que iba a estar a su alcance antes. Dio órdenes al general Francois de tomar posiciones a lo largo del río Angerapp, pero esto no le convino al general Francois. Otro ejemplo de general alemán que no obedece una orden, como en el caso de la batalla del Marne. Von Francois presionó en 40 km de territorio ruso hacia Schillehen, donde él pretendía sorprender a los rusos.

Tropas rusas descansan en su camino hacia el frente.

Soldados del I Ejército ruso durante su marcha al frente.

Soldados del II Ejército ruso del general Samsonov en Usdau, antes de empezar las hostilidades en la batalla de Tannenberg. El general Samsonov se suicidó cuando creyó que había perdido la batalla.

Justo en ese momento, el 16 de agosto, comenzó la ofensiva rusa y se libró una batalla a lo largo de la línea entre Schillehen y Suwalki.

El general Prittwitz no descubrió hasta la mañana siguiente que Francois había desobedecido su orden y que por tanto sus tropas no estaban donde se suponía que deberían estar. Se le envió una orden inmediatamente para distanciarse del enemigo y regresar a la línea original. Una vez más Francois desobedeció la orden, porque consideraba irresponsable retirarse justamente en ese momento. Sus tropas no sólo tuvieron éxito en detener a los rusos sino que les hicieron retroceder a la frontera con graves pérdidas en cuanto a víctimas y prisioneros. Sin embargo, en el centro

Infantería rusa esperando la orden de atacar.

la línea alemana fue empujada hacia atrás durante la batalla de Gumbinnen (20 de agosto) con graves pérdidas. Prittwitz fue obligado a retirarse detrás de las posiciones defensivas a lo largo del Angerapp, pero se sorprendió de que las tropas de Rennenkampf no le persiguieran. También ellos habían sufrido muchas bajas y por un momento creyeron que habían perdido la batalla.

El acto despótico del general Francois había puesto en peligro todo el plan de Prittwitz, no sólo porque había demorado el avance alemán, sino porque las oportunidades de atacar ahora al I Ejército antes de que se pudiera unir al II Ejército eran mínimas. El general Prittwitz estaba consternado. Esperaba una ofensiva rusa a gran escala de los dos ejércitos rusos juntos y avisó al cuartel general de que quería retirarse hasta detrás del Wiechsel para evitar ser rodeado. Añadió su idea de que no podría garantizar que no se viera obligado a retirarse aún más. Al día siguiente, sin ataque ruso, la situación parecía mejor de lo que él había pensado. Uno de sus oficiales del Estado Mayor, el teniente coronel Hoffmann, propuso no tener en cuenta al ejército de von Rennenkampf y trasladar en tren al 1.er Cuerpo de Francois hacia el sur para unirse al VIII Ejército, con el fin de vencer al II Ejército ruso. Era un arriesgado plan, ya que todo dependía de la velocidad con la cual el ejército ruso de Rennenkampf atacara al flanco alemán.

Prittwitz aceptó el plan de Hoffmann, pero era demasiado tarde. Antes incluso de que se pudieran dar las órdenes, el general Hindenburg relevó del mando a Prittwitz y le sustituyó por el general Ludendorff.

Hindenburg y Ludendorff llevaron a cabo el plan después de la destitución del general Prittwitz.

BATALLA DE TANNENBERG Y HEROICAS FUNCIONES DE HINDENBURG Y LUDENDORFF

Cuando Hindenburg relevó del mando a Pritt-witz observó rápidamente que los dos ejércitos rusos estaban muy separados uno de otro, lo que les daba tiempo suficiente para vencerlos a ambos por separado. Todo lo que necesitaba era aprobar el plan trazado por el coronel Hoffmann de atacar al II Ejército ruso al mando del general Samso-nov. Mientras tanto, el comandante del I Ejército ruso, el general von Rennenkampf, se dio cuenta de que las fuerzas alemanas se habían retirado y de que ya no ocupaban sus posiciones en la línea del Angerapp. En vez de avanzar rápidamente, se tomó su tiempo. El otro ejército ruso cruzaba ahora la frontera alemana y se encontró con el 23.º Cuerpo alemán el 23 de agosto. Las fuerzas alemanas fueron empujadas hacia atrás en un principio y tuvieron que evacuar Lahna y Orlau. Ludendorff dio órdenes entonces de que se man-tuviera la línea a toda costa hasta que llegara el

El cerebro alemán después de la batalla de Tannenberg: el coronel Hoffmann.

Artillería alemana camino del frente.

Los malos caminos a menudo causaban problemas al trasladar material pesado.

Hindenburg inspecciona a sus tropas después de la batalla de Tannenberg.

1.ᵉʳ Cuerpo de Francois, que ahora se encontraba de camino en tren para reforzar la denfensa del sur.

El general Samsonov quería cortar la retirada de los alemanes y les empujó hacia delante, hacia Allenstein-Osterode, para evitar que se retiraran detrás del Weichsel. También desplegó sus tropas muy lentamente, en parte por su cansancio y en parte por la falta de provisiones. Los alemanes consiguieron interceptar las comunicaciones rusas (que con frecuencia no estaban codificadas) y por tanto se imaginaron los planes del II Ejército ruso. Eran conscientes también de que el I Ejército ruso de Rennenkampf se encontraba en la zona alrededor de Koningsbergen y por consiguiente no suponía ninguna amenaza en ese momento para las operaciones alemanas contra Samsonov.

El 1.ᵉʳ Cuerpo alemán del general Francois llegó en tren y tomó su nueva posición el 26 de agosto, dirigiéndose inmediatamente a la ofensiva a unos 10 km de Usdau. Se libró una dura batalla contra las fuerzas de Samsonov, que lentamente pero con seguridad fueron rodeadas. Por un malentendido de órdenes el flanco derecho ruso quedó al descubierto. En ese momento los alemanes lanzaron un ataque sorpresa que provocó el pánico entre los rusos e hizo que huyeran. Tuvieron éxito en ocupar Allenstein, pero pronto se vieron obligados a abandonarla.

Derecha: Registro de prisioneros de guerra rusos en busca de armas, antes de marchar.

Grupo de oficiales rusos hechos prisioneros de guerra después de la batalla de Tannenberg.

Los alemanes capturaron muchas piezas de artillería rusa en el campo.

Los rusos se vieron obligados ahora a una retirada general. Hubo un duro combate alrededor del importante cruce de Neidenburg. Samsonov tomó el mando personalmente para retirar a sus tropas del frente. Rápidamente se dio cuenta de que la situación era desesperada y el 30 de agosto, después de despedirse de sus oficiales, se suicidó en los bosques situados al sudoeste de Willenberg a causa de la vergüenza de su derrota.

La batalla de Tannenberg terminó el 31 de agosto. Los rusos perdieron 120.000 hombres entre muertos, heridos o prisioneros, y Hindenburg y Ludendorff se convirtieron en héroes nacionales. Por supuesto, en seguida llegaron las críticas. La batalla no fue un éxito de Hindenburg y de Ludendorff, sino del coronel Hoffmann. Otros mantienen que Tannenberg no fue una victoria. El anciano general admitió después: «No tengo ni idea de quién ganó la batalla de Tannenberg, pero una cosa está clara: si nosotros hubiésemos perdido, yo hubiera sido el culpable».

El mariscal de campo von Hindenburg.

BATALLA DE LOS LAGOS MASURIOS

ATAQUE ALEMÁN

Una vez que el ejército de Samsonov fue vencido, las fuerzas alemanas se dirigieron a enfrentarse con el ejército de Rennenkampf. Este comandante ruso había seguido los acontecimientos de la batalla de Tanneberg con

Tropas alemanas cruzan un puente durante su avance en Galitzia, mayo de 1915...

...y continúan hacia el frente.

La caballería rusa se retira, cruzando el Weichsel.

Batalla de Przemysl en 1915. Oficiales
alemanes al lado de soldados rusos muertos.

Los rusos se rindieron y entregaron su artillería
cuando Przemysl fue tomada por los alemanes.

Tropas austriacas en persecución de los rusos en 1915.

El emperador austrohúngaro Carlos durante una visita al frente.

Cosacos rusos en el frente de Galitzia, en 1917.

Derecha: Los alemanes atraviesan el frente ruso en Galitzia en julio de 1917.
El káiser alemán aprovecha esta ocasión para visitar el frente.

Los alemanes traen rápidamente a sus reservas para consolidar su penetración en Galitzia.

Tropas alemanas se reúnen para perseguir a los rusos en retirada, en 1917.

Un obús ruso destruido por un proyectil.

reserva, pero no había respondido a las súplicas de Samsonov para reforzar el ejército del sur. Algunos piensan que había enemistad entre ambos generales y que hay motivos personales detrás de la falta de actuación de Rennenkampf, pero el general siempre lo ha negado. Declara que ignoraba la situación en la que se encontraba el II Ejército de Samsonov y que

Izquierda: Tropas alemanas descansan a orillas del Weichsel durante su avance.

Prisioneros de guerra rusos capturados y registrados durante la contraofensiva alemana en Galitzia; 24 de julio de 1917.

Trincheras rusas conquistadas en Tarnopol.

Transporte alemán de provisiones dirigiéndose a Tarnopol, que acaba de ser tomada; 24 de julio de 1917.

El káiser Guillermo visita a sus tropas victoriosas, después de la conquista de Tarnopol.

El káiser Guillermo inspecciona al 15.º Cuerpo turco en Galitzia oriental, en 1917.

Soldados alemanes registran las trincheras rusas conquistadas cerca de Tarnopol...

no había perseguido a las fuerzas alemanas para permitir que Samsonov les rodeara. Finalmente, Rennenkampf recibió órdenes directas del cuartel general el 29 de agosto para que relevara a Samsonov y le amenazaron con un consejo de guerra si no actuaba con decisión. Era demasiado tarde, sin embargo, y la orden fue rescindida al día siguiente, porque ya no tenía sentido llevarla a cabo.

...las cuales abandonaron los rusos con gran prisa, dejando sus armas atrás.

Alemanes con un cañón ruso capturado.

Puesto de observación y mando ruso capturado.

Mientras tanto, las tropas de Rennenkampf se habían desplegado en posiciones defensivas entre los lagos Masurios y el Koerische Haf, donde continuaron amenazando a las fuerzas alemanas, las cuales tenían órdenes de hacer todo lo posible para destruir al I Ejército ruso. El remanente del II Ejército ruso se había retirado hacia el norte de los lagos Masurios, donde se habían atrincherado para crear posiciones defensivas. El norte de la línea rusa se extendía hasta el Koerische Haf y el flanco sur en curva estaba protegido por el lago Mauer. Era una posición bien elegida, que eliminaba prácticamente un ataque frontal mientras movimientos en círculo hacia el flanco norte estaban obstaculizados por un terreno difícil, haciendo de un ataque al flanco sur la única ruta potencial de éxito.

El 5 de septiembre los alemanes estaban preparados, dando Hindenburg la orden de atacar. Los alemanes intentaron aislar al I Ejército ruso, pero Rennenkampf lo evitó retirándose rápidamente. Durante los actos de retaguardia que siguieron, él perdió la cuarta parte de sus fuerzas, pero tuvo éxito al retirarse cruzando la frontera rusa por seguridad.

Durante la batalla de Tannenberg las fuerzas alemanas, superiores en número, habían conseguido vencer por separado a los dos ejércitos rusos. Se exigió mucho a los soldados de ambas partes. Largas marchas de más de 50 km precedían con frecuencia cada día a una lucha a muerte. La batalla

Cosacos de Ucrania que lucharon en Galitzia.

de Tannenberg se reconoció internacionalmente como una sorprendente y gran victoria alemana por el mando de Hindenburg y Ludendorff. Por tanto, está unida indeleblemente a sus nombres, haciéndoles los más famosos de su época.

LUCHA EN GALITZIA

Informes preocupantes se recibían de los austrohúngaros mientras los alemanes estaban luchando en Tannenberg y en los lagos Masurios. El comandante en jefe austrohúngaro, general Conrad von Hötzendorff, pedía con insistencia una ofensiva alemana hacia el Narev. Su III Ejército, que estaba defendiendo Lemberg, era incapaz de resistir los duros ataques rusos y se vio obligado a retirarse en desbandada el 29 de agosto dejando amenzado el flanco de su IV Ejército. Lemberg cayó el 3 de septiembre y von Hötzendorff pidió ayuda a los alemanes para que enviaran refuerzos urgentes o al menos dos cuerpos alemanes. Esta ayuda se negó inicialmente, pero una vez que los ejércitos de Samsonov y de von Rennenkampf fueron vencidos a mediados de septiembre y las tropas rusas superiores en número hacían retroceder a los tropas austrohúngaras en Galitzia, era obvio que se necesitaba esa ayuda urgente. Se temía que los rusos pudieran llegar a Viena, lo cual sería el fin del único aliado de Alemania. También se consideraba políticamente innecesario ayudar a los austrohúngaros. Italia estaba esperando el momento oportuno para atacar a su anterior aliado y un ejército austrohúngaro debilitado le vendría muy bien a ese país.

El comandante en jefe alemán, general von Falkenhayn, decidió enviar a su nuevo IX Ejército en ayuda de los austrohúngaros. Este nuevo ejército estaba compuesto de cuatro cuerpos mandados por Hindenburg, quien también era responsable de todas las operaciones del frente oriental. Pasaría algún tiempo, sin embargo, antes de que las tropas alemanas estuvieran en su lugar.

Después de la caída de Lemberg, los austrohúngaros lanzaron una importante ofensiva que inicialmente obtuvo buenos resultados, pero que se tuvo que detener el 11 de septiembre porque las tropas estaban exhaustas. Von Hötzendorff se vio obligado por tanto a concentrar a sus hombres alrededor y al norte de Przemysl para descansar y recuperarse, pero los rusos continuaron la lucha y cruzaron un meandro del río San el 15 de septiembre. La resistencia austrohúngara se derrumbó a finales de septiembre, por lo que se vieron obligados a retroceder a una línea que iba aproximadamente desde la frontera polaca hasta Chernovtsi en el sur, pasando por Duklapas, Stryl y Stanislav. Después de caer Chernovtsi en poder de los rusos, las fuerzas de von Hötzendorff tuvieron que retirarse más allá de

Soldados rusos que escaparon de la cautividad austrohúngara.

El archiduque José, comandante austrohúngaro del frente rumano, visita el frente el 12 de septiembre de 1917.

los ríos Biala y Dunajec por razones de seguridad. Las pérdidas fueron enormes, llegando a unos 400.000 hombres y 300 piezas de artillería. Las bajas rusas fueron también elevadas, con 250.000 muertos, heridos o hechos prisioneros. La única esperanza de von Hötzendorff ahora era el recién creado IX Ejército alemán, que se acababa de formar para ir en su ayuda, y este ejército continuó la ofensiva el 25 de septiembre. El IX Ejército llegó al Weichsel el 6 de octubre y dio un nuevo valor a los austro-húngaros, consiguiendo llegar al río San otra vez y retomar Przemysl el 11 de octubre. La ofensiva se detuvo después de esto y el 27 de octubre los austrohúngaros se vieron obligados a la retirada una vez más. Varios días después los rusos habían recuperado todo el territorio que acababan de perder y estaban presionando incluso hacia los Cárpatos y Silesia. El IX Ejército alemán se vio obligado a la retirada también, para evitar ser rodeados, y abandonaron grandes áreas de terreno que acababan de ganar. La ofensiva rusa, sin embargo, no pudo ser empujada hacia su tierra porque las líneas de suministro eran cada vez más largas. Las provisiones se terminaban y la ofensiva tuvo que detenerse. El 11 de noviembre los alemanes contraatacaron por sorpresa desde Thorn, después de la espectacular velocidad

Derecha: Tropas alemanas persiguiendo a los rusos por los Cárpatos, donde los rusos sufrieron una gran derrota.

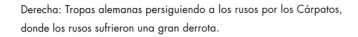

del tren que transportaba al ejército entero para desplegarse en Thorn. El II Ejército austrohúngaro tenía como misión defender la Silesia prusiana. El ataque comenzó a la vez que los rusos abrían de nuevo su ofensiva contra Prusia Oriental. Un ataque desde Thorn era totalmente inesperado y los alemanes tuvieron un gran éxito al principio, pero el ataque ruso a Prusia Oriental estaba libre y penetraron en ella hasta que se detuvieron en el Angerapp. El IX Ejército alemán perdió 100.000 hombres durante la ofensiva en calidad de bajas o exhaustos. Los rusos también fueron incapaces de continuar luchando, debido a la falta de alimentos y de municiones. Las cosas les iban algo mejor a los austrohúngaros, pero sufrieron enfermedades y la moral empeoraba por momentos. No hubo más lucha. La batalla del Frente Oriental se terminó de momento.

LAS GRANDES BATALLAS DE 1915 Y 1916

Espantosa matanza sin sentido
en ambas partes

GALLÍPOLI

COMIENZO DE LA BATALLA

Al principio de la guerra se dudaba de si Turquía entraría en ella y si lo hacía no se sabía de qué lado estaría. La influencia alemana era muy pronunciada, ya que había un embajador alemán y una misión militar alemana muy activa en el país, pero éste era neutral oficialmente y libre de hacer su propia elección.

El submarino británico *B11* entró en los Estrechos el 13 de diciembre de 1914 y torpedeó al buque de guerra *Medusha*, que se encontraba anclado. El barco se hundió casi de inmediato, perdiéndose 400 vidas.

Naufragio del *Medusha*, con unos 400 hombres en su casco.

La decisión de Churchill de decomisar dos buques de guerra turcos que se estaban construyendo en astilleros británicos para la armada turca provocó una fuerte reacción de los turcos. El modo en el que se realizó este acto, sin discutir ni ofrecer compensación, causó rabia. Turquía protestó y expulsó al agregado naval británico. Los alemanes reaccionaron rápidamente ofreciendo sustituir los dos barcos por sus buques de guerra *Goeben* y *Breslau*. Los británicos hicieron un segundo mal movimiento psicológico el 29 de septiembre al detener un torpedero turco que deseaba pasar por los Dardanelos y se le ordenó regresar sin razón. Esto cerró la puerta y, ante la insistencia del embajador alemán, los turcos cerraron el Bósforo y los Dardanelos a toda navegación; por tanto, se cerraba la ruta de provisiones de los aliados para su aliado ruso.

Al mismo tiempo los turcos permitieron que los dos buques de guerra alemanes entraran en los Estrechos y anclaran en Estambul, donde se quedaron con bandera turca aun cuando su tripulación era alemana y su contraalmirante, Souchon, permanecía a bordo. Por este acto Turquía renunció *de facto* a su neutralidad y eligió el lado de las Potencias Centrales, pero sin declaración de guerra. El 28 de octubre, sin embargo, Souchon llevó sus barcos al mar Negro y disparó contra varios puertos rusos y una refinería de petroleo, lo cual llevó a Rusia en seguida a declarar la guerra a Turquía.

El comandante alemán del cuerpo turco del mar Negro, coronel Freiherr von der Goltz, durante la batalla de Gallípoli.

El almirante alemán Souchon, quien entró en los Estrechos con el *Breslau* y el *Goeben*. Posteriormente éstos dispararon contra puertos rusos del mar Negro izando la bandera turca.

El 3 de noviembre de 1914 los británicos bombardearon los fuertes de Sedd el Bahr, mostrado aquí, y Kum Kale, que protegían la entrada a los Dardanelos.

Ahora que los británicos sabían cómo estaban las cosas, reaccionaron rápidamente. El 3 de noviembre barcos de la armada real británica entraron en los Estrechos de los Dardanelos y dispararon a las fortificaciones de Sedd el Bahr y Kum Kale, causando un considerable daño. El 13 de diciembre un submarino británico, el *B-11*, entró en los Estrechos y torpedeó al buque de guerra turco *Medusha,* que se hundió en minutos, causando la muerte a gran parte de su tripulación. Estos actos dieron a la armada real británica la impresión de que sería relativamente sencillo conseguir el paso por estas vías navegables. Se iba a demostrar que era un gran error.

Mientras tanto, los rusos pedían a los británicos que abrieran un nuevo frente contra los turcos para aliviar la amenaza turca en el Cáucaso. La reacción del Gobierno británico fue positiva y Churchill propuso enviar la armada real británica a los Dardanelos. Los primeros barcos utilizarían sus largas baterías de cañones para dejar a los fuertes fuera de servicio. Después los dragaminas despejarían de minas los Estrechos para que la flota pudiera acercarse a Estambul, donde destruiría al *Breslau* y al *Goeben*. También se restablecería la ruta vital de aprovisionamiento hacia Rusia. Al Gobierno le entusiasmó esta propuesta y decidió comenzar la acción en febrero.

El *HMS Albion* también fue testigo de la lucha en Gallípoli.

Al general Hamilton le ordenaron tomar la península de Gallípoli el 11 de marzo de 1915.

El *HMS Amethyst* cayó bajo el fuego enemigo cuando intentaba abrirse paso por los Estrechos, sufriendo graves daños y la pérdida de 20 hombres muertos y 28 heridos.

Antiguo fuerte de Sedd el Bahr. La ciudad fue conquistada por los británicos el 26 de abril de 1915.

El viejo crucero ruso *Askold* también estuvo presente durante la primera tentativa en los Estrechos.

Los británicos reunieron una gran flota en el puerto de Mudros para la invasión de Gallípoli.

Los franceses también se unieron al ataque de Gallípoli. Como era costumbre, tenían buen cuidado del mantenimiento de sus hombres: provisión de vino francés en Mudros.

Los turcos divisaron una gran armada de buques de guerra que se dirigía a ellos en la mañana del 18 de marzo de 1915. Aquí el *HMS Inflexible* se dirige a los Dardanelos.

El 15 de enero se habló de los planes al comandante de la flota británica en el Egeo, el almirante Garden, y los franceses también estuvieron de acuerdo en tener barcos disponibles. La armada real británica decidió reforzar la flota con el ultramoderno *HMS Queen Elizabeth,* aun después de avisar que sus cañones no estaban preparados todavía. Se le ordenó que entrara en acción el 15 de febrero. Uno de los autores originales del plan británico, el almirante Jack Fisher, empezó a dudar y rechazó el plan, pero era demasiado tarde. Su comentario: «Condenados Dardanelos, serán vuestra tumba» iba a ser cierto antes quizá de lo que él esperaba.

La resistencia de Fisher sí tuvo como consecuencia que Londres decidiera entonces desembarcar tropas en la península de Gallípoli para ocupar el terreno. Se eligió a la 29.º División, que había estado de reserva en Grecia.

La división fue reforzada con dos batallones de infantería de marina británica y tropas de Australia y Nueva Zelanda. Todas estas tropas, 50.000 hombres, iban a reunirse en la isla griega de Lemnos, pero cuando llegaron los 5.000 primeros se hizo patente que la pequeña isla no era la adecuada, porque no había comodidad alguna y los hombres se vieron obligados a permanecer a bordo de barcos relativamente pequeños. Un contingente de soldados de infantería de marina se tuvo que enviar a otro lugar, porque el puerto de Lemnos estaba lleno.

Mientras tanto, la acción naval se demoró varios días a causa de los desembarcos, pero el almirante Garden entró en los Dardanelos el 19 de febrero y rompió el fuego contra los fuertes turcos sin resultado. Los problemas de comunicación provocaron que se detuviera la acción. Garden repitió su intento el 25 de febrero y tuvo éxito al dejar fuera de servicio a uno de los fuertes exteriores. Tres barcos entraron en los Dardanelos, pero les dispararon obuses que estaban bien escondidos. Los soldados de infantería de marina desembarcaron en la costa y lograron dejar fuera de servicio a unos 50 cañones turcos entre el 27 de febrero y el 3 de marzo. La reacción en Londres fue entusiasta. La gente olvidaba que la acción había advertido a los turcos de que Gallípoli era el objetivo británico; por tanto, un ataque

El *HMS Lord Nelson* entra en los Estrechos junto al *HMS Inflexible*.

Izquierda: Cañones pesados del *HMS Inflexible*. El barco pronto golpeó una mina e inmediatamente empezó a escorar.

El *HMS Prince George* fue uno de los dieciocho primeros buques de guerra británicos en el ataque.

El *Suffren* participó en el segundo ataque y milagrosamente evitó la derrota.

por sorpresa ya no era posible. Kitchener era muy optimista y opinaba que la mera presencia de la armada real británica en los Dardanelos era suficiente para hacer huir a los turcos y no sería necesario un desembarco británico. El ministro de Asuntos Exteriores británico, Grey, pensó que era posible apoderarse de los Dardanelos seguido de un posible golpe de estado. Kitchener planeó anexionar Alexandrette y Alepo, mientras que la armada real británica sugería todo el valle del Éufrates. El ministro colonial quería incluir el puerto de Marmárica. El territorio no conquistado todavía se dividía ansiosamente antes incluso de empezar la batalla. Por desgracia para los que lo planearon, los acontecimientos iban a ser muy diferentes.

El *HMS Irresistible* también golpeó una mina y su tripulación se vio obligada a abandonar el barco.

El buque de guerra francés *Bouvet* viró a estribor y hubo una enorme explosión. Se hundió en un minuto y 600 hombres perdieron la vida.

El *HMS Ocean* fue en ayuda del *Irresistible* y también golpeó una mina. Su tripulación se vio obligada a abandonar el barco.

El buque de guerra francés *Gaulois* también participó en el ataque.

El *Charlemagne* navegaba junto al *Bouvet* cuando este barco golpeó una mina, pero no sufrió daños.

El *HMS Cornwallis* entra en los Dardanelos y le da la bienvenida un bombardeo turco.

El *HMS Canopus* tomó parte en el segundo ataque. Aquí abandona Mudros.

El almirante De Robeck, quien sustituyó
al almirante Garden, enfermo. Tuvo una realista
visión del desastre que iba a acontecer
a la armada real británica.

La resistencia turca era tan grande que los soldados de infantería de marina tuvieron que retirarse
y los desembarcos terminaron el 4 de marzo. Otros
intentos de entrar en los Dardanelos no tuvieron
éxito y el 12 de marzo el Gobierno decidió entablar conversaciones secretas con los turcos. Un
emisario británico ofreció a los turcos cinco millones de libras esterlinas si se retiraban de la guerra y
una mayor suma si entregaban al *Goeben* y al *Breslau*. El Gobierno turco exigió la garantía de que no
se tomaría Estambul. Los británicos no podían pro-
meter eso, porque ya habían prometido la ciudad a
los rusos, y fue entonces cuando las conversaciones
secretas vacilaron y fracasaron. Las acciones navales
iban a comenzar de nuevo con la limpieza de
minas turcas en las aguas. Estos esfuerzos fracasaron
y un barco tras otro fueron cayendo bajo el fuego

Consejo de guerra celebrado a bordo del *HMS Queen Elizabeth* el 22 de marzo de 1915.
De izquierda a derecha: contraalmirante Boue de Lapeyrère al mando de la flota francesa
mediterránea, el general Hamilton, el contraalmirante De Robeck y el general francés Baillard.

de los obuses de tierra turcos, que causaron un daño considerable y mataron a muchos marineros. Uno de los cruceros de escolta, el *HMS Amethyst,* también cayó bajo el fuego y hubo veinte muertos y veintiocho heridos, además de dañar el mecanismo de dirección.

Las acciones navales hasta este momento no habían sido un éxito. El general Hamilton fue nombrado comandante de las Fuerzas Expedicionarias para Gallípoli el 11 de marzo de 1915. Su fuerza había aumentado en estos momentos a unos 70.000 hombres y estaba constituida por la 29.ª División, el Cuerpo de Anzac, una división de infantería de marina y un cuerpo francés. La acción en Gallípoli a partir de este momento estaría controlada por medio de operaciones conjuntas en tierra y mar.

El general alemán Liman von Sanders, comandante en jefe de las fuerzas turcas en Gallípoli.

Teniente Otto Hersing, al mando del *U-21* que hundió a los barcos británicos *HMS Pathfinder* y *HMS Triumph* el 5 de septiembre.

OPERACIONES COMBINADAS MAL REALIZADAS EN TIERRA Y MAR

Los preparativos británicos de operaciones combinadas de fuerzas de tierra y mar para conquistar Gallípoli se hicieron de una forma extraordinariamente casual y extremadamente aficionada. El conocimiento que tenía Hamilton del terreno en el que se iba a luchar era prácticamente nulo. Para su información utilizaba algunas guías turísticas y mapas y un libro de apuntes sobre las fuerzas armadas turcas. Sólo le dieron unos días para nombrar a sus colaboradores y crear su organización. No había ni un solo

Restos del naufragio del *HMS Triumph* hundido por el *U-21*.

El general Liman von Sanders refuerza rápidamente la península después del fracaso del ataque aliado.

Un gran desembarco anfibio en Gallípoli tiene lugar en la mañana del 23 de marzo.

Tropas aliadas desembarcan en lugar equivocado en la playa «Z» y caen bajo el mortal fuego de los turcos.

Las tropas intentan reunirse después del desembarco en la playa «Z».

La infantería Anzac ataca posiciones turcas; 17 de diciembre de 1915.

El general británico Birdwood pide permiso para evacuar la playa «Z», pero le es negado.

plan de comunicaciones entre el ejército y la marina. La información disponible en Londres sobre la situación de la artillería turca y las posiciones de las tropas turcas en la península no estuvo disponible para él. Las provisiones necesarias se iban a suministrar en ese lugar y no hubo un planteamiento coordinado; por tanto, es cierto que nunca una operación de tal magnitud se había llevado a cabo de una forma tan chapucera y poco profesional. No se prestó atención a mantener en secreto la operación, así que los turcos y la inteligencia alemana estaban al corriente de lo que pretendían los británicos.

Un verdadero drama en la playa «V», donde el *River Clyde* intentó desembarcar a 2.000 hombres, de los cuales murieron la mitad.

El *River Clyde,* en Sedd el Bahr. Unos 2.000 hombres subieron a este barco para desembarcar en la playa «V».

Vista de la playa «V» desde el mar.

Los aliados desembarcaron en diferentes lugares en cabo Helles.

Tropas turcas esperan los desembarcos y destrozar a los atacantes.

Desembarco aliado en la playa «V» en abril de 1915.

Tropas turcas contraatacan en la playa «V».

La orden de desembarco en Gallípoli se dio el 18 de marzo. Iba a ser un día realmente desastroso para la armada real británica. Los defensores turcos vieron una armada de buques de guerra que se dirigía a ellos aquella mañana. Había dieciocho buques de guerra gigantescos, muchos cruceros y destructores y un enjambre de dragaminas que navegaban por la entrada de los Dardanelos a gran velocidad. Los barcos estaban dispuestos en dos grupos. Los barcos más grandes y potentes iban con el *HMS Inflexible* a estribor, con el *Lord Nelson* y *Agememnon* juntos y el *HMS Queen Elizabeth* hacia puerto. Simultáneamente, abrieron fuego contra los fuertes y poco después los barcos siguientes; el *HMS Prince George* y el *Triumph* también se enfrentaron a los fuertes con el estruendoso poder de sus cañones. Justo detrás de ellos venía el segundo grupo bajo mando francés, con el *Suffren*, *Bouvet, Charlemagne, Gaulois, HMS Canopus* y *HMS Cornwallis*. Adelantaron

Puerto improvisado en la playa «W» por el hundimiento de viejos cargueros.

Hombres del Regimiento de Essex desembarcan en la playa «W» y sufren grandes pérdidas sin ganar posiciones.

Desembarco aliado en la playa «W». Casi la mitad de los 1.000 atacantes murieron durante las primeras horas.

Los aliados se atrincheraron rápidamente después de los desembarcos.

Los refuerzos turcos llegaron con rapidez. Un cañón turco camino de la playa «W».

La playa «A» fue uno de los muchos lugares de desembarco.

Playa «B» en la bahía Suvla. El comandante británico fracasó en tomar las cimas de Tekke Tepe, donde tuvo terribles consecuencias.

Después de fracasar los aliados en la toma de las cimas de Tekke Tepe, los turcos las ocuparon rápidamente e inmovilizaron a los aliados en la playa.

al primer grupo de ataque y abrieron fuego desde una línea más cercana. Estos barcos se encontraron con una lluvia de disparos y sobre las 12,30 h. hicieron blanco en el *Gaulois,* que tuvo que abandonar. También dieron a otros barcos y sufrieron daños pero el fuego aliado era eficaz en general y la artillería turca se vio notablemente reducida. Ésta fue la señal para que el almirante al mando de la operación hiciera retroceder al segundo grupo de barcos y dejar espacio a los dragaminas. El desastre estaba a punto de ocurrir.

El *Bouvet* francés viró a estribor detrás del *Suffren* y le siguió para entrar en la bahía de Erén Keui, la cual pensaron que, por encontrarse a la derecha del canal, estaría libre de minas. De repente se oyó una enorme explosión y los vigilantes, atónitos, vieron al enorme barco desaparecer en el fondo del canal en un minuto, con unos 600 hombres a bordo. Es posible que la explosión la provocara un golpe o un impacto en su pañol de municiones en el momento de golpear una mina. Pocos de su tripulación sobrevivieron.

Los dragaminas que se estaban preparando en estos momentos para empezar la limpieza de minas fueron buscados con proyectiles y uno tras otro abandonaron la línea en busca de un lugar seguro. Sobre las 16,00 h. hubo otra explosión. El *HMS Inflexible* golpeó una mina e inmediatamente después empezó a escorar. El mismo destino tuvo el *HMS Irresistible* unos minutos más tarde. El *HMS Ocean* corrió en su ayuda, pero también

Desembarco aliado en la playa «Y».

Tropas escocesas desembarcan en la bahía Suvla y los turcos les disparan con cañones de seis pulgadas, provocando muchas bajas.

La hostil costa de cabo Helles, en la cual se realizaron cinco desembarcos.

Suvla, 7 de agosto de 1915. Unos 2.000 anzacs desembarcaron en Suvla, pero la mala dirección y coordinación hicieron fracasar el desembarco.

Torpedero británico transportando tropas a la playa «Z».

Punta sur del cabo Helles, con restos de un naufragio aliado en primer plano.

golpeó una mina y su tripulación se vio obligada a abandonar el barco. La tripulación del *Irresistible* también abandonó el barco. Se tuvo que detener la acción y se dio orden de retirada a los barcos y de que se reagruparan. La acción les había costado a los aliados 700 hombres y la pérdida de una tercera parte de sus barcos: tres grandes buques de guerra hundidos, tres dañados y también bajas entre los dragaminas. Sólo cuatro cañones turcos habían quedado fuera de servicio. Las bajas turcas fueron de cuarenta muertos y setenta heridos. Los campos de minas todavía existían y la vía navegable hacia Estambul estaba todavía cerrada a los barcos aliados.

Es obvio que la operación fue un fracaso total, pero el comodoro Roger Keyers, jefe del Estado Mayor del almirante Garden, el cual se encontraba enfermo, no tuvo ningún problema en informar a Londres que habían vencido al enemigo y que la operación había sido un «éxito brillante» y la única misión que quedaba era limpiar los campos de minas. Su superior inmediato y sucesor del almirante Garden fue el almirante De Robeck, quien, mucho más realista, llamó al ataque «desastre», que es lo que había sido en realidad.

El Almirantazgo se desilusionó tanto que dejó de pensar en repetir la operación. El general Hamilton convocó una reunión a bordo del *HMS Queen Elizabeth* el 22 de marzo para decidir una acción conjunta, en la cual De Robeck decidió que no arriesgaría sus barcos en aquellas aguas otra vez hasta que el ejército hubiera tomado la península de Gallípoli, pero «olvidó» informar a Hamilton de esto. Se acordó seguir adelante con los desembarcos el 14 de abril y prepararse para ello. Los que estaban bien preparados eran los turcos, que ahora tenían tiempo para reparar sus daños y crear nuevas posiciones. El mariscal de campo alemán Liman von Sanders fue nombrado comandante del V Ejército turco, que constaba de 50.000 hombres con la misión de defender la península, y el general Colman Freiherr von der Goltz fue puesto al mando del Cuerpo del Mar Negro turco. Liman von Sanders hizo buen uso de la tregua que le dieron los británicos y creó nuevas posiciones defensivas a un ritmo sorprendente. Una vez más, los británicos habían perdido la oportunidad por su pobre defensa inicial. Probablemente hubieran caído con facilidad, pero ahora los turcos podían mejorar sus defensas significativamente. Los preparativos por parte de los aliados fueron menos refinados y rápidos. Las provisiones para las fuerzas de desembarco eran caóticas y nada estaba bien. Las piezas de artillería llegaron sin

El general Hunter Weston durante los desembarcos de cabo Helles.

Tropas francesas muy cargadas desembarcan en cabo Helles.

Trincheras aliadas en uno de los lugares de desembarco.

municiones o con municiones erróneas, lo que provocó escasez de proyectiles. No había lanchas de desembarco y los aliados se vieron obligados a adquirirlas en el lugar y esto, obviamente, causó grandes problemas. No es exageración describir los preparativos de los desembarcos como algo extremadamente casual y con grave subestimación de las dificultades a las que se enfrentaban. Pero no había salida. Tanto Churchill como el ministro de la Guerra, Lord Kitchener, tenían su reputación que mantener e hicieron todo lo posible por asegurar que ellos lo llevarían adelante.

LOS DESEMBARCOS

La misión hizo que finalmente la 29.ª División desembarcara en Helles mientras los anzacs desembarcaban en Caba Tebe al norte. A los soldados de infantería de marina de la división naval británica se les dejó en la costa en Bulais con una unidad francesa desviándose en Kum Kale y bahía de Basika y un batallón británico que se dirigía a la costa en bahía de Morto. En el último momento se decidió enviar también 2.000 hombres hacia el oeste de Krithia. Se esperaba que los desembarcos lograran resultados en cuarenta y ocho horas, encontrándose únicamente con una mínima resistencia. Se pensó incluso que, una vez se hubiera establecido la cabeza de puente, la defensa se

La división naval británica ataca en Bulair.

Tropas francesas en ruta hacia sus posiciones de Sedd el Bahr.

debilitaría. Finalmente, en la mañana del 23 de abril llegó el día. La flota que se había reunido en la isla de Lemnos y en el puerto de Mudra se puso en camino lentamente. Un barco tras otro, de los 200 barcos aproximadamente, se dirigieron rumbo a sus destinos ordenados previamente en los Dardanelos, a los que llegaron durante la noche del 24 al 25 de abril. La invasión empezó a las 3 de la mañana con unos 70.000 hombres trasladados en botes para llevarlos en muchos casos a su lugar de descanso final. Uno de los mayores dramas de la historia militar británica estaba a punto de revelarse.

El 25 de abril las tropas desembarcaron en varios lugares, entre ellos cabo Helles en la punta sur de la península y también al norte enfrente de Maidos. La intención era colocar al enemigo entre dos fuegos. Los 12.000 anzacs en cuarenta y ocho botes iban a llegar a la costa en la playa «Z» del norte, pero desembarcaron en un lugar equivocado con un terreno muy difícil, donde se encontraron con el mortal fuego de los turcos. El general Birdwood pidió permiso para retirarse, pero le fue negado. Los anzacs intentaron en vano escalar las cimas del Sari Blair, que estaban defendidas por unidades de la 19.ª División turca. La lucha que continuó hasta el 4 de mayo costó a los anzacs unos 10.000 hombres. Ambas partes atacaron después de esto, pero la batalla cesó durante un tiempo.

Mientras tanto, se realizaban los desembarcos en cinco lugares diferentes de cabo Helles, con los nombres codificados de playas «S», «V», «W», «X» e «Y». Otro drama tuvo lugar en la playa «V», donde los británicos habían varado al *River Clyde*, un viejo carguero al que habían transformado para el desembarco con una sección de casco que se podía quitar y transportaba a 2.000 soldados. Varias planchas de acero se habían colocado como rampas de desembarco para los hombres y los que se encontraban en cubierta tuvieron la impresión de que el desembarco se realizaba sin oposición, porque no había fuego mientras se llevaban a cabo todos estos preparativos, pero en el momento en el que disminuyó la cantidad de hombres en la sección para ir a la costa los cañones turcos dispararon, reduciendo a la mitad a los atacantes.

Hubo muchas víctimas también en la playa «W». De los 10.000 hombres que desembarcaron, casi tres cuartas partes murieron y 283 resultaron gravemente heridos y fuera de servicio. La resistencia en las otras playas fue mucho menor y el 26 de abril por la tarde los aliados habían desembarcado a unos 30.000 hombres. Los franceses marcharon con paso ligero, desembarcando y tomando el fuerte y la ciudad de Kum Kale con poca resistencia. El 26 de abril los aliados tomaron la ciudad de Sedd el Bahr y avanzaron hacia Krithia, a la que atacaron dos días después, pero fueron rechazados por los turcos. Lo intentaron de nuevo en vano el 6 de mayo, pero se vieron obligados a abandonar el intento el 8 de mayo, aun cuando tropas indias se habían apresurado a ir de refuerzo desde Egipto. Las tropas se vieron obligadas a atacar aquí, pero no ganaron ni un metro más de terreno.

En este momento los aliados enviaron más refuerzos a Gallípoli y se decidió realizar un nuevo desembarco en Suvla el 17 de agosto con estas

Turcos muertos después del combate en Sedd el Bahr.

Infantería del 6.° Regimiento Manchester atacando.

Lord Kitchener estaba tan preocupado por la situación que decidió ver las cosas en persona.
Llegó el 12 de noviembre de 1915 y quedó impresionado por la realidad
de Gallípoli.

El comandante en jefe, Lord Kitchener, en las trincheras de cabo Helles.

tropas de refresco. Inicialmente, el desembarco tuvo éxito y se estableció rápidamente una cabeza de puente, pero los turcos tuvieron éxito en detener a los atacantes y aislar la cabeza de puente. Mientras sucedía todo esto, los turcos también habían estado ocupados y reforzando sus tropas significativamente en la península de Gallípoli. Catorce divisiones turcas se enfrentaban ahora a una cantidad similar de divisiones británicas y francesas; por tanto, las oportunidades de victoria de los aliados eran cada vez menores.

El papel de la armada real británica durante estos actos es poco claro. Teniendo presente el deseo del almirante De Robeck de limitar el empleo de sus barcos hasta que el ejército hubiera tomado la península, se hizo aparente que el papel de la armada quedaba restringido al transporte de hombres. Los testigos declaran que los buques de guerra apenas dispararon contra los defensores turcos.

El general Monroe, sucesor de Hamilton, tuvo el valor de aconsejar el fin de la acción mal dirigida y el abandono de Gallípoli.

Las tropas se reúnen para la evacuación después de destruir sus provisiones.

FIN DE LA AVENTURA: RETIRADA DE HAMILTON

La situación médica en Gallípoli preocupaba mucho también y recordaba el drama que rodeó al servicio médico en la Guerra de Crimea. Una vez más no se había hecho provisión adecuada para los miles de muertos y heridos. Muchos yacían sin ser atendidos al aire libre y morían de forma horrible sin haberles curado sus heridas, y el transporte de los miles de soldados heridos también era totalmente inadecuado. A pesar de ello, Hamilton envió un telegrama a sus superiores el 27 de abril, en el que informaba de que todo iba como se había planeado, pero también pedía refuerzos. Estos refuerzos se enviaron, pero también se les destinó a ofensivas inútiles que fracasaban y que llevaban a la muerte o al decaimiento en las fuerzas aliadas.

El 14 de mayo en Londres veían claro que había que hacer algo. Se decidió enviar más refuerzos para manenter la presión sobre los turcos. Resulta bastante absurdo, porque los turcos no estaban bajo ninguna presión: eran éstos los que presionaban a los aliados.

La acción continuó en los meses siguientes deteniendo ataques turcos pero sin avanzar y sin un fin a los sufrimientos del soldado raso, que no sólo eran provocados por el enemigo sino también por la política de mala e incompetente dirección.

Finalmente, el 14 de octubre lo que debería haber sucedido mucho antes ocurrió y el general Hamilton fue relevado del mando y sustituido por el general Monroe.

A Monroe se le encargó que aconsejara sobre lo que se podía hacer para poner fin a esa situación. Él indicó que necesitaría al menos 400.000 hombres para obtener una victoria segura. Londres no podía dar esos hombres y por tanto él recomendó detener inmediatamente la acción y abandonar la península a los turcos. Estas noticias se recibieron con sentimientos muy diversos en Londres y Lord Kitchener decidió ver las cosas personalmente en Gallípoli. Lo que descubrió le impactó y le dio una profunda impresión de situación desesperada. El 15 de noviembre envió un telegrama al primer ministro, Asquith, para informarle de que era imposible tomar Gallípoli.

La batalla, que se había pensado que duraría cuarenta y ocho horas, había durado en realidad ocho meses y medio y costó a los británicos 205.000 heridos y muertos en acción o de enfermedad. Las pérdidas francesas fueron también elevadas, unos 47.000 hombres. Los turcos también sufrieron mucho y perdieron a 251.000 hombres entre heridos, muertos en batalla o por enfermedad, pero al menos defendieron con éxito su país y vieron marcharse al invasor. La batalla de Gallípoli continúa siendo una página negra en la historia militar británica y un destacado ejemplo de fracaso en política y dirección, a pesar del heroísmo de las tropas británicas y coloniales y también de los franceses, que cumplieron con su deber.

La sangrienta aventura ha terminado. Tropas británicas evacuan pacíficamente la bahía de Suvla.

Muchos soldados aliados murieron en la batalla de Gallípoli.

Sorprende que varios historiadores posteriores desvirtuaran este fracaso sugiriendo que la operación había representado un valioso papel, a pesar de tantas bajas, para destruir a «la flor del ejército turco». La campaña de Gallípoli, argullen, detuvo a catorce de las treinta y seis divisiones turcas en la península; por tanto, el canal de Suez se pudo mantener y llevó a una derrota final de los turcos. Esto es incierto y descaminado. Igualmente, se puede argüir que catorce divisiones turcas mantuvieron a igual número de divisiones aliadas durante ocho meses y medio lejos del frente oriental y otros escenarios de la guerra, donde ellos y 250.000 víctimas pudieron haber representado un papel decisivo y no estuvieron. Otro historiador comenta que Gallípoli demostró que un oficial británico sabía luchar y morir. En su libro *Damn the Dardanelles*, el autor John Laffin comenta apropiadamente que hubiera sido mejor que los oficiales británicos hubieran aprendido a luchar y a seguir vivos. Esto, comenta, no sólo requiere valor sino ¡mayor habilidad!

Nunca se fueron. Un cementerio de anzacs en Gallípoli.

Izquierda: Se pagó un alto precio.

BATALLA DE VERDÚN

OPERACIÓN «GERICHT» PARA HERIR DE MUERTE AL EJÉRCITO FRANCÉS

El año 1915 fue malo para los aliados, tanto en el Frente Occidental como en el Frente Oriental. Las Potencias Centrales hicieron retroceder a los ejércitos rusos hacia Polonia con muchas pérdidas. En septiembre de ese año los alemanes habían cogido a unos 750.000 prisioneros de guerra. Los británicos y los franceses se encontraban en Gallípoli sin ver un fin próximo

El comandante en jefe de Alemania y ministro de la Guerra, Falkenhayn (izquierda), quien tuvo la idea de la «Operación Gericht». Falkenhayn aparece aquí en su nuevo cargo en el frente de Ucrania después de su destitución.

El general alemán Lettow Vorbeck, quien mantuvo ocupadas a las tropas británicas en África.

El príncipe heredero alemán, Guillermo, visitaba a sus hombres con regularidad.

Unos 1.200 cañones de varios calibres abrieron fuego en posiciones francesas el 21 de febrero de 1916.

Una de las piezas de artillería pesada que se utilizó el 21 de febrero.

Mortero de 175 mm de 1916.

Mortero de 245 mm de 1916 utilizado en Verdún.

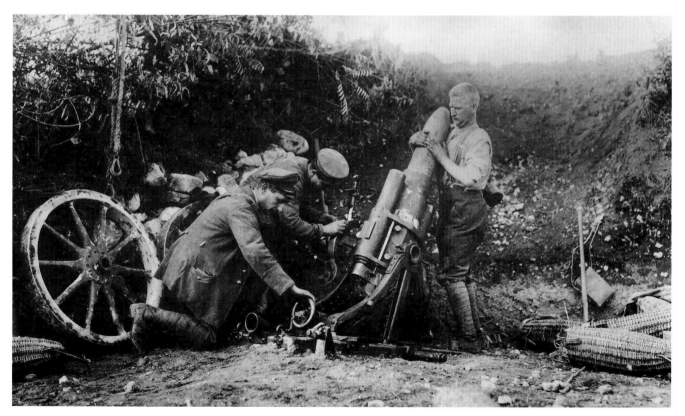

Este mortero de trinchera era muy útil para atacar líneas enemigas.

y al mismo tiempo Servia había sido derrotada por las Potencias Centrales y estaba siendo ocupada.

Por si fuera poco, la orgullosa armada real británica fue incapaz de evitar que submarinos alemanes atacaran a barcos mercantes. Barco tras barco era torpedeado sin que la armada real británica pudiera evitarlo. En África los británicos luchaban contra una pequeña fuerza alemana bajo el mando del legendario general von Lettow Vorbeck. Esto les obligaba a

Tropas alemanas abandonan sus trincheras para atacar.

Tropas alemanas justo antes del ataque.

mantener una fuerza disponible allí, por si se necesitara urgentemente en otro lugar.

Los franceses sufrieron mucho también. A finales de 1915 la mayoría de los oficiales franceses que habían comenzado en 1914 estaban muertos o heridos y también hubo otras pérdidas. No sorprende por tanto que los aliados celebraran una conferencia en diciembre para trazar planes y poner fin a esta molesta situación de 1916.

Es obvio que los alemanes también reflexionaran sobre el futuro inmediato. En un informe dirigido al káiser el comandante en jefe, general von Falkenhayn, escribió: «Un esfuerzo final, dada la actual situación favorable, inclinaría la balanza a favor de Alemania». El bloqueo naval británico significaba que Alemania tenía gran escasez de materiales y esto podría empeorar con el tiempo. Falkenhayn también escribía que esperaba que los aliados intentaran un avance en 1916, con el fin de empujar a Alemania a la defensiva. «Esto tiene que evitarse», añadió. Falkenhayn proponía ahora batir a los franceses primero y, si esto tenía éxito, no habría duda de que los británicos continuarían la guerra. Recomendó elegir un lugar de Francia, el cual los franceses defenderían a toda costa. «Ese lugar», sugirió, «es Verdún.»

Izquierda: La infantería alemana ataca cerca del pueblo de Douaumont, al que defendían los batallones I y III del 95.º Regimiento francés, reforzados por los *tirailleurs*, o tiradores argelinos, y un batallón de Zouaves. Unos 4.000 soldados franceses y alemanes murieron en el ataque.

Uno de los innumerables agujeros de proyectil en el campo de batalla cerca de Mort-Homme y de la colina 304.

El mariscal de campo von Hindenburg y el general Ludendorff tomaron el mando de la ofensiva de Verdún después de la destitución del general von Falkenhayn.

Comentaba que, defendiendo Verdún, los franceses sangrarían hasta morir, pero si, por el contrario, ellos se retiraban, sufrirían tal golpe en su moral que sería posible el avance necesario.

Falkenhayn quería evitar la lucha sin sentido cuerpo a cuerpo que sólo llevaba a muchas bajas. En vez de ello, planeaba el empleo de una fuerza masiva de artillería contra un frente limitado, de manera que la infantería del enemigo fuera destruida en sus trincheras, pero sus propias pérdidas serían limitadas. Después de esa abrumadora línea de fuego de la artillería, la infantería alemana podría tomar las posiciones enemigas fácilmente y luego se podría avanzar la línea de fuego. De esta forma, Falkenhayn propuso arrollar las posiciones francesas en poco tiempo. A primera vista era un buen plan, pero Falkenhayn cometió varios errores importantes. El primero fue que quería limitar el ataque al flanco derecho del Mosa, que después resultaría fatal. El segundo fue que no tuvo en cuenta el frecuente mal tiempo y las condiciones del terreno en los alrededores de Verdún, lo cual fue un error de igual gravedad.

El general francés Mangin, apodado «el carnicero» por sus hombres, por su forma despiadada de llevar la guerra.

Grupo de cañones alemanes en funcionamiento sobre el flanco izquierdo del Mosa durante la lucha
por la odiosa colina 304 de Verdún.

Derecha: La cruda realidad de Verdún en 1916.

El resultado de los disparos de la artillería alemana fue espantoso.

El káiser Guillermo visitó el frente en Verdún en abril de 1917. Aquí el káiser inspecciona a un regimiento de guardias camino del frente.

Rincón occidental del patio del fuerte de Douaumont.

El terreno que rodeaba al fuerte de Douaumont se hizo intransitable rápidamente.

Soldados alemanes escalan la verja que rodea al fuerte de Douaumont y lo encuentran prácticamente abandonado; 25 de febrero de 1916.

No obstante, el káiser aprobó el plan y los preparativos comenzaron en enero de 1916 en estricto secreto. Estos preparativos fueron de gigantescas proporciones. Unos 50.000 hombres fueron reclutados sólo para preparar las líneas de ferrocarril necesarias para el transporte de hombres y provisiones. Se construyeron carreteras nuevas, diez líneas de ferrocarril, veinticuatro estaciones, alojamientos y enormes almacenes de municiones. La responsabilidad de la ofensiva de Verdún fue dada al V Ejército, mandado por el príncipe heredero con su ofical de Estado Mayor, el general von Knobelsdorf. Seis divisiones bien equipadas que sumaban 90.000 hombres estaban preparadas para la batalla, mientras se dejaron tropas de reserva tanto en la orilla este como en la oeste del Mosa. Para asegurar el secretismo de esta operación no se informó a la mayoría de los oficiales del objetivo de este enorme esfuerzo ni de los planes incluso para evacuar varios pueblos de la zona.

El *Oberleutenant* alemán von Brandis (sentado), héroe de Douaumont, que declaró ser el primero que entró. Aparece aquí con sus dos hermanos, quienes resultaron heridos en el Frente Occidental.

Una vez que las líneas ferroviarias estuvieron preparadas, unos 1.250 cañones, entre ellos el famoso «Fat Bertha», fueron desplegados para formar un frente de unos 15 km. Se necesitaban doce vagones para trasladar uno de estos «Fat Bertha» y se tardaba veinte horas en preparar el cañón para disparar. Finalmente, 213 trenes de municiones llevaron 2,5 millones de proyectiles: la provisión para seis días.

La «Operación Gericht», como llamaron los alemanes a la ofensiva de Verdún, iba a comenzar el 12 de febrero, pero cuando las tropas se trasladaron a sus posiciones la noche del 11 de febrero el tiempo empeoró. Granizo, nieve y lluvia barrieron la zona, y las trincheras y el alojamiento se llenaron de agua, por lo que los hombres no pudieron permanecer allí. La visibilidad era tan escasa también que la visión de la artillería era casi nula. La ofensiva se tuvo que aplazar. El tiempo siguió siendo malo durante toda la

Izquierda: Almacén francés en el fuerte de Douaumont.

El pueblo de Fleury, cerca de Douaumont, donde tuvo lugar una feroz lucha, cambió de manos diecisiete veces. Ni un solo ladrillo quedó en pie al final.

Campo de batalla de Froideterre.

Marzo de 1916. El pueblo de Ornes también desapareció de la faz de la tierra y se convirtió en desierto.

Los ordenanzas enfermeros alemanes utilizan una improvisada camilla para transportar a un soldado herido.

257

Puesto de cañón francés después de la caída del fuerte de Douaumont en noviembre de 1916.

Las pérdidas francesas fueron cuantiosas.

semana siguiente y hasta el día 20 no mejoró; por tanto, se eligió el día 21 como fecha nueva.

Finalmente, la batería de fuego de artillería más grande de todos los tiempos comenzó a las 7,45 h. de la mañana del 21 de febrero contra posiciones francesas en Verdún. Miles de proyectiles llovieron de forma continua durante nueve horas, convirtiendo el terreno en paisaje lunar en el cual parecía imposible que sobreviviera criatura alguna. Hubo un súbito alto el fuego a las cinco de la tarde. Ahora podía comenzar la «Operación Gericht», que se planeó para herir de muerte a los franceses. Unos 90.000 soldados alemanes esperaban en sus trincheras seguros de la victoria y preparados para asaltar las posiciones enemigas. La «Picadora de carne de Verdún», como se la describió posteriormente, podía reclamar ahora sus primeras víctimas.

Padre e hijo: el káiser Guillermo II y el príncipe heredero durante una inspección de tropas antes del ataque al fuerte de Vaux.

El fuerte de Vaux, donde tuvo lugar un duro combate durante varios meses.

EL COMBATE EN EL BOIS DES CAURES DEMORA EL AVANCE ALEMÁN

Los franceses no habían considerado el sector de Verdún especialmente importante, hasta el punto de que no esperaban una ofensiva alemana allí, aunque el comandante de la zona, el teniente coronel Driant, que se encontraba en la línea de fuego, había advertido varias veces que los trabajos defensivos eran totalmente inadecuados. En esa época en la que nadie le escuchó era demasiado tarde para que el ataque se hubiera hecho realidad.

Durante la apertura de fuego inicial unos 80.000 proyectiles cayeron en un área de sólo 800 metros de anchura y tres kilómetros de profundidad en el Bois des Caures, según estimaciones posteriores del general Pétain. A cada instante manos invisibles lanzaban al aire proyectiles, se desintegraban y luego estallaban abajo. La tierra se abría una y otra vez mientras silbidos y estridente metralla volaban por todas partes, destruyendo todo a su paso. La ofensiva alemana de Verdún había comenzado.

Después de nueve horas la zona parecía haber quedado totalmente destruida sin ningún signo de vida. La infantería alemana abandonó sus trincheras mientras empezaba a nevar nuevamente y con sumo cuidado avanzaron hacia las líneas enemigas. El alto mando no esperaba ninguna resistencia, pero se enviaron varias patrullas por delante, las cuales se encontraron con una sorprendente y feroz resistencia. Por la tarde incluso se vieron obligados a retroceder hasta su propio punto de partida. El alto mando ordenó entonces repetir el fuego de artillería a la mañana siguiente, lo cual pensaban que acabaría con los últimos vestigios de resistencia.

Los cañones dejaron de disparar a mediodía y la infantería atacó el Bois des Caures masivamente. La zona sólo estaba defendida por dos batallones

Tropas alemanas se reúnen en sus trincheras antes del primer ataque al fuerte de Vaux.

Soldados de infantería alemanes se cubren en un agujero hecho por un proyectil...

...y atacan.

Muertos por su patria. Uno de los aproximadamente 5.000 que murieron en el fuerte de Vaux.

Cadáveres y miembros estaban esparcidos por el campo de batalla. El hedor no dejaba respirar.

Ametralladora francesa del fuerte de Vaux dispara contra los atacantes.

Sección de ametralladoras francesa, cerca de Biquele; 20 de octubre de 1916.

Izquierda: Soldados franceses manipulan un lanzagranadas en una trinchera de Mort-Homme.

Los alemanes atacan con un lanzallamas en el fuerte de Vaux.

Soldado de infantería alemán, durante el ataque al fuerte de Vaux, al lado de un soldado francés muerto.

de tiradores muy azotados, al mando del teniente coronel Driant. No fue algo fácil para los alemanes. La batalla duró tres días durante los cuales se luchó en cada metro de terreno. El coronel Driant recibió un impacto de bala en la cabeza durante la batalla y murió en el lugar. Se enviaron las

Finalmente, el fuerte de Vaux cae el 7 de junio de 1916. Los defensores están exhaustos, después de resistir durante meses. La falta de agua fue la causa principal de la caída de su resistencia. Algunos incluso se bebían su propia orina.

Los alemanes evacuan el fuerte de Vaux con 5.000 muertos y cinco meses después por razones tácticas, y los franceses lo vuelven a ocupar sin dispararse un solo tiro.

La *Voie Sacrée*, o «Vía Sacra», era la única ruta de abastecimiento hacia Verdún por la cual se podían llevar tropas francesas y materiales al frente de Verdún.

reservas y los franceses recuperaron parte del bosque, pero la supremacía numérica les obligó a ceder el 23 de febrero y volvió a manos alemanas. Sólo cinco oficiales y sesenta hombres regresaron del 56.º Batallón de Chasseurs y sólo tres oficiales y cuarenta y cinco hombres sobrevivieron del 59.º. Los alemanes también sufrieron muchas e inesperadas bajas y fueron retenidos durante veinticuatro horas, lo cual dio tiempo a los franceses para traer a sus reservas y continuar la lucha.

Artillería francesa camino del frente.

Los franceses tuvieron refuerzos rápidamente después del combate del Bois des Caures. Un convoy de municiones francesas, camino de Mort-Homme.

Mortero francés de 220 mm que acaba de disparar.

Cañón francés de 320 mm sobre raíl, en Verdún.

Cañón francés en posición.

La Colina 304, después de la batalla. Miles de soldados franceses y alemanes murieron luchando por esta colina.

Izquierda: Un cañón pesado francés montado sobre raíl.

CAÍDA DEL FUERTE DE DOUAUMONT, AFORTUNADO VIRAJE DE LOS ACONTECIMIENTOS

Después de la caída del Bois des Caures los alemanes no avanzaron hasta la tarde del día 24. Hicieron una profunda brecha en la línea defensiva francesa entre Bezonvaux y la colina 378 y tomaron posiciones en el pueblo de Beaumont, que amenazaban directamente al blindado y supuestamente inatacable fuerte de Douaumont. El pánico estalló entre los franceses y el general Herr, al mando de las tropas francesas en la región de Verdún, creyó que las posiciones francesas del flanco derecho del Mosa debían ser defendidas y deseaba retirarse, pero el comandante en jefe, general Joffre, no lo permitió. Herr fue relevado del mando y sustituido por el general Pétain, quien dio instrucciones de defender Verdún hasta que no quedara un solo hombre.

El «túnel Bismarck», en Mort-Homme. Cientos de túneles se excavaron para servir de escudo, de almacenes o de alojamiento para las tropas combatientes.

Lanzallamas alemán en funcionamiento.

Mientras tanto, los alemanes planeaban un ataque al fuerte sin saber que los franceses estaban trasladando su armamento en agosto de 1915, según órdenes del Cuartel General francés. La orden se dio porque la caída de los fuertes belgas de alrededor de Lieja había demostrado que no serían capaces de oponerse a la artillería pesada alemana de 400 mm. Se consideró más apropiado trasladar la artillería de los fuertes franceses y colocarla en otro lugar, y el fuerte de Douaumont se hallaba incluido en estas órdenes. El 25 de febrero la guarnición del fuerte se había marchado, pero una tropa de ingenieros y de artilleros estaba preparando el desarme del fuerte. Nadie en él tenía idea del ataque que iban a sufrir y la torreta de 155 mm disparaba esporádicamente en los cruces de carreteras de Azannes situados al norte.

La infantería del 24.º Regimiento de Brandeburgo recibió la orden, sobre las 16,00 h. del 25 de febrero, de cavar para un ataque que se llevaría a cabo al día siguiente. El fuerte representaba una gran amenaza ante ellos y las tropas de asalto esperaban una batalla amarga y difícil. Mientras tanto, varios oficiales habían ido a hacer un reconocimiento de la situación, independientemente uno de otro. Llegaron al fuerte sin ser vistos y lograron entrar en el

Trincheras francesas bajo el fuego. Los proyectiles destruían las posiciones avanzadas y mataban a sus ocupantes.

Junio de 1916. Artilleros alemanes preparan nuevas posiciones.

Derecha: Caballería alemana en Verdún.
Los caballos también llevaban máscaras de gas.

Artillería alemana en acción cerca de Douaumont.

foso. Para gran sorpresa suya, no les ofrecieron resistencia. Sorprendieron trabajando a los sesenta ocupantes franceses y los hicieron prisioneros. Rápidamente pidieron refuerzos, y el fuerte de Douaumont, entonces considerado el más inexpugnable del mundo, había caído en manos alemanas sin un solo disparo. La prensa alemana informaba con júbilo: «Tropas alemanas han conquistado el blindado fuerte de Douaumont, la piedra angular de las líneas de defensa francesas en Verdún, después de un duro combate». Sonaron las campanas de las iglesias en toda Alemania y la población se regocijó.

La caída del fuerte fue un duro golpe para los franceses. Se intentaron contraofensivas que no sirvieron de nada.

TOMA DEL PUEBLO DE DOUAUMONT

Inmediatamente después de la toma algo afortunada del fuerte de Douaumont los alemanes se dieron cuenta de que su captura no significaría mucho para ellos, ya que estaba prácticamente rodeado de tropas francesas. También necesitaban tomar el pueblo del mismo nombre, con una población de sólo 280 personas, y despejarlo de infantería francesa. Lo defendían remanentes del I, II y III Batallones del 95.º Regimiento, reforzados por tiradores argelinos y un batallón de zuavos. Éstos tenían órdenes de defender el pueblo hasta que no quedara ni un hombre. Sin embargo, las condiciones eran malas, pues las trincheras estaban llenas de agua helada procedente de la nieve fundida y había escasez de alimentos y de agua potable.

Uno de los millones de soldados que murieron en el Frente Occidental.

Lanzallamas alemanes reprimiendo la última resistencia durante un ataque a posiciones francesas.

Un soldado francés muerto en Froideterre.

Un grupo de soldados gravemente enfermos, que esperaron ayuda varios días, pero murieron de forma espantosa a causa de un proyectil.

El general von Mudra, inspeccionando sus tropas durante su toma del mando de un grupo de ataque oriental recientemente creado para la batalla de Verdún.

Los franceses utilizaron sabiamente a las tropas coloniales. Aquí llegan soldados senegaleses para tomar parte en la batalla de Verdún; 22 de junio de 1916.

Tropas espahíes descansan durante su entrenamiento en St. Goudrin; 16 de junio de 1916.

Los soldados construían alojamientos tan confortables y seguros como les era posible detrás de las líneas.

Uno de los muchos edificios de Verdún destruidos por proyectiles.

Soldados de infantería franceses al lado de proyectiles alemanes sin explotar, en el fuerte de Souville.

La artillería alemana disparó contra el pueblo durante toda la noche del 25 al 26 y la columna de fuego continuó al día siguiente. Cuando los alemanes comenzaron el ataque les disparó la artillería francesa, causando muchas bajas. Ataque tras ataque, con los franceses defendiéndose obstinadamente, el pueblo cayó en manos alemanas el 3 de marzo después de emplear la astucia. Dispararon contra el pueblo durante horas y después se detuvieron de repente. Los franceses, suponiendo que el ataque estaba a punto de detenerse, dejaron sus refugios para guarnecer las trincheras y en ese momento los proyectiles

Con frecuencia los proyectiles no explotaban y quedaban clavados en el barro. En la foto, un proyectil alemán de 220 mm sin explotar, en Verdún.

alemanes comenzaron a caer de nuevo, pero esta vez su objetivo era el frente francés, matando a muchos soldados franceses. Después de una hora los disparos cesaron y una vez más los franceses ocuparon sus trincheras y se repetió lo mismo, muriendo muchos más franceses. Esto se repitió por tercera vez, pero ahora los franceses decidieron permenecer en sus refugios. Los alemanes invadieron inmediatamente a los franceses en sus refugios y tomaron el pueblo, dejando la carretera del fuerte de Vaux abierta para ellos. El combate en los alrededores del pueblo de Douaumont fue uno de los más sangrientos de la batalla de Verdún. Unos 4.000 franceses murieron, y una cantidad similar de alemanes, por la posesión de este pequeño pueblo, lo cual demoró el avance alemán y dio tiempo al general Pétain para enviar refuerzos al frente. Los defensores hicieron una importante contribución al fracaso final del plan alemán de desangrar a los franceses en Verdún, provocando que al final se detuviera la ofensiva. Esa etapa no se había alcanzado todavía sin embargo y la sangrienta batalla de Verdún no terminaría hasta 1918.

Izquierda: Infantería francesa en el frente del pueblo de Negre; febrero de 1916.

Cirujano del ejército francés con ordenanzas enfermeros del hospital de campaña en un puesto de primeros auxilios protegido con sacos de arena, cerca del fuerte de Souville.

Ordenanzas enfermeros franceses con heridos en una zona de vendaje de Buxerulles.

El combate en los alrededores de Mort-Homme fue cruel y sangriento. Aquí los heridos son trasladados en ambulancia detrás de las líneas.

BATALLA POR EL FUERTE DE VAUX

El blindado fuerte de Vaux también estaba incluido en la resolución de agosto de 1915, de desarmar fortificaciones, pero todavía no se había cumplido y por tanto el fuerte estaba completamente ocupado y armado. El fuerte sufrió el fuego de la artillería pesada alemana a principios de marzo, dañándose gravemente dos de sus puestos de observación. Un impacto directo destruyó el foso y provocó el hundimiento del túnel para el cañón de 75 mm, con lo cual ya no se podía acceder a él. El 8 de marzo la infantería alemana logró acercarse al fuerte y, cuando informaron de ello desde debajo de la línea, el mensaje fue mal interpretado, llevando al servicio de información del ejército alemán a informar al día siguiente de que el fuerte de Vaux también había caído en manos alemanas. El general Guretsky, que ostensiblemente estaba al mando de esta aparente conquista, fue condecorado por esta heroica hazaña. Fue un doloroso error que rápidamente se descubrió. El fuerte de Vaux estaba todavía en manos francesas y permanecía así en ese momento.

El 24 de mayo el fuerte tenía un nuevo mando, el mayor Raynal, inválido de 49 años, que iba a resultar ser un formidable oponente al ataque de los alemanes, cuyos esfuerzos eran cada vez más feroces. La artillería disparó al

Voluntarios británicos de la unidad médica SSA-10, que se unieron a la 31.ª División francesa, preparados para recoger heridos de Verdún.

Había una gran demanda de miembros artificiales para los cientos de miles de soldados heridos. Surgió una nueva industria médica, como este taller de miembros artificiales.

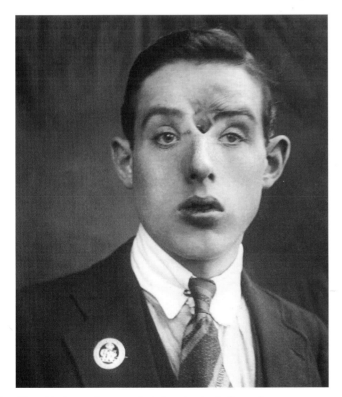

Un soldado con impacto de bala y frente desfigurada...

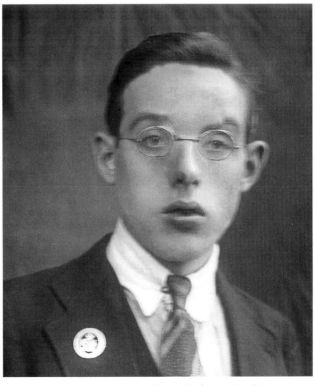

...tiene un nuevo rostro, no con la ayuda de cirugía plástica sino de una máscara artificial.

Izquierda: Una ambulancia de voluntarios británicos espera un nuevo grupo de heridos en Tannois, cerca de Bar-le-Duc en las proximidades de Verdún.

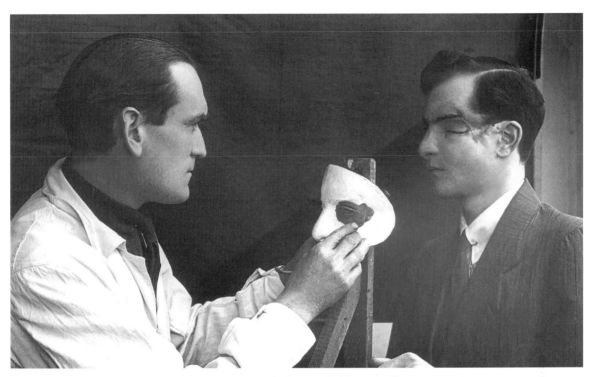

Máscara hecha para un soldado herido de gravedad con metralla.

El piloto alemán Manfred Albrecht Freiherr von Richthofen (1892-1918) se hizo famoso con el escuadrón que llevaba su nombre. Derribó ochenta aviones enemigos y finalmente cayó él el 21 de abril de 1918.

fuerte día y noche y Raynal informaba de que «en un día tranquilo» habían contado 8.000 impactos.

En el interior del fuerte, además de su guarnición de 280 hombres, había muchos soldados que habían escapado de los alrededores; por tanto, eran unos 600 hombres detrás de los muros. Los alimentos y el agua escaseaban, por lo que estaban estrictamente racionados. Los alemanes atacaron una vez más el 1 de junio, después de una furiosa andanada de fuego, y causaron una gran matanza en las tropas francesas a cada lado del fuerte. Los alemanes tuvieron éxito en capturar el famoso dique de Vaux y quedaron al alcance de las ametralladoras de Raynal. Éstas dispararon con tanta furia que las trincheras de los alemanes se llenaron de muertos y heridos, y los atacantes se veían obligados a escalar sobre sus víctimas para ganar acceso a terreno abierto con el fin de avanzar. La visión del campo de batalla era espantosa. Los que acababan de morir yacían entre otros cuyos cuerpos estaban descomponiéndose

El triplano Fokker DR-1 rojo brillante de von Richthofen se hizo famoso entre los aliados, que le apoda-ron «el Barón Rojo».

Escuadrón de von Richthofen. Su avión es el segundo por la derecha.

Von Richthofen durante su estancia en el hospital después de sufrir una herida grave en la cabeza durante un combate aéreo el 6 de junio de 1917.

ya y junto a partes de cuerpos de víctimas anteriores. El hedor era insoportable. Los gritos de los heridos se oían desgarradores y muchos morían por la falta de primeros auxilios. Otros yacían allí todavía cuando los franceses lanzaron una contraofensiva a la semana siguiente y por desgracia se quemaron hasta morir cuando los franceses dispararon proyectiles de fósforo.

El fuerte de Vaux se encontraba ahora rodeado y durante la noche del 2 de junio doce batallones alemanes, apoyados por una unidad de zapadores, atacaron de nuevo. El fuerte estaba gravemente dañado por el fuego de la artillería, pero sus defensores no cedían y ofrecían un mortífero fuego a los atacantes adelantados. Los alemanes consiguieron alcanzar el nivel superior del fuerte y acceder a los túneles de entrada. Se habían quitado los clavos de las botas para que no los oyeran, pero los franceses habían tirado latas vacías, lo cual traicionó a los alemanes. Había obstáculos en el túnel y una ametralladora disparó contra los alemanes, pero éstos consiguieron dominarla después de sufrir muchas pérdidas. Los alemanes

La fuerza aérea alemana gobernaba en los cielos en 1916.

El Barón Rojo se prepara para volar sobre territorio enemigo.

enviaron refuerzos aquella tarde y un oficial tomó el mando. Curiosamente, el fuerte tenía dos mandos ahora: un francés en la parte principal del fuerte y un oficial alemán en la parte superior del complejo.

Los conductos de ventilación se tuvieron que cerrar porque los alemanes lanzaban granadas de mano al interior del fuerte a través de ellos y esto hizo que la situación fuera insoportable. El humo y el gas de los lanzallamas utilizados por los alemanes llenaban el fuerte y el aire estaba tan viciado que los defensores tuvieron que ponerse sus máscaras de gas. Las lámparas de aceite no funcionaban por la falta de oxígeno y algunos soldados se mareaban por la atmósfera venenosa. La provisión de agua también se terminaba después de varios días y la situación era tan desesperada que los hombres empezaron a beberse su propia orina. Otros intentaban lamer la

Oberleutnant Göring, comandante del escuadrón de Richthofen.

Restos del Fokker de von Richthofen después de ser derribado por el capitán canadiense Roy Brown
el 21 de abril de 1918.

Derecha: Von Richthofen es enterrado por los británicos con todos los honores militares; 22 de abril de 1918.

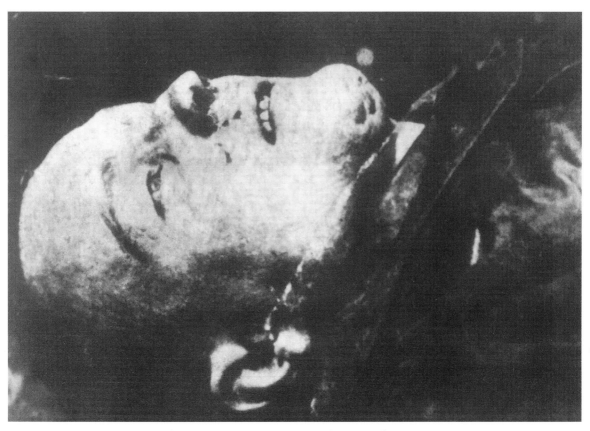

El capitán von Richthofen. Esta foto la tomó un oficial británico inmediatamente después de la muerte del «Barón Rojo».

humedad de las paredes. El número de heridos aumentaba, pero las provisiones de vendajes y medicinas se habían terminado.

Los atacantes que se encontraban en la parte alta del fuerte también sufrían. La artillería francesa disparaba sin piedad y casi no se podían cubrir, con lo cual las pérdidas eran elevadas. Esta situación continuó hasta el 6 de junio cuando la infantería francesa intentó liberar el fuerte, pero abandonaron su esfuerzo, dejando a la mayor parte de las tropas de asalto francesas muertas o muriéndose en el campo de batalla.

Esa noche el mayor Raynal tomó una dramática decisión. Por la mañana temprano reuniría a los supervivientes y les informaría de que intentaría capitular ante los alemanes. Algunos lloraron ante la noticia, pero a otros ya no les preocupaba. Se envió un oficial al exterior con una bandera blanca y a continuación se produjo la rendición oficial. Con esto se terminó la batalla por el fuerte de Vaux, que había costado unos 5.000 hombres entre muertos y heridos, pero en ambas partes se había luchado con valor, con tenacidad y con considerable sacrificio. El fuerte de Vaux volvió a manos francesas en noviembre, cuando los alemanes lo evacuaron libremente por razones tácticas.

Representantes de escuadrones británicos depositan coronas de flores sobre la tumba de von Richthofen.

La otra cara: una de las ochenta víctimas de von Richthofen.

BATALLA DE MORT-HOMME Y COLINA 304

A principios de marzo los alemanes se dieron cuenta de que era un error no tener en cuenta el flanco izquierdo del Mosa. A los franceses se les estaba dando tiempo para traer refuerzos y artillería con los cuales machacarían sin piedad a las tropas alemanas de la orilla derecha. Por tanto, el 6 de marzo se decidió extender la ofensiva a la orilla izquierda.

Durante una fuerte tormenta de nieve y después de preparar una barrera de fuego de artillería, unidades del 6.º Cuerpo de Reserva atacaron en el Bois de Forges y otras tropas alemanas cruzaron simultáneamente el Mosa en Samogneux, donde cayeron bajo el fuego pesado francés. Muchos proyectiles franceses cayeron sin explotar en el barro, por lo que las bajas no fueron tan graves, y el 7 de marzo los alemanes capturaron Regneville, el Bois de Corbeaux y Bois de Cumières, cogiendo a unos 3.000 prisioneros de guerra. El pueblo de Forges también cayó aquella tarde. Los franceses contraatacaron a la mañana siguiente y recuperaron el Bois de Corbeaux. El 8 de marzo los alemanes atacaron la famosa colina de Mort-Homme, pero fueron vencidos. El 14 de marzo la 12.ª División de Reserva alemana tuvo éxito en alcanzar la cumbre norte de la colina y echó a los defensores franceses en un duro combate. El ataque había ido precedido de fuego de artillería pesada, que convirtió la colina en una columna de fuego en la que nada vivía. La colina se parecía más al infierno de Dante con fuego, muertos y heridos graves por todas partes, y cadáveres mutilados que cubrían el suelo. No había esperanza de atención médica o de entierro y el olor a carne putrefacta era insoportable. Mientras los exhaustos atacantes trataban de

Combatiente alemán durante un ataque aéreo sobre el Frente Occidental.

descansar un poco en las antiguas trincheras francesas, los franceses dispararon contra ellos en la otra cumbre y empezó la lucha de nuevo. El combate en la cumbre norte les había costado a los alemanes 3.000 hombres y al parecer ahora no servía para nada, ya que no habían tomado la otra cumbre. Cada esfuerzo que hacían era rechazado y la situación iba siendo desesperada.

El combate por Mort-Homme duró todo el mes de marzo y abril y terminó con el éxito francés al expulsar a los alemanes de la colina, y entonces decidieron atacar primero la cercana colina 304.

TOMA DE LAS DOS COLINAS

El 3 de mayo treinta y seis baterías de artillería empezaron la batalla por la colina 304. El bombardeo duró de forma continua dos días y dos noches. Después de la guerra se estimó que unos 10.000 soldados franceses perdieron su vida defendiendo la colina, pero todavía tardaron los alemanes tres días más en tomar este punto estratégico.

Se emplearon los mismos métodos que en Mort-Homme, que pasó a manos alemanas el 20 de mayo. La batalla fue muy dura y hubo muchas pérdidas en ambas partes.

BATALLA CONTINUA

La batalla de Verdún había durado cien días y a finales de mayo las pérdidas alemanas eran de unos 174.000 hombres. Era obvio que el plan de Falkenhayn de desangrar al ejército francés en Verdún había fracasado. En realidad parecía que era el ejército alemán el que se desangraba, pero el alto mando no lo veía así y preparó más ofensivas.

ATAQUE CON GRANADAS DE GAS EN EL FUERTE DE SOUVILLE

Mientras tanto, la batalla continuaba también en la orilla oriental del Mosa. Un duro combate tuvo lugar en los alrededores de Thiaumont, Froide Terre y el pueblo de Fleury, que cambió de manos diecisiete veces y quedó demolido. Los alemanes planearon ahora un ataque al fuerte de Souville, el último fuerte del anillo defensivo exterior alrededor de Verdún.

El ataque iba a tener lugar en un frente de sólo 600 metros, pero el tiempo empeoró y una fuerte tormenta transformó el terreno en un mar de barro, por lo que se tuvo que demorar el ataque. Las tropas atacantes, que ya estaban en sus puestos para la ofensiva, recibieron órdenes de permanecer donde se encontraban con el fin de mantener el elemento sorpresa. Esto significaba que tenían que permanecer día tras día sin refugio ni alimentos, con la ropa húmeda y expuestos al fuego constante de la artillería francesa; así pues las pérdidas fueron considerables antes incluso de comenzar el combate. La moral se hundió del todo. Finalmente, la artillería alemana empezó a bombardear en la mañana del 10 de julio y disparó

El zepelín alemán L-12, camino de bombardear Gran Bretaña.

El capitán de fragata Strasser, jefe de la sección aérea de la marina alemana. Su zepelín, el L-70, fue derribado en Gran Bretaña, se incendió y mató a Strasser.

unos 63.000 proyectiles con gas venenoso. Las tropas francesas, sin embargo, llevaban puestas máscaras de gas, por lo que el efecto de éste fue limitado y cuando la infantería alemana atacó ellos se precipitaron en una horrible barrera de fuego, sufriendo espantosas pérdidas. Un nuevo intento de tomar el fuerte el día 13 de julio también fracasó y los atacantes fueron obligados a retroceder con sangrientas pérdidas.

Los alemanes no consiguieron entrar más en el fuerte de Souville. El general Falkenhayn se fue consciente de que su plan había fracasado, aunque era demasiado tarde para los 600.000 soldados franceses y alemanes que habían sacrificado sus vidas por esta batalla sin sentido. Falkenhayn decidió detener toda ofensiva en ese momento y restringir la acción para consolidarse y defenderse. La Operación Gericht no había tenido valor y no se habían obtenido resultados tangibles. El 27 de agosto Falkenhayn fue relevado del mando y trasladado a Rumania. Fue sustituido por los héroes de Tannenberg: Hindenburg y Ludendorff.

Restos del L-70 derribado.

Los grandes hombres de los aliados. De izquierda a derecha: el mariscal Joffre, el presidente Poincaré, el rey Jorge IV, el general Foch y el general Haig.

BATALLA SANGRIENTA DEL SOMME

La mala situación de los aliados provocó que el general Joffre pidiera una conferencia de todos los comandantes aliados para trazar planes para 1916 que les dieran la iniciativa.

Después de la ofensiva alemana en Verdún, en la cual los franceses habían sufrido muchas pérdidas, él quería una ofensiva conjunta de franceses y británicos en el Somme para aliviar la presión en el frente de Verdún. Joffre en persona visitó al comandante en jefe británico Haig y acordaron que los británicos estarían preparados antes del 1 de julio, día en que comenzaría la ofensiva, y los franceses prepararían un segundo ataque por el sur varios días después, que les llevaría probablemente a sorprender a los alemanes. Haig no

El general Haig a caballo durante una inspección en el frente.

Los generales Haig y Foch con Joffre a la salida del cuartel general de éste, donde habían hablado sobre la apertura de un segundo frente en el Somme.

El general Rawlinson, comandante del nuevo IV Ejército británico, que se desplegó en el Somme para unirse al VI Ejército francés.

El general Rawlinson con varios de sus oficiales, que llegaron a familiarizarse en el Somme.

Un cañón francés de 400 mm, utilizado en el Somme. La batalla comenzó el 25 de junio de 1916 con una barrera de fuego de artillería que duró siete días.

Batería de obuses británicos durante la barrera de fuego inicial. La artillería británica disparó más de un millón de proyectiles sobre posiciones alemanas.

Un «kite» británico, o globo de observación, con dos observadores de tiro de artillería en el Somme.

Almacén de municiones británicas en el Somme.

Unos artilleros trasladando un pesado proyectil de obús de 15 pulgadas.

estaba seguro de este último punto, porque temía que los franceses no cumplieran su promesa abandonando a los británicos para que soportaran lo más duro y unirse más tarde para festejar la victoria. Aunque ambos estaban de acuerdo sobre el momento y el objetivo de la ofensiva: llegar a la línea de Bapaume-Péronne-Han, con los franceses atacando Péronne y los británicos en Rancourt-Combles.

Los británicos reunieron una impresionante fuerza de tropas para la batalla del Somme.

Tropas indias en bicicleta, en la carretera de Mametz; julio de 1916.

Izquierda: Granadas preparadas en la trinchera.

El comienzo de la ofensiva del Somme era vital para que Joffre aliviara la presión sobre los franceses en Verdún, que iba aumentando a causa de tantas pérdidas. Era extremadamente importante aliviar la presión en ese frente. La falta de confianza de Haig no era del todo infundada, ya que Joffre le informó después de que las veintidós o veintiséis divisiones francesas acordadas no estarían disponibles por más tiempo después de las grandes bajas en Verdún y que la contribución francesa se limitaría a doce divisiones.

Mientras tanto, además del III Ejército, los británicos habían creado un IV Ejército bajo el mando del general Rawlinson (diecisiete divisiones y tres en reserva), que se desplegó a lo largo del frente en unos 30 km desde

Refuerzos franceses camino del frente del Somme.

Tropas británicas esperan en sus trincheras la señal para atacar.

Izquierda: Zapadores británicos camino de la línea del frente, para colocar alambradas de espinos.

Los franceses también están preparados para la señal de ataque.

Puesto de observación británico en una trinchera bien construida.

Cuenta atrás: una mina explota debajo del reducto de Hawthorn. La batalla del Somme está a punto de comenzar.

Los británicos hacen explotar una mina debajo de una posición alemana en Beaumont-Hamel; 1 de julio de 1916.

Tropas australianas en el frente, justo antes de empezar el ataque.

«Salto de trinchera» en el Somme, 1916. Sólo unos cuantos regresaron.

el Somme por el sur, donde se uniría al VI Ejército francés hacia Comme-
court en el norte, donde estaba situado el III Ejército británico.

Los preparativos británicos fueron impresionantes. En oposición al
modo de actuar en Gallípoli, que fue un fracaso, la logística de la batalla del
Somme no dejaba nada al azar. Haig tenía grandes almacenes de provisiones en la zona que rodeaba Albert y Amiens y se aseguró de que hubiera
buenas líneas de comunicación. Unos 1.000 cañones, 180 piezas de artille-

ría pesada y 245 obuses enormes fueron desplegados con la impresionante cantidad de tres millones de proyectiles. Se prepararon posiciones de lanzamiento para las tropas que participarían en la batalla. La 29.ª División, que había sido diezmada en Gallípoli, se había recuperado, se había reequipado y estaba en la línea. Los llamados «batallones de Pal» del ejército de Kitchener se encontraban también entre las tropas de asalto. Para muchos de ellos ésta sería su primera experiencia en la guerra.

El plan de Haig era atravesar las líneas del enemigo el 1 de julio después de una barrera de fuego de la artillería que iba a durar al menos siete días.

Algunos nunca salieron de su trinchera.

El primer grupo dejó sus trincheras con calma, como si fueran a pasear, hacia una muerte casi segura.

Los británicos y los franceses abandonaron sus trincheras a las 7,30 h. para atacar a la línea alemana.

Un segundo grupo de ataque, todavía confiados en la victoria...

Derecha: ...sin cubrirse y muy ordenados, como si se tratara de un ejercicio.

Grupo tras grupo abandonaron sus trincheras para ser barridos sin piedad por las ametralladoras alemanas.

Reservas esperando la orden para trasladarse al frente.

Los pocos supervivientes que intentaban desesperadamente encontrar una abertura en las alambradas de espinos alemanas que todavía no habían sido dañadas a pesar de siete días de duros bombardeos...

...también murieron. Los alemanes tenían un campo de fuego sin obstáculos en la tierra de nadie.

Se pensaba que una poderosa barrera de fuego de la artillería haría trizas a los alemanes y por tanto no se anticipaba ninguna resistencia. Las tropas atacantes iban a tomar las trincheras alemanas, a ocuparlas y luego les empujarían a 10 km, hacia Bepaume. Haig y sus oficiales estaban convencidos de que sería más o menos «pan comido» para la infantería, y ordenó que se adelantaran grupos de ataque en orden. La intención era que los cañones se ocuparan de las alambradas de espinos y de las trincheras alemanas, mientras la artillería pesada se ocuparía de la artillería enemiga y ciertos refuerzos. El ataque de la infantería iba a ser precedido por una barrera de fuego móvil, siguiendo las tropas atacantes al fuego de la artillería mientras el enemigo se cubría.

Los alemanes enviaron refuerzos al Somme rápidamente después del primer ataque británico. Tropas en ruta desde Verdún al Somme.

Refuerzos alemanes camino del Somme. Estos soldados todavía llevan puestos los cascos antiguos.

Derecha: La barrera de fuego británica tuvo poco efecto en los profundos refugios de hormigón de los alemanes.

Todo parecía muy sencillo, pero Haig no se había enterado de lo que había sucedido con una barrera similar al comienzo de la ofensiva alemana de Verdún. Si lo hubiera hecho, podría haber sido menos optimista y miles de hombres jóvenes no hubieran muerto innecesariamente en la flor de su juventud o no hubieran sufrido mutilaciones. El territorio elegido cerca del Somme no era el terreno idóneo para una ofensiva. Los alemanes mantenían posiciones favorables y habían cavado en las colinas cretáceas. Una vez más, los británicos fracasaron a la hora de decidir con inteligencia. Durante la barrera de fuego de la artillería antes del ataque se prestó muy poca atención a los informes de las patrullas de reconocimiento sobre

Refugios subterráneos alemanes en el frente alemán.

Obús alemán de 210 mm en el Somme.

Una trinchera alemana de comunicación que lleva a una batería de obuses.

Soldados alemanes intentan acomodarse en el frente lo mejor posible empleando madera y hierro ondulado.

Derecha: Un proyectil pesado explota entre las tropas británicas atacantes.

Al terminar el 1 de julio, había 21.392 soldados británicos muertos y 35.500 heridos.

La artillería alemana espera pecientemente a los atacantes.

La artillería alemana dispara al frente de trincheras británicas y a la zona posterior.

Soldados británicos heridos intentan retroceder gateando a sus propias líneas.

Los alemanes utilizan un lanzallamas en una contraofensiva.

Muertos por la explosión de un proyectil en las proximidades.

los alemanes, los cuales todavía estaban en sus refugios y no parecía que la alambrada estuviera dañada. El general Hunter Weston, al mando del VIII Cuerpo, cometió el mismo error en Gallípoli. Fue demasiado optimista y no se preocupó de examinar los informes personalmente. Él informó de que la alambrada de espinos alemana de su sector estaba totalmente destruida y que sus tropas podían «pasar sin llamar», cuando en realidad la alambrada de espinos seguía y causaría la muerte de muchos hombres. El hecho es que Haig supuso que lo de la alambrada de espinos estaba resuelto y así lo anotó en su diario el 30 de junio.

Los preparativos británicos no habían pasado inadvertidos a los alemanes, por supuesto. La zona del Somme había estado muy tranquila hasta entonces y los alemanes se habían aprovechado de ello para organizar y

Izquierda: Uno de los 21.392 soldados que no regresaron.

Soldados muertos en tierra de nadie.

Llegó a la línea alemana, pero no pudo atravesarla y fue asesinado.

Una tumba hecha apresuradamente para un compañero caído.

Soldados británicos muertos en el Somme cerca de Arras.

La batalla continúa: Ordenanzas enfermeros británicos llevan a los heridos durante un ataque de gas.

Sólo queda una mano, casi suplicando que se le saque.

Un soldado muerto y otro herido esperando a que se lo lleven.

Derecha: Las ambulancias iban de un lado a otro recogiendo heridos.

construir posiciones defensivas. Las posiciones estratégicas tenían puestos de ametralladoras y había profundas trincheras de comunicación, con refugios subterráneos para los hombres a 10 m de profundidad para protegerles de los proyectiles. Finalmente, las trincheras se protegieron muy bien con obstáculos de alambre de espinos. En resumen, las defensas alemanas estaban excelentemente preparadas para la defensa contra los atacantes.

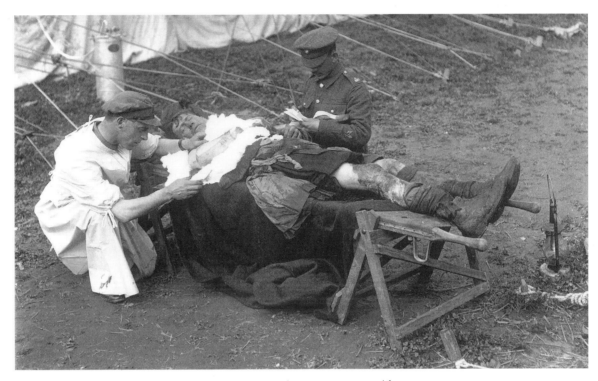

Un soldado herido recibe primeros auxilios en un puesto de socorro cercano al frente.

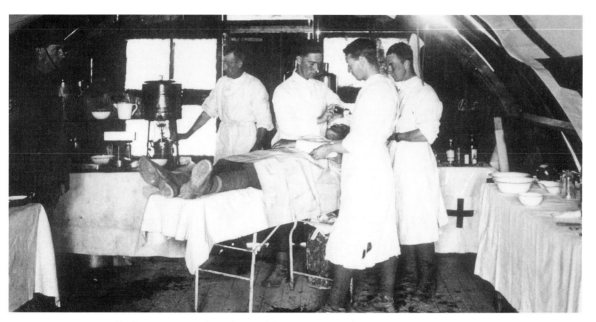

Tienda de operaciones de un hospital de campaña en el Somme.

Humor alemán en el Somme: «No os enfadéis ni os sorprendáis».

Derecha: Catedral de Péronne destruida.

Humor agudo británico en la adversidad.

Trinchera francesa en el Somme.

Otro ataque más: las tropas británicas se preparan contra los alemanes, que avanzan.

Un oficial británico da instrucciones a sus hombres antes del ataque.

Soldados británicos colocan botes de metralla en cilindros construidos especialmente para ellos ante su oficial, mientras preparan el lanzamiento de un ataque de gas.

Nuevo ataque británico bajo una cortina de humo.

Un invento nuevo se utilizó por primera vez en el Somme: el lanzallamas británico; 1 de julio de 1916.

Haig dio sus últimas instrucciones a sus oficiales al mando de los Ejércitos III y IV el día 16 de junio y propusieron los objetivos una vez más. El bombardeo de la artillería de las posiciones alemanas comenzó el 25 de junio. Más de un millón de proyectiles de todos los calibres se dispararon continuamente durante siete días. La zona entera estaba cubierta de humo y llamas y parecía imposible que alguien pudiera sobrevivir. Finalmente, amaneció el día 1 de julio, el día que ahora está escrito en la historia militar británica como el mayor desastre de todos los tiempos. Fue el día en el que la confianza en sí mismos de los británicos se perdió y nunca se recuperó. El día en el que 20.000 hombres jóvenes ya nunca más volverían a ver el sol.

Ataque de gas alemán en el Somme, en 1916.

El barro también dificultaba el transporte en el Somme.

Sólo unos cuantos regresaron.

Nada, a excepción de muerte, destrucción, hedor y barro sin fin.

UNO DE JULIO

El 1 de julio amaneció con el cielo azul y un sol brillante. A las 7,30 h. en punto los hombres recibieron órdenes de atacar. Abandonaron sus trincheras y se dirigieron hacia las del enemigo bajo una nube de humo y detrás de una barrera de fuego móvil de la artillería. Al VI Ejército francés, bajo el mando del general Remile Fayolle en el sur del Somme, le iba bien, pero en el lado británico donde soldados reclutados luchaban por primera vez (Gran Bretaña introdujo el reclutamiento el 12 de enero de 1916) todo parecía ir mal. La barrera de fuego móvil, de la cual Haig había esperado tanto y formaba una parte importante en su plan, se movió con demasiada rapidez y llegaron a las líneas alemanes mucho antes que la infantería. Por tanto, los alemanes pudieron reocupar sus trincheras y tuvieron tiempo suficiente para dirigir sus ametralladoras hacia sectores específicos. Los soldados británicos, en consecuencia, llegaron a los alemanes completamente desprotegidos en campo abierto y en grandes andanadas, siendo barridos a miles. Siguieron nuevas líneas, fueron diezmados igualmente y sin embargo todavía siguieron llegando líneas nuevas. De las diecisiete divisiones británicas atacantes sólo cinco alcanzaron la primera línea de trincheras alemanas. Las otras doce no fueron más allá de la tierra de nadie y muchos estaban muertos incluso antes de haber abandonado sus propias trincheras. Más tarde los soldados alemanes se sintieron espantados por esa forma sin sentido con la que les atacaron los británicos. Ni siquiera era necesario que los alemanes apuntaran a sus víctimas y cuando finalmente los británicos retrocedieron los alemanes dejaron de disparar para evitar más bajas.

Izquierda: Paisaje melancólico y desfigurado en el cual los hombres tuvieron que vivir, luchar y finalmente morir casi con seguridad.

Tropas británicas durante una tregua en la lucha de abril de 1917 en Tilloy.

Las trincheras se llenaban de agua, de barro y de tumbas.

Cráteres de mina llenos de agua en Mametz.

Lo que quedó de Beaumont-Hamel después de la batalla.

Los soldados del frente procuraban sentir la sensación de que estaban en casa mientras luchaban.
Soldados australianos preparando té en su trinchera.

Cuando terminaron los ataques británicos ese día, 21.392 jóvenes soldados británicos habían muerto y había unos 35.500 gravemente heridos en el campo de batalla. Sus gritos pidiendo ayuda se pudieron oír durante días desde la tierra de nadie, sin que llegara la ayuda. Finalmente, se hizo el silencio a medida que morían por pérdida de sangre, agotamiento o falta de agua.

Si Haig hubiera hecho un estudio más exhaustivo de la batalla de Verdún, hubiera sido consciente de que la barrera de fuego de artillería pesada, sin importar lo severa que fuera, no tenía efecto sobre las posiciones

El primer ministro francés, Clemenceau, durante una visita al frente.

Las condiciones del frente eran cada vez más insoportables a medida que llegaba el invierno.

Esperando un ataque.

La sopa se llevaba al frente en burro.

defensivas bien preparadas que se habían anticipado. En Verdún los france-ses habían sufrido un fuerte bombardeo y sorprendieron a los alemanes después por su presencia. Los alemanes también habían esperado que fue-ra «pan comido» y se engañaron por ello. Las alambradas de espino france-sas no sólo no aparecían dañadas sino que además era difícil que penetra-ran los proyectiles. Se podía haber aprendido una lección de aquello, pero ni siquiera se pensó en ello. Durante el ataque las comunicaciones fracasa-ron totalmente. Haig pensaba que el 8.° Cuerpo estaba todavía en sus trin-cheras el 2 de julio cuando en realidad ya habían muerto 14.000 hombres. Incluso el 3 de julio Haig todavía no tenía una visión global de la batalla y ordenó que continuara la lucha. Como resultado de ello, 3.000 hombres atacaron esa mañana hacia Ovillers. Una hora más tarde, 2.400 de ellos morían. El general Rawlinson, al mando en la batalla, empezó a pensar entonces que quizá estaba ocurriendo un desastre.

Las terribles cifras de bajas no eran razón para detener la lucha, según Haig, y por tanto el Somme se convirtió en una repetición de Verdún. Cada vez más ataques inútiles y cada vez más pérdidas con ataques que duraron hasta finales de octubre, mientras el tiempo empeoraba y el terre-ro se hacía intransitable. Se detuvo cuando la provisión de hombres estaba casi «agotada» por completo. Cuando sucedió esto, finalmente las pérdidas

Caballos de carga en Méricourt, 1916.

El Somme, 1916: carreteras bloqueadas, tropas, ambulancias y barro.

Muchos hombres gravemente heridos se dejaban al aire libre por falta de espacio. Muchos morían de frío o por falta de ayuda médica.

Oficial británico herido transportado por prisioneros de guerra alemanes.

Trinchera alemana bombardeada por los británicos cerca de Avilliers.

Prisioneros de guerra británicos ayudan a un soldado alemán gravemente herido entre sus compañeros muertos.

Prisioneros de guerra alemanes son trasladados a la retaguardia. El infierno del Somme ha terminado para ellos.

Un oficial alemán da fuego a un soldado raso herido en el cuello.

británicas alcanzaban 400.000 muertos, heridos y desaparecidos. Los franceses perdieron a 200.000 hombres y las pérdidas alemanas se estimaron en 600.000: un total de 1.200.000 hombres. Los británicos sólo avanzaron 10 km con un coste de 40.000 hombres por kilómetro.

La batalla del Somme no se había terminado todavía. Los alemanes retrocedieron durante el invierno a una nueva línea de defensa, la línea de Hindenburg. La zona que dejaron libre ellos fue ocupada por los aliados sin combate alguno en marzo de 1917, pero durante la ofensiva de marzo de 1918 los alemanes hicieron retroceder a los aliados de estas posiciones en un solo día y en el transcurso de dos semanas les hicieron retroceder más de 50 km. Una vez más, miles de soldados murieron en el campo de batalla del Somme y hasta noviembre de 1918 no llegó el fin.

LA RAZA BRITÁNICA

Haig era criticado de forma continua y tremenda. Incluso hoy el debate sobre su mando no permanece en silencio. En sus propios diarios escribió que la lucha en el Somme mereció la pena, porque los alemanes se vieron obligados a retirar tropas y artillería de Verdún, ya que eran incapaces de

El triste final de una batalla triste: cementerio alemán con 500 tumbas de aquéllos que nunca regresaron.

El famoso general ruso Brusilov, quien empezó una ofensiva el 4 de junio de 1916 con cuatro ejércitos en un frente de más de 325 km. Al principio la ofensiva tuvo mucho éxito.

continuar esa ofensiva. Es cierto. Los alemanes se vieron obligados en un momento crítico a trasladar seis divisiones y artillería pesada desde la ofensiva de Verdún para defender sus líneas en el Somme. Sin embargo, se duda de si ésta es la razón por la que la ofensiva de Verdún se detuvo en noviembre.

Haig daba una segunda razón fundamental: los alemanes se vieron obligados a sufrir grandes bajas. Esto también es cierto, pero fue el precio de pérdidas equivalentes que fueron difíciles de sustituir, haciendo esencial la participación de América. Es realmente cierto que los británicos y los franceses no podían haber continuado la guerra sin ayuda americana y lo admitían en su petición al presidente de EE.UU. Finalmente, Haig declaraba que era esencial demostrar al mundo que los aliados eran capaces de crear y continuar una gran ofensiva con el fin de demostrar a todos el espíritu luchador de la raza británica. Esa raza británica estuvo a punto de autodestruirse en 1916 y dependía totalmente de la ayuda americana.

OFENSIVAS DE BRUSILOV

OFENSIVA DE JUNIO

Durante las conversaciones de 1915 entre el general Joffre y los comandantes aliados sobre planes militares para 1916, los rusos e italianos estuvieron de acuerdo en ir a la ofensiva para presionar a los alemanes duramente en todos los frentes al mismo tiempo.

Según estos acuerdos y siguiendo una petición urgente de los italianos para aliviar la presión en su frente, los rusos comenzaron una importante ofensiva el 18 de marzo de 1916 en el lago Naroc, pero fue desastrosa con la pérdida de 100.000 hombres y más de 10.000 prisioneros. Esto se debió a la falta de coordinación entre la artillería y la infantería, lo que dio como resultado que la infantería fuera atacada por los de su propio lado. Como el ataque se llevó a cabo en un frente pequeño, dio como resultado que los rusos fueran bombardeados en tres lados por la artillería alemana. Los rusos perdieron 15.000 hombres en las primeras ocho horas de la ofensiva y la matanza continuó cuando se enviaron refuerzos para enfrentarse en las

Tropas rusas entran triunfantes en una ciudad conquistada.

Oficiales austrohúngaros con prisioneros de guerra rusos.

Escasez de alimentos en una ciudad ocupada por los rusos.

mismas condiciones. Al finalizar ese mes, los rusos tuvieron que detener la ofensiva. Las condiciones en las que se había luchado eran horrendas y unos 11.000 hombres murieron de frío. Varios días después los alemanes lanzaron un contraataque, en el cual recuperaron todo el terreno que habían perdido.

NUEVOS INTENTOS

Los rusos lo intentaron de nuevo en junio. Bajo el mando del general Brusilov crearon una ofensiva importante contra las tropas austrohúngaras en un frente de 323 km, desde las zonas pantanosas de Pripet a Bukovina. Brusilov lanzó dos ataques simultáneos con cuatro ejércitos: el VIII en Luzk (15 divisiones); el XI en el sur (9 divisiones), el cual creó una cabeza de puente sobre el río Turya en Sopanov; el VII (10 divisiones y media) en Galitzia oriental al oeste del río Tarnopol, y el IX Ejército (14 divisiones) entre el río Dnjestr y la frontera rumana. Para enfrentarse a estas cuarenta y ocho divisiones rusas había treinta y ocho divisiones austrohúngaras de los ejércitos IV, I, II y VII, y el ejército alemán del sur.

Derecha: El archiduque austrohúngaro Frederick visita el frente dolomita.

El emperador Carlos de Austria, inspeccionando tropas alemanas en el Tirol.

La ofensiva rusa fue precedida el 31 de mayo por una acción de diversión seguida de una barrera de fuego de artillería con 1.938 cañones disparando a las líneas austrohúngaras. Duró un día entero y destruyó gran parte de las posiciones austrohúngaras, sufriendo considerables pérdidas de soldados en el frente. Los rusos atacaron a las tres primeras líneas de defensa, cogieron 55.000 prisioneros y capturaron muchos cañones. El pánico se extendió entre los austrohúngaros y su IV Ejército, que se enfrentaba al VIII Ejército ruso, se dio la vuelta, pero fue apresado intacto. El XI Ejército ruso también tuvo éxito al penetrar en Sapanov, capturar 15.000 prisioneros y ocupar la ciudad de Dubno.

El IX Ejército ruso se enfrentó al VII Ejército austrohúngaro, compuesto de tropas selectas bajo el mando del famoso general Pflantzer, que tenía la misión de defender la línea entre Dnjestr y los Cárpatos. A pesar de la artillería inferior (150 cañones pesados y medios frente a 47 cañones pesados rusos), los austrohúngaros fueron abatidos de forma decisiva por los rusos. Penetraron directamente en el VII Ejército y cogieron casi 100.000 prisioneros de guerra. Un malentendido en las órdenes causó más pánico y el resto del VII Ejército huyó a la desbandada con toda su artillería el 7 de junio.

El 8 de julio los rusos llegaron a Dalatyn, a unos 50 km de la frontera húngara, y a finales de julio cayó la ciudad de Brody, en Galitzia oriental, donde cogieron 40.000 prisioneros. El 7 de agosto cayó la ciudad de Stanislau ante el VII Ejército ruso, el cual capturó 7.000 soldados austrohúngaros y 3.500 alemanes. El frente austrohúngaro, a unos 420 km, quedó fuera de su alcance.

Después de un breve descanso, en el cual Brusilov reforzó sus tropas y renovó sus fuerzas, empezó su campaña una vez más: tomó Bukovina y llegó a las montañas de los Cárpatos. Al mismo tiempo, los alemanes se habían apresurado a ir en ayuda de los austrohúngaros, mientras las provisiones se convertían en un problema para los rusos a causa de las líneas de abastecimiento, cada vez más distantes. Sus tropas se cansaban cada vez más y las reservas estaban exhaustas. Cuando Brusilov pidió refuerzos, no había nadie disponible, por lo que a finales de octubre se vio obligado a detener la ofensiva.

Las pérdidas rusas fueron enormes, alcanzando un millón de muertos, heridos o desaparecidos. Las pérdidas austrohúngaras fueron enormes también, llegando a 600.000 con 400.000 más que terminaron en campamentos rusos como prisioneros de guerra. En sus esfuerzos por ayudar a los austrohúngaros, los alemanes perdieron 350.000 hombres. Brusilov había roto la columna vertebral de las fuerzas armadas austrohúngaras y desde entonces en la doble monarquía se dependió de su aliado alemán, que ahora tenía la última palabra en el proceso de toma de decisiones y obligaba a escuchar a los austrohúngaros. Hindenburg fue nombrado comandante en jefe de todo el frente oriental hasta el Tarnopol. El archiduque Carlos continuó al cargo del frente del sur, pero con el general alemán von Seeckt como jefe, y en realidad eran los alemanes los que tenían el mando.

Las ofensivas de Brusilov tuvieron una consecuencia política posterior. Después de una difícil decisión, los rumanos decidieron abandonar su

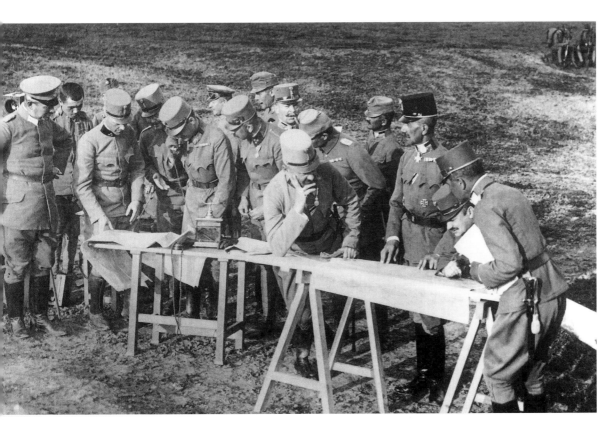

Cuartel general del frente del ejército austrohúngaro.

Soldados celebrando el 1 de mayo después de la revolución rusa de 1917.

neutralidad. Los éxitos rusos contribuyeron a esta decisión, junto con la promesa franco-rusa de importantes ganancias para Rumania después de la guerra, entre ellas Transilvania, Bukovina, Galitzia del sur y Benat, en el extremo sur de Bulgaria. Las dos grandes potencias tuvieron conversaciones secretas y decidieron no cumplir esta promesa.

La ofensiva de Brusilov fue el mayor éxito de toda la guerra, pero no hizo que llegara la paz.

ITALIA ENTRA EN LA GUERRA EN LA BATALLA DE ISONZO

Cuando estalló la guerra en 1914 Italia había declarado su neutralidad conforme a lo esperado. Como hemos visto anteriormente, en 1902 Italia había acordado en secreto con Francia que se mantendría neutral en caso de una guerra entre Alemania y Francia. Italia había estipulado ciertas condiciones,

El emperador Francisco José de Austria-Hungría murió el 21 de noviembre de 1916 a la edad de 86 años, después de gobernar durante 68.

El emperador fue enterrado con gran ceremonia el 30 de noviembre de 1916.

Coronación del emperador Carlos.

El emperador Carlos y la emperatriz Zita, durante la coronación.

El káiser Guillermo II y el emperador Carlos de Austria-Hungría, en 1917.

según las cuales decidiría si respetaba ese tratado o no. La realidad es que Italia velaba por sus propios intereses y el lado que le ofreciera más obtendría sus favores. Este lado finalmente resultó ser el de los aliados. Ofrecieron a los italianos el paso de Brenner como frontera natural, Trentino, Trieste, Istria y los puertos de Dalmacia, y también territorio turco en Asia Menor y parte

El emperador Carlos pasa revista a sus tropas de asalto, a punto de marchar al frente.

Las tropas de asalto utilizaron lanzallamas en la batalla de Isonzo.

El general Otto von Below visita el frente de Isonzo.

Soldados austrohúngaros en el frente italiano.

Tropas esquiadoras austriacas en la guerra contra Italia.

Posiciones austriacas en lo alto de las montañas.

Izquierda: Cañón austrohúngaro en el frente del Isonzo.

Transporte de mulas austrohúngaro en Asiago; mayo de 1916.

Los austrohúngaros llevaron rápidamente materiales y municiones al frente.

Heridos austrohúngaros prisioneros de los italianos.

Posiciones austrohúngaras en los Alpes italianos.

de las colonias alemanas. El pueblo de Italia estaba deseoso de entrar en la guerra y presionaban al rey y al Gobierno para que tomara parte. Finalmente, Italia rompió sus lazos con Alemania y Austria-Hungría, abandonando la Alianza Tripartita, con el fin de ponerse de lado de los aliados, el 24 de mayo de 1915.

Uno de los escenarios de la guerra en el que las tropas italianas lucharon contra las austrohúngaras en doce sangrientas batallas y al precio de cientos de miles de muertos y heridos, fue la batalla del río Isonzo.

369

El emperador Carlos visita el frente en Bukovina.

Este río corría en esa época por territorio austrohúngaro a lo largo de la frontera con Italia, desde el golfo de Venecia por el sur a los alrededores de Piezo por el norte. Los italianos esperaban conseguir el gran puerto de Trieste y después avanzar hacia Llubljana.

Los italianos entraron en la guerra el 23 de junio con una ofensiva de unos 250.000 hombres en la primera batalla de Isonzo. Llegó a su fin el 7 de julio con una pérdida de 25.000 hombres por ambas partes sin haber penetrado los italianos. Los italianos intentaron penetrar otras veces ese mismo año y les costó unos 240.000 hombres sin éxito. Se hicieron más intentos en 1916 y 1917 con ataques masivos y costando muchas vidas, pero de nuevo sin resultados. Por otro lado, el 24 de octubre de 1917 los alemanes enviaron una gran fuerza para apoyar a la ofensiva austrohúngara. Después

Die Offensive am Isonzo: Trommelfeuer auf die feindl. Linien vor dem Sturm. 4984

Barrera de fuego de la artillería austrohúngara en el frente del Isonzo.

Las familias de los reservistas austrohúngaros se despiden de ellos cuando marchan al frente.

Muchos no regresaron.

Soldados austrohúngaros examinan un bombardero italiano derribado.

de una andanada de fuego de la artillería que duró cuatro horas, en la cual se utilizó mucho el gas, los italianos se habían retirado unos veinte kilómetros y los alemanes habían tomado la ciudad de Caporetto y hecho 260.000 prisioneros de guerra. Fue aquí donde el *oberleutenant* alemán Erwin Rommel, que se hizo famoso en la Segunda Guerra Mundial como general, atacó la cumbre de una colina y capturó 3.000 prisioneros de guerra, y al día siguiente durante su avance capturó 9.000 hombres más.

El 27 de octubre los italianos se vieron obligados a renunciar a sus posiciones en el Isonzo. La batalla les había costado la vida a unos 200.000 italianos y austrohúngaros, y 200.000 soldados italianos más desertaron. Este mal final causó una importante crisis en Italia.

El apoyo de sus aliados británicos y franceses detuvo finalmente el avance austrohúngaro y la lucha cesó el 18 de junio, dando como resultado tiempos más tranquilos. Hasta el final de la guerra en octubre 1918 la fuerza unida de italianos, británicos y franceses no hizo retroceder a los austrohúngaros al Isonzo, haciendo 300.000 prisioneros de guerra y capturando gran cantidad de artillería. Cuando se terminó la guerra, las bajas italianas llegaban a 615.000 muertos y casi un millón de heridos. Fue un triste final para lo que había comenzado con tanto entusiasmo en respuesta al deseo del pueblo italiano.

Los soldados estaban sucios y tenían piojos, las ratas eran una plaga. Aquí, soldados despiojándose en el frente italiano.

GUERRA EN EL MAR

Enfrentamiento de la Grand Fleet y la Hochsee Flotte

PLANES DE LA ARMADA ALEMANA

Alemania era una nación ascendente en el siglo XIX. Con más de una tercera parte de su población con menos de 15 años y con un crecimiento de población de cuarenta y un millones en 1871 a sesenta y ocho millones a finales de 1914, Alemania se había convertido rápidamente en un exportador muy industrializado que estaba descubriendo que cada vez era más problemática la provisión de materia prima. El crecimiento de las exportaciones alemanas era enorme y superaba a las de Estados Unidos, Gran Bretaña y Francia.

Este crecimiento preocupaba mucho a algunos en Gran Bretaña, especialmente cuando la industria química alemana empezó a ganarse el mercado que anteriormente era de compañías británicas. Alemania ocupaba una buena posición en los mercados que antes dominaban los británicos, como los de equipamiento eléctrico o textiles, y también se convirtieron en fiero competidor de los británicos en la construcción de barcos. En algunos casos Alemania exportaba más mercancías a mercados que antes eran exclusivamente británicos que los británicos mismos.

Un U-boot se aproxima a la base submarina alemana de Zeebrugge.

U-boots alemanes en Zeebrugge.

Es obvio que este rápido crecimiento causaba una demanda creciente de materia prima. Alemania llegó a depender cada vez más de países extranjeros y de la marina mercante británica.

Era lógico desde un punto de vista de negocio que Alemania necesitaba sus propios medios de navegarción. El primer paso fue empezar a construir su propia flota mercante, lo cual dio como resultado un mayor crecimiento de la industria de astilleros alemanes y de puertos alemanes que competían cada vez más con otros países, y especialmente con Gran Bretaña. La política económica era el centro de la política exterior alemana. Con el rápido crecimiento de su población Alemania ya no podía restringirse a Europa y creyó que era esencial desarrollar una «política mundial». No todo el mundo apreció este punto, de hecho se intentó obstaculizar u oponerse a esta política, como en el caso de un contrato de Kiow Chow en 1897, y los esfuerzos alemanes de 1898 por establecerse en las islas Salomón, la apertura de una misión comercial en Filipinas, la creación de estaciones de abastecimiento de combustible en Aden, a lo largo del Golfo Pérsico, por la ruta de la India, etc. Por todas partes los alemanes se encontraban con la oposición de Rusia, de Japón y de Gran

Carga de torpedos en Zeebrugge.

Bretaña, y era prácticamente imposible lograr la expansión económica necesaria por medios pacíficos.

Por tanto, no debe sorprender que Alemania creyera que era necesario para sus colonias y para su propia armada proteger las rutas comerciales hacia sus colonias. En aquellos días la política exterior sin el respaldo de una poderosa armada era imposible y todos los países de cierta importancia tenían su propia armada.

El deseo de tener su propia armada pasó a un primer plano súbitamente cuando dos buques mercantes alemanes fueron detenidos en la costa de Sudáfrica por dos buques de guerra británicos a finales de diciembre de 1899 y fueron escoltados hacia Durban. Estas noticias cayeron sobre los alemanes como una bomba y la prensa protestó enérgicamente. Cuando un tercer buque mercante fue detenido varios días después, el Gobierno alemán entregó una protesta formal sobre lo que describía como «piratería en alta mar». Los británicos se excusaron y liberaron a los barcos a principios de enero, pero el daño ya estaba hecho. El pueblo alemán respaldaba totalmente al almirante von Tirpitz, quien escribió en un informe que era claramente imposible dirigir el comercio exterior y operar en las colonias sin una poderosa armada.

Abastecimiento de un U-boot en el mar.

Punto de reunión en el mar con mal tiempo.

El barco de vela danés *Marie*.

Tirpitz ya había planeado una flota en 1897 y había sido aprobada al año siguiente por el Reichstag. En 1900 siguió adelante con su segunda propuesta de ley naval. El punto fundamental era que la flota alemana sería lo suficientemente grande como para disuadir un ataque de otra potencia. Simultáneamente, insistía en que mientras se estaba construyendo la flota nada debería hacerse que dañara a los intereses británicos. La relación con Gran Bretaña debería mantenerse con cuidado y Alemania no se armaría excesivamente ni provocaría una agresión.

La ley naval de Tirpitz concebía una proporción de dos buques de guerra alemanes por tres británicos. La flota alemana no necesitaba ser superior, pero sería arriesgado atacar a la flota británica. Esa flota, por tanto, sería un factor a tener en cuenta y era precisamente lo que se requería para aplicar la nueva «política mundial» en calidad de gran potencia.

Sin embargo, en Gran Bretaña los planes del almirante se consideraban como una amenaza a la supremacía naval británica y los británicos no

¡Enemigo a la vista! La tripulación prepara el cañón.

Un U-boot dispara a un buque mercante.

estaban dispuestos a que sucediera. En 1908 los británicos decidieron introducir los «Two Power Standard», con los cuales la armada real británica iba ser tan fuerte como las flotas combinadas de las armadas más fuertes de otros países. Desde este momento comienza una carrera de armas entre los dos países, que iba a terminar en desventaja para Alemania.

En 1912 parecía posible un acuerdo entre los dos. Alemania tomó la iniciativa de unas conversaciones que intentarían poner fin o reducir el costoso programa de construcción de flotas. Aunque estas conversaciones

Derecha: Los proyectiles caen alrededor del barco en el que posteriormente harán blanco.

Sala de máquinas de un U-boot en marcha.

iban bien inicialmente y el ministro delegado británico, Haldane, envió informes esperanzadores de progreso prometedor, nada salió de ellos, en gran parte por la oposición del ministro de Asuntos de Exteriores, Edward Grey, quien veía que se arriesgaba su política de *entente* con Francia y desconfiaba profundamente de Alemania.

Los planes del almirante Tirpitz para la armada estuvieron condenados al fracaso, finalmente. Una vez que se aprobó la construcción, parecía que Alemania no podía encontrar el dinero. Entonces los británicos botaron el «dreadnought» en 1906, un concepto de buque de guerra completamente nuevo. El «dreadnought» no sólo era mucho más rápido sino que también llevaba armas más pesadas que cualquier buque de guerra existente en su época, significando que los nuevos barcos alemanes eran muy inferiores a los barcos británicos. El prestigio de Tirpitz decayó y finalmente tuvo que admitir que las armadas británica y francesa combinadas serían un formidable oponente para la flota alemana.

Resulta bastante evidente que los británicos exageraron mucho la amenaza del programa de construcción de la flota alemana y esto está respaldado en un documento escrito por Churchill, en el cual desprecia la falsedad y exageración de un informe del Almirantazgo británico, que compara la armada real británica con la flota alemana, en el cual se declara que los alemanes poseerían veintiún «dreadnoughts» en 1912. Describe el informe como parte de una política agresiva de los conservadores, que hubieran causado pánico a la armada real británica. Concluía que la seguridad nacional de Gran Bretaña no estaba amenazada de ninguna manera por la expansión naval de Alemania y que las indicaciones que se daban eran por razones políticas de partido. El informe del Almirantazgo estaba equivocado. En 1912 Alemania sólo tenía doce «dreadnoughts» y no veintiuno, como había indicado el Almirantazgo británico.

Sin embargo, los británicos no tenían en cuenta que Alemania necesitara una gran flota y que su construcción pudiera, por tanto, ser ofensiva y dirigida a Gran Bretaña solamente. Según los británicos, la expansión de la marina alemana desequilibraba el poder existente, pero en realidad no había equilibro porque los británicos poseían la marina más fuerte del mundo e intentaban mantenerla a cualquier precio. No se podía permitir que ningún país fuera demasiado poderoso, porque pondría en peligro la extensa expansión colonial de Gran Bretaña. Una marina alemana poderosa era algo completamente descabalado para tal pensamiento británico.

Comida de oficiales a bordo del buque nodriza de un U-boot.

Uno de los cientos de buques mercantes hundidos por U-boots alemanes.

GUERRA TOTAL POR MEDIO DE SUBMARINOS

Cuando estalló la guerra en 1914 la armada real británica volvió a un plan que había sido aceptado por el Consejo de Guerra Imperial Británico como estrategia oficial en 1909. Este plan concebía un bloqueo económico completo a Alemania en caso de guerra con ese país.

El 3 de noviembre de 1914, cuando sólo habían pasado unos cuantos meses de guerra, los británicos pusieron en funcionamiento el plan. Declararon el mar del Norte y el canal de la Mancha como zona de guerra y realizaban severos registros en los barcos neutrales. Se exigía que los barcos neutrales informaran a la armada real británica de la entrada en

Supervivientes abandonando su barco hundido.

esta zona con el fin de inspeccionarlos. Todas las mercancías destinadas a Alemania eran decomisadas. Varios países, entre ellos Estados Unidos, Noruega y Suecia, protestaron contra estas medidas que contravenían la ley internacional, pero los británicos no prestaron atención.

El bloqueo era ilegal en la ley internacional, e inmoral. Era la primera vez que se declaraba objetivo de guerra a la población civil de un país (muchos miles de alemanes iban a morir de hambre por ello). Los británicos reconocieron esto, pero indicaban que era la guerra la que hacía vital el bloqueo.

En respuesta a esta medida británica, Alemania declaró zona de guerra a todas las aguas que rodean las islas Británicas, además del canal de la Mancha, y estaba prohibido para todo buque mercante enemigo, que sin excepción sería torpedeado por submarinos alemanes. Los alemanes añadieron que el acuerdo internacional conocido como «Cruiser Rules», por el cual se debería permitir primero que la tripulación llegara a los botes salvavidas, ya no se iba a contemplar, ya que esto suponía una gran amenaza para el submarino mismo.

Barco abandonado después de ser torpedeado.

Izquierda: Un U-boot dispara a un buque mercante.

ATAQUE CON TORPEDOS AL *LUSITANIA* (1)

Por desgracia, esta decisión significó que con frecuencia se atacara a los buques neutrales. El primer ejemplo fue un buque mercante noruego, entonces petrolero americano, y una semana más tarde, el 7 de mayo de 1915, el transatlántico británico *Lusitania*, con muchos pasajeros americanos a bordo, que viajaban de Nueva York a Liverpool. El ataque con torpedos a este barco, en el cual 1.198 pasajeros perdieron la vida, entre ellos 128 americanos, causó una profunda impresión en el Gobierno estadounidense, que exigió que Alemania abandonara inmediatamente su guerra submarina sin restricciones.

En Alemania también impresionó y se ofreció una compensación para las víctimas, pero los ataques contra buques mercantes enemigos continuaron. El 19 de agosto fue torpedeado el transatlántico británico *Arabic* y el 24 de marzo de 1916 el transatlántico británico *Sussex,* en el cual hubo de nuevo víctimas norteamericanas.

El Gobierno estadounidense dio un ultimátum, en el cual exigía la aplicación de las «Cruiser Rules» antes de utilizar torpedos o se romperían las relaciones diplomáticas. Esta vez los alemanes cedieron ante la presión y ordenaron a los capitanes de sus submarinos que no atacaran más barcos de pasajeros.

Sin embargo, a finales de 1916, después de las espantosas ofensivas de Verdún y el Somme, las cosas se volvieron contra Alemania en el frente y el alto mando alemán presionó para que se reanudara la guerra submarina sin restricciones. Bethmann Hollweg, canciller alemán, se oponía con fuerza a esta reanudación. Estaba convencido de que llevaría a los americanos a la guerra y se negó a dar su aprobación. Ésta fue una de las razo-

La tripulación de un barco mercante sube a bordo del *U-35*.

nes de la dimisión del almirante Tirpitz. Fue sustituido por el almirante von Capelle.

El comandante en jefe alemán continuó presionando sobre la necesidad de reanudar la guerra submarina sin restricciones. El almirante alemán Hennig von Holtzendorff, jefe del Estado Mayor naval alemán, había calculado que si los alemanes podían hundir 600.000 toneladas de barcos británicos cada mes, Gran Bretaña se vería obligada a detener la guerra después de cinco meses, por falta de alimentos y material. Declaró que el riesgo de que Estados Unidos entrara en la guerra era mínimo, ya que antes de que los americanos pudieran estar preparados se habría terminado la guerra. El 7 de octubre Alemania decidió reanudar la guerra submarina y los comandantes tenían instrucciones de adherirse estrictamente a las Cruiser Rules. Los resultados fueron tales que Bethmann Hollweg ya no pudo oponerse y el 1 de febrero de 1917 se dio cuenta de que Alemania ya no tenía oportunidad de ganar la guerra por tierra y que una rápida caída de Gran Bretaña sólo se podía lograr con submarinos. Por tanto, oficialmente Alemania avisó de la reanudación de la guerra submarina sin restricciones. Los resultados se vieron rápidamente. Uno de cada cuatro

Izquierda: Un barco mercante británico torpedeado por el *U-35*.

barcos camino de Gran Bretaña era hundido y la situación empezó de verdad a parecer crítica para el Reino Unido.

La reanudación de la guerra submarina tuvo otra consecuencia también. El Gobierno estadounidense rompió las relaciones diplomáticas con Alemania el 6 de abril de 1917 y EE.UU. declaró la guerra a Alemania.

Desde el comienzo de la guerra hasta noviembre de 1918 los alemanes torpedearon a más de dos mil buques mercantes y buques de guerra,

Encuentro en el mar: el *U-35* adelanta al *U-42*.

perdiendo la vida doce mil tripulantes. Más de doscientos U–boots sufrieron daños, fueron destruidos o no pudieron volver. Los alemanes habían calculado mal, sin embargo, cuando pensaron que Gran Bretaña podría arrodillarse ante ellos. Justo a tiempo, los aliados pasaron a un sistema de convoy y la cantidad de incidentes con torpedos se redujo drásticamente. La esperanza de que la guerra terminara a favor de Alemania antes de que tropas americanas llegaran a Europa no se logró. La participación americana en la guerra decidió finalmente el destino de Alemania de una forma dramática.

BATALLA DE JUTLANDIA

LA *HOCHSEE FLOTTE* ALEMANA SE HACE A LA MAR

El 31 de mayo de 1916 la *Hochsee Flotte,* o Flota de Alta Mar alemana, se hace a la mar en el mar del Norte, bajo el mando de su nuevo comandante, el almirante Scheer, para entablar combate con los británicos, que posteriormente llegaría a conocerse como batalla de Jutlandia. Las opiniones continúan divididas respecto al resultado de esta batalla marítima. Algunos historiadores la registran como victoria estratégica para los británicos, mientras que otros la consideran un triunfo de la táctica alemana. ¿Cuál es la verdad?

TÁCTICAS ALEMANAS

Los alemanes reconocían que su flota, relativamente pequeña, no sería capaz de romper el bloqueo británico y por tanto la política naval alemana era evitar un enfrentamiento directo con la «Grand Fleet» (Gran Flota), pero sí realizar ataques sorpresa que dañaran a la flota y redujeran su tamaño hasta que se acercara más al tamaño de la flota alemana. Sólo entonces se podría concebir una acción directa.

El almirante Scheer siguió esta política y añadió un elemento propio: quería bloquear a los británicos con submarinos, interrumpiendo en Gran Bretaña las provisiones de alimentos y materiales que necesitaban desesperadamente para la guerra. El final de la guerra submarina sin restricciones como resultado de la presión americana era contrario a esto y él por tanto se vio obligado a utilizar sus barcos de superficie. El 31 de mayo de 1916 llevó a su flota al mar con intención de atacar la costa británica y destruir los cruceros británicos bajo el mando del almirante Beatty, que se encontraban anclados

El almirante alemán de la flota, von Scheer, quien consiguió una victoria táctica sobre los británicos en la batalla de Jutlandia.

El almirante Hipper dirigía la vanguardia alemana, que diezmó a la flota de cruceros del almirante Beatty de Gran Bretaña en cuestión de horas.

en Rosyth. Scheer dividió su fuerza en dos. Una sería un grupo de reconocimiento al mando del almirante Hipper, que llegaría a un punto a unas 50 millas por delante de la principal fuerza alemana. Si los británicos les provocaban, Hipper iba a atacarles y atraerles en dirección a la fuerza principal alemana y así Scheer podría terminar con la flota británica por la superioridad numérica alemana.

Los británicos, que tenían acceso al código naval alemán, estaban al corriente de que había salido al mar la *Hochsee Flotte* y planearon una trampa. El almirante Beatty tenía sus barcos anclados y de frente a los alemanes. Al mismo tiempo la fuerza principal británica, bajo el mando del almirante Jellicoe, abandonó su base en Scapa Flow. Su intención era idéntica a la del alemán, con las órdenes en los barcos de Beatty de, una vez que hubieran contactado con los alemanes, retroceder poco a poco hacia la flota principal, que destruiría entonces la vanguardia de la flota alemana. Después de esto la armada real británica alcanzaría a la *Hochsee Flotte* alemana y, dada su superioridad numérica, la destruiría prácticamente.

Un gran drama, que iba a tener fascinado al mundo durante muchos años, estaba a punto de suceder. Unos 250 barcos, entre ellos los más grandes y más modernos de la época, manejados por 100.000 marineros que habían sido entrenados para este enfrentamiento, se acercaban unos a otros a toda velocidad.

A las 14,30 h. los barcos avanzados de ambas vanguardias se avistaron y el almirante Beatty intentó maniobrar para bloquear el camino de Hipper hacia la flota principal, pero Hipper viró, de acuerdo con sus órdenes, hacia el grupo principal de la flota alemana que se acercaba y las dos flotas navegaron una al lado de la otra durante un tiempo en un rumbo convergente. Unas tres horas más tarde los barcos estaban al alcance unos de otros y el *Lützow* rompió el fuego el primero, respondiéndole inmediatamente el *HMS Lion*. Fue en este momento cuando la supremacía naval británica terminó porque, aunque los barcos de la armada real británica eran más veloces y llevaban cañones más pesados que se manejaban con sistemas de dirección de tiro más modernos, demostraron no ser rival para

Derecha: Cuando Jellicoe fue ascendido y estuvo libre de peligro fue sustituido por Beatty.

los cañones navales alemanes, que eran más precisos, poseían mejor equipamiento de telemetría y tenían mejores comunicaciones. El blindaje alemán resultó ser superior y el blindaje británico no podía soportar los proyectiles alemanes.

A la media hora de los primeros disparos, con los cuales se hizo blanco sobre el *Lützow* y el *Lion,* el *HMS Indefatigable* que sufrió el fuego concentrado del *Von der Tann* se hundió con la lamentable pérdida de más de mil hombres. Media hora más tarde el buque insignia del almirante Beatty, el *HMS Lion,* fue atacado e inmediatamente después el *HMS Queen Mary* explotó y se hundió, llevándose a 1.200 hombres al fondo con él. El *HMS Princess Royal* también sufrió graves daños y se vio obligado a abandonar.

En poco tiempo los alemanes habían dejado fuera de servicio a un tercio de la flota de Beatty y la fuerza principal alemana se acercaba ahora a gran velocidad para terminar el trabajo. El almirante Beatty se dio cuenta entonces de que estaba en peligro de caer en su

El almirante Jellicoe estuvo al mando de la Grand Fleet en la batalla de Jutlandia. Su indecisión y su temor a los ataques de lanchas torpederas le costaron la victoria.

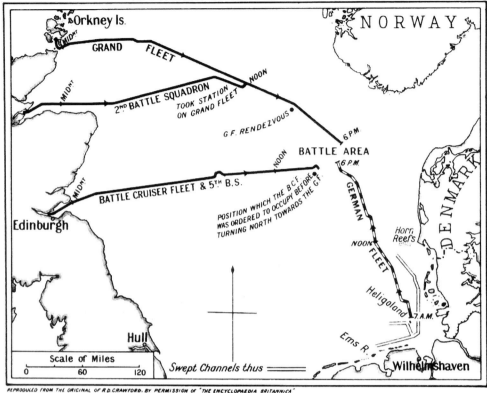

APPROACH OF RIVAL FLEETS

Mapa de la batalla de Jutlandia en la cual la poderosa Grand Fleet no consiguió dejar fuera de servicio a la Hochsee Flotte alemana.

La Grand Fleet abandona su base de Scapa Flow, camino de Jutlandia.

La Hochsee Flotte alemana va a la cabeza en el mar. Unos 250 buques de guerra van en fila uno tras otro.

El *HMS Superb* rompe el fuego.

El *HMS Lion* devuelve el fuego al *SMS Lützow* al comienzo de la batalla, el 31 de mayo de 1916.

propia trampa y dio órdenes de cambiar el rumbo hacia la Grand Fleet, que se estaba acercando también a gran velocidad. No obstante, las malas comunicaciones hicieron que se malentendiera esta orden. Los cuatro barcos de la quinta escuadra que acababan de llegar en su ayuda perdieron la señal y continuaron en línea recta hacia los alemanes, que abrieron fuego y rápidamente dieron al *HMS Warspite*, el cual tuvo que retirarse, sufriendo daños también los otros tres barcos.

A las 18,30 h. los alemanes empezaron un ataque de torpedos, pero fueron rechazados y les hundieron el *V-27* y el *V-29*.

Los británicos perdieron tres lanchas torpederas en esta acción, hundiéndose inmediatamente dos de ellas.

Mientras tanto, los barcos de Hipper quedaron al alcance de la Grand Fleet. Los alemanes tuvieron éxito al disparar contra el *HMS Chester*, pero poco después el *Wiesbaden* fue atacado y se incendió. El *Pillau* y el

Frankfurt también fueron blanco del fuego británico y sufrieron graves daños. Cuando el *HMS Defense* fue a terminar con el *Wiesbaden*, el almirante Scheer se dirigió al rescate y el *Defense* fue destruido y el *HMS Warrior* incendiado.

Scheer, que sabía que su inferior flota no tenía oportunidad de vencer a la poderosa Grand Fleet, ordenó a sus barcos que se retiraran y cambiaran el rumbo para dejar la acción. Con una notable maniobra toda la flota alemana viró de manera que la vanguardia se convirtió de repente en la retaguardia. Minutos antes de esta maniobra los alemanes tuvieron éxito al atacar al buque insignia del almirante Hood, el *HMS Invincible,* y al hundir al tercer crucero del día, una vez más con la lamentable pérdida de casi mil hombres.

Scheer se sorprendió al descubrir que no le habían perseguido los barcos más rápidos de la Grand Fleet y una vez más regresó con su flota para atacar con sus cruceros y destructores, aunque esto le llevó al mismo centro de la flota británica y por tanto la flota alemana cayó bajo un fuego pesado. El *Seydlitz* se incendió inmediatamente y el *Lützow* también fue atacado. Scheer tuvo que transferir el mando al *Von Moltke.* Al mismo tiempo el *S-35* era atacado y hundido. Scheer se dio cuenta de que los británicos iban a eliminar su flota y dio órdenes de un ataque con torpedos y, mientras éste tenía lugar, la flota alemana repitió su cambio de dirección total y desapareció una vez más hacia el oeste con sus barcos.

El crucero alemán *SMS Von der Tann* destruyó al *HMS Indefatigable* con el coste de 1.000 vidas británicas.

El *HMS Indefatigable,* justo antes de ser alcanzado.

El *HMS Indefatigable* hundiéndose.

Como antes, se sorprendió de que el almirante Jellicoe no hiciera nada para evitarlo y él eligió el rumbo más corto para llegar a puerto, dando orden por radio de atravesar directamente la flota británica. Una vez más Jellicoe no contraatacó. Fue el almirante Beatty el que mantuvo el contacto con los alemanes y pidió permiso para atacarles. Aunque algo reacio, Jellicoe dio su permiso y durante el fuego resultó que el *Seydlitz* y el *Lützow,* ya gravemente dañados, fueran atacados de nuevo y que la segunda torreta del *Derfflinger* quedara fuera de servicio, pero los alemanes fueron capaces de liberarse de la acción y desaparecer en la oscuridad.

Poco después el *HMS Queen Mary* explotó después de ser alcanzado por un proyectil alemán. El barco se llevó a 1.200 hombres al fondo del mar.

El crucero británico *HMS Princess Royal* recibió un trato similar y fue obligado a abandonar la batalla.

Un destino similar tuvo el *HMS Warspite* de la 5.ª escuadra de cruceros de Beatty.

El *HMS Chester* se incendió a causa de un proyectil alemán.

Durante la noche hubo contacto una vez más con la 2.ª Escuadra de Cruceros Ligeros Británicos, en el cual el *HMS Southampton* y el *Dublin* sufrieron daños y el crucero ligero alemán *Frauenlob* fue hundido.

Mientras tanto, la orden por radio de Scheer de regresar a la base se había recibido y descodificado. Su rumbo y posición estaban al alcance de Jellicoe, quien únicamente necesitaba seguir un rumbo paralelo para cortarles el paso al romper el día. Sin embargo, Jellicoe no confió en la información que recibió y mantuvo el rumbo hacia el sudoeste. Más tarde, aquella noche hubo más acción cuando Scheer descubrió a sus barcos en el centro de la 4.ª Flotilla de la armada real británica, en la cual los destructores *HMS Tipperary* y *Broke* quedaron fuera de servicio y la confusión fue tan grande que el *HMS Spitfire* colisionó con el *HMS Nassau* y el *Sparrowhawk* chocó contra el *HMS Broke*, ya muy dañado. El crucero alemán *Elbing* recibió muchos impactos y el *Rostock* fue torpedeado.

En el caos resultante un cañón inglés seguía disparando, manejado por el grumete Jack Cornwall (16), quien siguió disparando a pesar de estar herido, hasta que murió. A título póstumo se le concedió la condecoración británica más alta al valor, la Cruz de la Victoria.

El grumete Jack Cornwall en su cañón a bordo del *HMS Chester*.

El *HMS Chester* en reparación en el puerto después de la batalla.

Varias horas más tarde las dos flotas se enfrentaban una vez más cuando los destructores *HMS Ardent* y *Fortune* fueron hundidos, seguidos pronto por el crucero blindado *HMS Black Prince,* desapareciendo 750 hombres debajo de las olas. Los alemanes atacaron de nuevo por la mañana temprano y hundieron al destructor *HMS Turbulent.* Dos horas más tarde los británicos, en respuesta, tuvieron éxito al hundir al crucero alemán *Pommern*

Los daños a bordo del *HMS Chester.*

y a la lancha torpedera *V-4,* cerrando el último capítulo de la batalla de Jutlandia.

En la batalla, en la que participaron 246 barcos y unos 100.000 hombres, los alemanes perdieron un crucero de combate (*Lützow*), un crucero blindado (*Pommern*), cuatro cruceros ligeros (*Wiesbaden, Frauenlob, Elbing* y *Rostock*), cinco lanchas torpederas y 2.551 hombres muertos y 507 heridos.

Derecha: Un proyectil alemán perforó el blindaje del *HMS Chester,* incendiándolo y obligándolo a retirarse.

El *HMS Defence* abrió fuego sobre el *SMS Wiesbaden* y después fue destruido por el *SMS Lützow*.

El *HMS Warrior* también se incendió.

El buque insignia del almirante Hood, el *HMS Invincible,* fue destruido con una pérdida de 1.025 marineros británicos. Era el tercer crucero de combate que perdía la armada real británica ese día.

El *HMS Invincible* se hunde a las 18,34 h. entre el fuego y el humo.

El *HMS Invincible* explota y se hunde a las 18,34 h. del 31 de mayo de 1916.

El *HMS Invincible* se partió en dos mientras se hundía; las dos partes sobresalían del agua.

El *SMS Derfflinger* participó en la batalla de Jutlandia. En la fotografía: el *Derfflinger* durante el bombardeo a las costas británicas de Scarborough y Whitby el 16 de diciembre de 1914.

Los británicos perdieron 6.097 hombres, 510 heridos y 177 rescatados por los alemanes y hechos prisioneros de guerra. También perdieron tres cruceros de combate (*HMS Indefatigable, Queen Mary* e *Invincible*), tres cruceros blindados (*HMS Black Prince, Warrior* y *Defence*) y ocho destructores (*HMS Ardent, Fortune, Nestor, Nomad, Shark, Sparrowhawk, Tipperary* y *Turbulent*).

RESULTADOS

¿Quién ganó en realidad en la batalla de Jutlandia? Los alemanes declaran la victoria y los británicos mantienen que los alemanes habían fracasado en su intento de levantar el bloqueo naval británico, por lo que habían fracasado en su objetivo. Es obvio, por el testimonio, que la Hochsee Flotte alemana causó un gran daño a la Grand Fleet de la armada real británica,

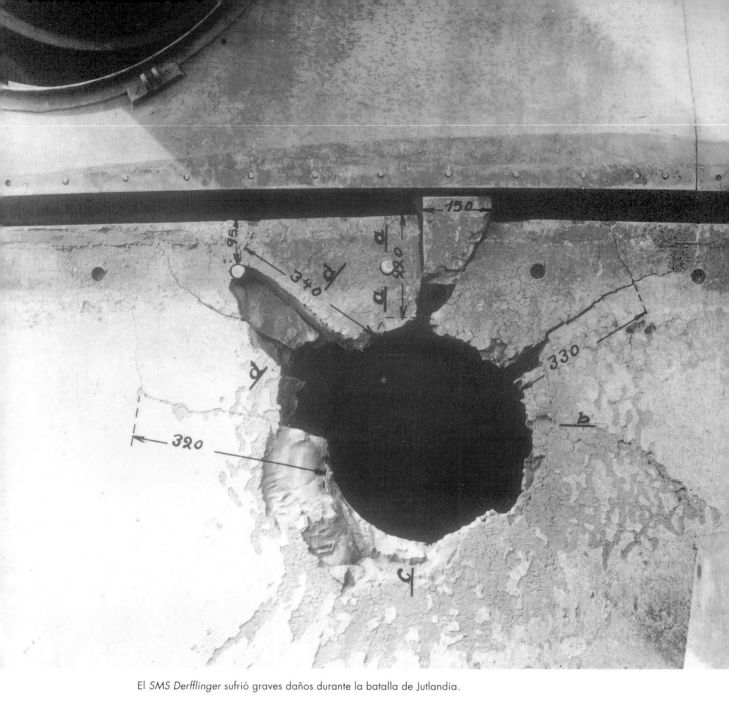

El *SMS Derfflinger* sufrió graves daños durante la batalla de Jutlandia.

Después de haber virado, los barcos del almirante Scheer se encontraron en el centro de la Grand Fleet y el *SMS Seydlitz* fue alcanzado e incendiado.

El *SMS Lützow* también fue alcanzado, obligando a Scheer a transferir su bandera al *SMS Moltke* (mostrado aquí).

El *HMS Revenge* y el *HMS Hercules* participaron en la batalla de Jutlandia.

mientras la resistencia de los buques alemanes parecía ser mayor que la de sus oponentes británicos. Los británicos perdieron catorce barcos en la batalla (unas 115.000 toneladas) en comparación a once barcos alemanes (61.000 toneladas). Los británicos perdieron casi el doble de hombres entre muertos y heridos que los alemanes (6.784 en comparación a 3.058) o aproximadamente el 11,6 por 100 de sus hombres en comparación al 4,5 por 100 de alemanes. Scheer tuvo éxito en penetrar en las líneas británicas dos veces, hundiendo varios de sus barcos y desapareciendo de nuevo en la oscuridad sin que los británicos lo evitaran o cortaran su retirada, a pesar de tener los británicos una cantidad superior de barcos, que también eran más rápidos. En vez de perseguir a los alemanes enérgicamente para destruirlos, el almirante Jellicoe ordenó a sus barcos que se pusieran en orden para evitar el riesgo de un ataque alemán con torpedos. Esto dio la oportunidad a la flota alemana de regresar con seguridad a su puerto, y una única oportunidad de terminar con la flota del enemigo.

Se debería advertir, con justicia, que la decisión de Jellicoe de no perseguir a la flota alemana y de proteger su flota contra un ataque con torpedos no fue una decisión impensada. Él ya había escrito al Almirantazgo el 14 de octubre de 1914 que la supremacía alemana en la guerra con torpedos era tan grande que, en caso de un enfrentamiento con ellos, él podría elegir evitar la batalla para evitar que sus barcos salieran mal parados. En su opinión, la pérdida de la Grand Fleet equivaldría a perder la guerra, y su

El crucero ligero británico *HMS Galatio* participó en la batalla de Jutlandia.

HMS Iron Duke.

El *HMS Canada*, que ya había estado en acción en Gallípoli.

misión principal era evitar esto. Retrospectivamente, sus temores a los ataques con torpedos eran infundados, pero había avisado al Almirantazgo de su punto de vista. Churchill estuvo totalmente de acuerdo con esta opinión, basada en la entonces relación numérica entre las dos armadas.

En 1916 la proporción era completamente diferente. Los británicos tenían treinta y siete «dreadnoughts» frente a los veintiuno de Alemania y poseían el doble de potencia de fuego que los alemanes. A pesar de ello, los alemanes lograron una gran victoria táctica, la cual tuvo que aceptar la armada real británica. El impacto de este golpe afectó a Gran Bretaña y era difícil llegar a términos con ella. Varios historiadores han intentado representar el comienzo de la batalla de Jutlandia de color rosa para Gran Bretaña. Los alemanes, mantienen, habían logrado ciertamente la victoria táctica, pero la batalla se consideraría un éxito estratégico de los británicos porque la flota alemana nunca se aventuró a ir al mar de Norte de nuevo y lo abandonó por completo al control británico.

Esos historiadores que mantienen ese punto de vista parecen ser parciales en su historia y desvirtúan los hechos, ya que por qué, cuando la armada real británica se declaró una vez más preparada para la acción cuatro días después de la batalla, no atacó la costa alemana, sabiendo que la flota alemana estaba reparándose y no estaría preparada para la acción hasta agosto de ese año. Tampoco es correcto indicar que la flota alemana ya no se arriesgó a ir al mar del Norte después de Jutlandia. Scheer sacó sus barcos varias veces. El 18 de agosto atacó Sunderland con la esperanza de atraer a la Grand Fleet a mar abierto. El servicio de inteligencia de la

El *HMS Indomitable* y el *HMS Inflexible* durante la batalla de Jutlandia.

armada real británica prestó atención al movimiento de la flota alemana y se alarmó. La armada real británica respondió y la acción entre las dos vanguardias llevó al *Westfalen* a sufrir daños y le obligó a volver a la base. Cuando el *HMS Nottingham* fue hundido entonces por un U-boot, una vez más fue el almirante Jellicoe el que se retiró apresuradamente hacia el norte durante dos horas antes de regresar a su rumbo original. Scheer, que mientras tanto había sido avisado de que toda la Grand Fleet iba tras de él, viró sus barcos hacia su base, dejando a Jellicoe una vez más dando

HMS Tiger.

bandazos. Otra vez perdió Jellicoe la oportunidad de destruir a la flota alemana, a causa de su temor al ataque con torpedos. Hubo más acciones en noviembre de 1917 cerca de Helgoland y en abril de 1918 Scheer hizo otra incursión en aguas noruegas. Por tanto, la idea de que los alemanes ya no se atrevieron a aparecer por el mar del Norte es totalmente errónea. En todo caso sería el caso opuesto. Fueron los británicos los que después de sus experiencias en Jutlandia decidieron alejarse del mar del Norte. El almirante Beatty declaró, en una conferencia naval mantenida en enero de 1917, que la escuadra de cruceros de combate alemana debería ser considerada muy superior a la escuadra de cruceros de combate de la armada real británica, por lo que el combate con ella debería evitarse en ese momento. Escribió un informe en noviembre de 1916 en el que consideraba poco aconsejable retar a la flota alemana y recomendaba evitar el combate con ella en ese momento, porque al parecer había «algo mal» en los barcos que tenía a su mando. Apuntaba a las malas comunicaciones, el mal equipo de observación y telemetría, pocas municiones y un blindaje inadecuado, e insistía en que esto debía ser mejorado antes de un nuevo desafío.

La batalla de Jutlandia fue en realidad una derrota para la armada real británica. Nunca se recuperó por completo del golpe que le había asestado la armada alemana, aunque es cierto que no se levantó el bloqueo. El mismo almirante Scheer reconocía esta realidad cuando recomendó al káiser una reanudación de la guerra submarina sin restricciones, porque la Hochsee Flotte no podía obligar por sí misma a que los británicos terminaran la guerra. El mito de la invencible armada real británica se había terminado, pero esto por desgracia no significó que la paz estuviera más cerca.

BARRENADO DE LA FLOTA ALEMANA EN SCAPA FLOW

El final de la guerra encontró a la Hochsee Flotte alemana en un estado de caos en Wilhelmshaven. Había estallado un motín que llevó a un levantamiento general y a la revolución. El motín dejó profundas huellas y los «consejos revolucionarios» habían usurpado el mando a los oficiales. La disciplina había desaparecido y no se llevaba a cabo ningún mantenimiento. En algunos barcos los oficiales permanecían cautivos mientras que otros eran sumisos, pero en todo caso eran las tripulaciones las que mandaban. Ésta era la situación al terminar la guerra cuando los aliados pidieron que toda la flota alemana fuera apresada como parte del Armisticio. Se requería que la flota submarina alemana, que comprendía 200 embarcaciones, navegara hacia Harwich, donde las tripulaciones se convertirían en prisioneros de guerra.

El crucero ligero británico *HMS Mirningham* es alcanzado por el fuego alemán.

Scheer lanza uno de sus torpedos, tan temidos por Jellicoe.

Sin embargo, los aliados no se ponían de acuerdo sobre qué hacer con la Hochsee Flotte y se decidió que la flota alemana atracara en puertos neutrales, pero pronto resultó obvio que no había puertos neutrales con las prestaciones adecuadas y por tanto, sin avisar a los alemanes, se decidió reunir a los barcos alemanes en la base naval británica de Scapa Flow.

El Gobierno alemán no tenía otra elección, enfrentado a la posibilidad de una reanudación de las hostilidades, que aceptar la decisión de las fuerzas aliadas de apresar a la Hochsee Flotte y con este fin ordenó al contralmirante Herman Ludwig Reuter, al mando del *SMS Stettin* en la batalla de Jutlandia, que obedeciera de inmediato y llevara a sus barcos al internamiento.

El contralmirante Reuter aceptó esta orden, aunque sabía que su misión sería difícil debido al motín a bordo de sus barcos. Consideró que era su deber aceptar dicha petición, porque sabía que los términos del Armisticio tendrían que cumplirse al pie de la letra para evitar más hostilidades contra Alemania por parte de las fuerzas aliadas. Como los barcos alemanes continuarían siendo propiedad alemana durante el internamiento, Reuter esperaba que la flota pudiera ser un punto de negociación en las conversaciones de paz y que parte de ella pudiera conservarse intacta para Alemania.

El 18 de noviembre de 1918 el contralmirante Reuter mantuvo conversaciones con el Almirantazgo y con el comité revolucionario de marineros y trabajadores que estaban en posesión de la flota realmente, y él insistió en que los oficiales y no las tripulaciones de los barcos eran los responsables de la navegación; que se les iba a dar la libertad a esos oficiales para prepararse para ello de la manera que ellos consideraran conveniente. Exigía que el consejo revolucionario garantizara la cooperación de los marineros con los oficiales a fin de preparar los barcos para navegar y no desobedecieran las órdenes de los oficiales nombrados por

Reuter. Como tampoco interesaba a los amotinados que los barcos cayeran directamente bajo el mando de los aliados, aceptaron esto, lo cual significó que Reuter podía contar con cierto nivel de disciplina a bordo de la flota que él tenía que dirigir. El 18 de noviembre por la tarde aceptó formalmente la petición del Almirantazgo de llevar a la Hochsee Flotte a su lugar de internamiento.

Antes de la que la flota pudiera hacerse a la mar tenía que ser desarmada. Los amotinados cumplieron esta misión con aparente júbilo. Valiosos equipos de observación, municiones, armas, etc. fueron quitados de sus lugares y sin ninguna ceremonia descargados sobre el muelle. El aprovisionamiento de los barcos fue caótico y algunos de los oficiales designados no llegaron a sus barcos a tiempo, de manera que una flotilla de lanchas torpederas salió al mar sin oficiales.

Finalmente, el 19 de noviembre llegó la hora de que partiera la antes orgullosa flota alemana, con Reuter a bordo del buque insignia, el *SMS Friedrich der Grosse,* en la vanguardia, camino del punto de reunión indicado por los británicos. Al salir Reuter había avisado a los amotinados de que si seguían navegando con la bandera roja había posibilidad de que los aliados les consideraran barcos piratas y por tanto les dispararían. Una vez en el mar, los amotinados aceptaron esto y una por una bajaron sus banderas rojas y las sustituyeron, para gran júbilo de los oficiales, por la bandera imperial alemana.

La flota que salió del puerto constaba de setenta y un barcos en total: cinco cruceros de combate en la vanguardia seguidos de nueve acorazados, siete cruceros ligeros y cinco grupos de diez destructores. Durante la salida del puerto el *V-30* chocó contra una mina y se hundió, por tanto sólo setenta barcos navegaron al lugar de encuentro designado por los aliados.

El día 20 por la mañana temprano los alemanes vieron con asombro que casi toda la Grand Fleet les esperaba. Estaban formados en dos largas líneas entre las cuales debía pasar la flota alemana como si fueran a correr baquetas.

Unos 250 barcos aliados, casi la Grand Fleet entera, varios buques de guerra estadounidenses, de la armada francesa y otros aliados formaban el grupo de recepción que ahora navegaba bajo el mando del almirante Beatty, a bordo del *HMS Queen Elizabeth,* por el fiordo de Forth, donde se ordenó anclar a los alemanes.

El comandante Marsden, único superviviente de uno de los destructores británicos hundidos en Jutlandia.

Los buques de guerra *SMS Von der Tann, Hindenburg* y *Derfflinger,* anclados en la base británica de Scapa Flow.

Inmediatamente siguieron las órdenes dadas por radio de que los buques de guerra alemanes bajaran la enseña imperial y que ésta no se izara de nuevo. A pesar de la enérgica protesta de Reuter, Beatty se negó a

El buque insignia del contraalmirante Reuter, partiendo hacia el lugar de internamiento de la flota.

rescindir la orden y amenazó con llevarla a cabo por la fuerza, enviando a sus marineros si las enseñas no se bajaban inmediatamente.

Varias horas después de echar el ancla, Reuter recibió instrucciones para la flota apresada. Estaban prohibidas las señales entre barcos. Se iban a desmantelar las instalaciones de radio y no se permitiría a nadie salir del barco sin permiso de los aliados. En realidad, a todos los alemanes se les trataba como a prisioneros de guerra a bordo de sus propios barcos. Hasta ese momento Reuter había creído que la flota se reunía en el fiordo de Forth para permitir a los aliados confirmar que se habían cumplido todos los requisitos de la tregua y que después los barcos se dirigirían a varios puertos neutrales, como se había acordado; pero los británicos no tenían ninguna intención de someterse a esta parte del acuerdo del Armisticio. Pronto se hizo aparente esto cuando se ordenó a la flota alemana, con el pretexto de que estaba expuesta a un fuerte viento del este, que navegara hacia Scapa Flow. Sólo entonces Reuter se dio cuenta de que éste sería su último anclaje y que la salida hacia puertos neutrales ya no era la intención. Reuter protestó, por supuesto, pero no tenía otra opción que hacer el viaje de 280 millas a Scapa Flow y ser hecho prisionero. La flota de setenta barcos levó anclas el 22 de noviembre con unos 20.000 hombres a bordo en dirección a Scapa Flow. Cuatro días después, el 26 de noviembre, llegaron a su último anclaje. Los barcos ya no abandonarían nunca Scapa Flow, si no los salvaban.

Al principio del apresamiento los británicos habían exigido que los alemanes mismos se aseguraran el aprovisionamiento de los barcos con comida, combustible y material de mantenimiento, para lo que barcos de aprovisionamiento alemanes les visitaban con regularidad con las provisiones y materiales necesarios. Los británicos exigieron rápidamente que se redujeran las tripulaciones y para ello hubo un servicio de ferry regular hacia Wilhelmshaven, que llevó a casa a unos 15.000 hombres. Inicialmente permanecieron cinco mil hombres con el fin de mantener los barcos.

El *SMS Emden* abandona un puerto alemán por última vez. Posteriormente, Reuter le hizo buque insignia por su mejor orden y disciplina.

Mientras tanto, el contacto directo oficial entre Reuter y el Almirantazgo alemán se interrumpió. Todos los mensajes llegaban a través del buque insignia británico y todas las noticias sobre el avance de las conversaciones del Armisticio se callaron. Los británicos censuraban todas las cartas y sólo permitían periódicos ingleses con cuatro días de retraso. Reuter tenía algunas noticias de cuando en cuando de los barcos de aprovisionamiento y se enteró de que las conversaciones de paz no iban bien.

El 13 de diciembre Reuter se marchó a Alemania. La situación a bordo de los barcos había empeorado y la moral estaba muy baja. La relación con el «consejo revolucionario» era tan mala que Reuter opinaba que él ya no podía funcionar con eficacia. Se tenía que deliberar cualquier asunto trivial y sus oficiales lo soportaban con desdeñoso comportamiento, los barcos ya no se mantenían y rápidamente se ensuciaron y oxidaron. Reuter estaba avergonzado de su aspecto.

Reuter regresó a su puesto el 25 de enero con el fin (escribió después) de cumplir con su deber de intentar decir algo sobre el futuro de la flota. Esto fue más fácil para él por un decreto del nuevo Gobierno alemán, que reducía significativamente el poder de los consejos revolucionarios, aunque no podían ser ignorados totalmente. Reuter se trasladó al *SMS Emdem,* a bordo del cual el consejo revolucionario era más realista y menos exigente y donde la situación casi se acercó a la normalidad.

En mayo de 1919, sin embargo, las últimas noticias sobre las conversaciones de paz llegaron a Scapa Flow y se supo que los aliados pretendían reducir la flota alemana al mínimo. Esto causó un gran desasosiego a bordo de los barcos alemanes y Reuter se enteró que los consejos revolucionarios habían decidido en secreto dar un golpe general en toda la flota. Esto daría a los británicos una excusa para intervenir y ocupar los barcos, lo cual Reuter quería evitar a toda costa. Por tanto estuvo de acuerdo con la propuesta británica de reducir más las tripulaciones hasta llegar a un mínimo absoluto y otros 2.500 hombres regresaron a Alemania el 17 de junio. Finalmente, sólo

Flotilla de destructores alemanes a su paso por Rosyth, el primer lugar de anclaje camino de Scapa Flow.

El *SMS Seydlitz* camino de su internamiento, seguido del *Moltke* y del *Hindenburg*.

1.750 hombres permanecían a bordo para realizar las funciones más esenciales. Fue entonces cuando Reuter abandonó la esperanza de que sus barcos regresaran alguna vez a su patria. Temía que su Gobierno entregara los barcos a los aliados con el fin de conseguir otras demandas compensatorias. Aunque como oficial de la vieja escuela esto lo aborrecía, Reuter pudo seguir esta lógica.

Mientras tanto, había rumores de que los británicos no esperarían el resultado de las conversaciones de paz, sino que tomarían el control de la flota alemana antes de que éstas se terminaran el 31 de mayo, en memoria del primer día de la batalla de Jutlandia, que se había declarado fiesta nacional en Alemania.

Una de las órdenes normales más importantes para los comandantes de la armada alemana era que no tenían que permitir que sus barcos cayeran en

El *SMS Kaiser,* inmediatamente después de salir de Alemania.

El buque insignia del almirante Beatty, el *HMS King George*, y el *HMS Ajax, Centurión* y *Erin* esperan, el 21 de noviembre, para escoltar a la flota alemana hacia Scapa Flow.

manos enemigas. Si esto sucedía, el oficial podía ser acusado de traición en un consejo de guerra. Esta orden se mantenía y Reuter dio instrucciones a sus oficiales para que estuvieran alertas ante cualquier intento de los británicos de subir a bordo y a la primera señal barrenar sus barcos. El 31 de mayo pasó sin ninguna acción por parte de los británicos. Ese mismo día Reuter recibió noticias de una reunión del gabinete presidida por el canciller alemán Scheidemann en el Reichstag el día anterior, en la cual se rechazaron los términos propuestos por los aliados. El riesgo de que los británicos entraran en acción ahora era seguro. Los británicos tenían ya planes detallados para tomar posesión de los barcos alemanes una vez que se firmara el acuerdo, antes de ser ratificado por los diferentes gobiernos, con el fin de evitar que sus tripulaciones los barrenaran. Reuter previó esto y decidió a toda costa que los británicos no llevarían a cabo su plan. Confirmó su orden previa y dio instrucciones a sus oficiales de que prepararan los barcos para ser barrenados, pero añadió que no deberían informar a las tripulaciones para evitar que se filtraran las noticias. Estaba convencido, después de la reunión del gabinete de Scheidemann, de que se reanudarían las hostilidades y que su deber era evitar que sus barcos cayeran en manos británicas.

Oficiales alemanes de los barcos atacados son apresados y hechos prisioneros.

El 17 de junio un barco de aprovisionamiento trajo las últimas noticias. Reuter se enteró de que los aliados habían dado un ultimátum a Alemania conminándola a que aceptase los términos presentados por ellos antes del 21 de junio. Él decidió entonces barrenar sus barcos antes de esa fecha y dio por escrito instrucciones detalladas para sus comandantes ese mismo día. Después de izar dos banderas de señales en el mástil de su barco los otros barcos iban a abrir las válvulas para inundarlos, y por consiguiente hundirlos, durante la mañana del 21.

Lo que Reuter no sabía, porque los británicos le ocultaban noticias, era que Scheidemann dimitió el 20 de junio y que el Reichstag aceptó los términos aliados por 237 votos contra 138. Tampoco sabía que los aliados habían ampliado su ultimátum hasta el 23 de junio.

En su orden para la Hochsee Flotte alemana Reuter escribió que los barcos únicamente serían hundidos si los británicos intentaban tomarlos sin permiso del Gobierno alemán. Si éste estaba de acuerdo en que los barcos fueran entregados bajo los términos de un acuerdo de paz, entonces los barcos serían entregados sin daños a los aliados. Aunque estaba seguro, según la decisión de Scheidemann, de que su Gobierno no aceptaría los términos y que su deber era no permitir que los barcos cayeran en manos enemigas.

Por fin, amaneció el último día de la antes orgullosa Hochsee Flotte alemana, en el cual se llevaría acabo su autodestrucción para mantener el honor de la armada alemana. Reuter apareció en el puente de su buque insignia por la mañana temprano. Se sorprendió al no ver ninguna señal de la armada real británica. El almirante británico había elegido aquel día para llevar a sus barcos a un ejercicio y regresar el día 23 (cuando expirara el ultimátum) con el fin de ocupar los barcos alemanes.

La orden de Reuter de izar las banderas de señales «D» y «G» ordenaba que los oficiales ocuparan sus puestos para esperar más órdenes.

Reuter dio la orden de barrenar la flota alemana el 21 de junio. La "señal" de ataque fue lanzada desde lo más alto de los mástiles mientras las llaves de las válvulas se abrían. Aquí está el *SMS Hindenburg*.

El *Frankfurt* también se hundió rápidamente.

Reuter dio la orden de barrenar la flota alemana el día 21 de junio por la mañana. La señal de «ataque» se izó en los topes de los mástiles mientras se abrían las llaves de las válvulas.

Media hora más tarde envió la señal de «confirmar párrafo once», que se refería al párrafo de sus órdenes escritas en el cual ordenaba a sus comandantes que abrieran las llaves.

Lo que sucedió después fue algo decepcionante. Era como si nada estuviera sucediendo y como si las órdenes no se hubieran cumplido, pero una hora más tarde, a las 12,10 h., de repente la tripulación del *SMS Friedrich der Grosse* cogió sus botes y exactamente seis minutos después el barco zozobró y se hundió. Al mismo tiempo muchos barcos izaron la bandera de la señal «Z» para atacar. Ahora, como si fuera una cita, barco tras barco zozobraron y

El *SMS Bayern* zozobró y se hundió.

se hundieron o se hundieron inmediatamente sin zozobrar. La Hochsee Flotte alemana había librado su último combate y nunca abandonaría Scapa Flow. Los barcos no cayeron en manos enemigas y se había defendido el honor de la armada alemana.

Mientras tanto, los barcos británicos que todavía se encontraban en Scapa Flow vieron lo que estaba sucediendo y avisaron por radio al almirante Fremantle para que regresara inmediatamente. Entre las 14,00 h. y las 16,00 h. sus barcos regresaron para encontrar únicamente a los diez barcos que quedaban de los setenta. Los demás barcos estaban en el fondo pero todavía se podían ver los mástiles y chimeneas de algunos de ellos. El agua estaba cubierta de botes salvavidas con tripulaciones alemanas.

Una vez más la Hochsee Flotte había causado pánico a los británicos. Hubo muchos disparos de ametralladoras y algunos destructores abrieron fuego contra los botes salvavidas, matando a nueve e hiriendo a dieciséis. Los británicos lograron varar a tres destructores alemanes que no se habían hundido completamente, pero a las 17,00 h. el último barco alemán, el *SMS Hindenburg,* se hundió hasta el fondo, dejando visibles únicamente sus mástiles y chimeneas sobre la superficie de Scapa Flow.

Los británicos apresaron a 1.700 oficiales y tripulantes alemanes aproximadamente, entre ellos al almirante Reuter. Fue acusado de romper la tregua, pero respondió diciendo que sus órdenes generales no le permitían que sus barcos cayeran en manos enemigas. Cuando iban a ser llevados a campos de prisioneros de guerra el almirante Fremantle acusó a los alemanes de mala fe y traición, pero el almirante Reuter respondió diciendo que esto era injusto y que todo oficial británico en la misma situación hubiera hecho lo mismo. Con estas palabras terminó el drama de Scapa Flow y la existencia de la Hochsee Flotte, que una vez había sido el orgullo y esperanza del pueblo alemán. El tratado de paz se firmó finalmente y supuso un final definitivo a cuatro años de dura lucha que costó millones de vidas. La creación del almirante Tirpitz y el sueño del káiser quedaron desguazados en el lecho submarino de Scapa Flow.

ESTADOS UNIDOS ENTRA EN LA GUERRA

Estados Unidos decide el destino de Alemania

ESTADOS UNIDOS, ¿NEUTRAL?

Mucho se ha hablado sobre la postura de Estados Unidos al estallar la Primera Guerra Mundial y durante los primeros años de esa guerra, cuando seguía siendo neutral y oficialmente deseaba mantenerse al margen del conflicto. Aunque la mayoría de los norteamericanos apoyaban este punto de vista, ha de reconocerse que sus simpatías en general iban dirigidas hacia los aliados, contra una Alemania autocrática que se veía como un país que había empezado la guerra con el fin de hacer su voluntad en los países democráticos, en su intento por ser una potencia mayor.

Fue el presidente Woodrow Wilson el que adoptó una postura pacifista y declaró que Estados Unidos debía permanecer fuera del conflicto. Fue muy criticado por los republicanos, y especialmente por su líder, Theodore Roosevelt, que era ferviente defensor del reclutamiento y de la intervención norteamericana.

A medida que pasaba el tiempo, aumentaba la simpatía por la causa aliada, y no menos por el enorme comercio de armas, municiones y otro material de guerra que encargaban a la industria norteamericana.

Era completamente legal en aquella época que las compañías suministraran armamento a países en guerra, pero el comercio se inclinaba hacia un lado solamente. Los aliados se beneficiaban de ello mientras Alemania y sus aliados estaban excluidos. Para evitar que el Estado llegara a involucrarse de alguna manera en estos suministros que realizaban compañías privadas y que comprometerían su posición neutral, el Gobierno de Estados Unidos había prohibido los préstamos de guerra para financiar la compra de armas. Rápidamente supuso elevadas sumas de dinero y la construcción de fábricas nuevas; nacieron industrias nuevas y había mucho empleo. El Gobierno estadounidense temía que los aliados no pudieran cumplir con sus obligaciones por estos enormes pedidos y se sintió obligado a financiar los suministros con enormes préstamos en vez de enfrentarse a la dura baja, o reducción al menos, del crecimiento económico con sus consecuencias para el empleo y la intranquilidad que pudiera ocasionar. El secretario de Estado estadounidense, Lansing, aconsejó al presidente Wilson que permitiera los préstamos de guerra a favor de los aliados en el terreno económico solamente. Wilson aceptó esta propuesta, con lo cual dijo adiós en realidad al principio de neutralidad, no siendo menor al resultar obvio que los alemanes y sus aliados no tendrían derecho a esos préstamos.

La poderosa industria norteamericana había estado presionada durante algún tiempo por préstamos de guerra y soportaba su peso. Los británicos habían conseguido una notable influencia en la prensa norteamericana, representando un importante papel el barón Northcliffe de la prensa británica. Como los intereses estadounidenses eran tan grandes, la prensa norteamericana se puso de parte de los aliados cada vez más, provocando un sentimiento antigermánico cada vez mayor en el pueblo norteamericano.

Una segunda ruptura de la neutralidad fue no tolerar a los buques mercantes armados en puertos de Estados Unidos. La ley y costumbre internacional exigía que se considerara a los buques mercantes armados buques

Se supo que el *Lusitania* transportaba armamento para los británicos: llevaba 5.000 proyectiles, municiones y otros explosivos. Los alemanes consideraron que el barco era una ayuda a los británicos para la guerra y la Embajada alemana colocó anuncios inmediatamente antes de su partida, avisando de que el barco corría el riesgo de ser torpedeado.

REMEMBER THE LUSITANIA!

One mother lost all her three young children, one six years, one aged four, and the third a babe in arms, six months old. She herself lives, and held up the three of them in the water, all the time shrieking for help. When rescued by a boat party the two eldest were dead. Their room was required on the boat, and the mother was brave enough to realise it. "Give them to me," she cried. "Give them to me, my bonnie wee things. I will bury them. They are mine to bury as they were mine to keep."

With her hair streaming down her back and her form shaking with sorrow, she took hold of each little one from the rescuers and reverently placed it into the water again, and the people in the boat wept with her as she murmured a little sobbing prayer to the great God above.

But her cup of sorrow was not yet completed. For just as they were landing, her third and only child died in her arms.

BERLIN, MAY 8.
Hundreds of telegrams have been sent to Admiral von Tirpitz congratulating him.

*   *   *

ARTICLE IN COLOGNE GAZETTE.
The news will be received by the German people with unanimous satisfaction, since it proves to England and the whole world that Germany is quite in earnest in regard to her submarine warfare.

*   *   *

ARTICLE IN KOLNISCHE VOLKSZEITUNG.
With joyful pride we contemplate the latest deed of our Navy and it will not be the last.

*   *   *

NEW YORK, MAY 8.
Riotous scenes of jubilation took place last evening amongst Germans in the German clubs and restaurants. Many Germans got drunk as the result of toasting "Der Tag."

ENLIST TO-DAY.

Póster británico de reclutamiento después del desastre del *Lusitania*.

de guerra, los cuales deberían ser apresados por ello. Aunque el embajador alemán protestó muchas veces al Gobierno estadounidense por la presencia de estos buques armados, se hizo la vista ciega. El Gobierno estadounidense advirtió formalmente a los británicos sobre esta práctica, pero no se dieron los pasos necesarios para terminar con aquello. Claramente era una ruptura de la neutralidad. Lo mismo es verdad también sobre el empleo, totalmente ilegal, de la bandera estadounidense en buques británicos. Aquí también hubo protesas oficiales, pero nada más.

Sin embargo, mucho más importante fue la aceptación por parte del Gobierno estadounidense del bloqueo económico a Alemania, al que recurrieron los británicos y al cual mantenían. No entraba en conflicto directo con la Declaración de Londres de 1909, en la cual los británicos habían tomado parte. Aunque este intento de establecer leyes marítimas internacionales no se ratificó en la Cámara de los Lores, se había acordado que todos los países considerarían la declaración «ley consuetudinaria». El bloqueo británico era contrario directamente a estos principios y los buques mercantes estadounidenses también se registraban, para ira del Departamento de Estado de Estados Unidos. El Gobierno estadounidense tenía que aceptar dócilmente que los barcos con cargamentos que los británicos consideraban contrabando (y que rápidamente los consideraban así) fueran detenidos y confiscaran sus cargamentos. Esto causó gran enojo en los norteamericanos, quienes pensaron en interrumpir los cargamentos de armas para Gran Bretaña. Cuando varios secretarios de departamento propusieron esto en una reunión del gabinete, el presidente Wilson se opuso con vehemencia a esta idea. Insistía en que los aliados estaban entre la espada y la pared en una batalla con «bestias salvajes» y que no quería tomar parte en algo que les pusiera las cosas más difíciles para ganar la guerra.

Eran palabras claras que demostraban a los alemanes que el presidente Wilson no era neutral. Aunque Alemania protestó con fuerza al Gobierno estadounidense sobre el bloqueo ilegal dirigido a la población civil (su objetivo era interrumpir las provisiones de alimentos y otros elementos básicos para vivir), el Gobierno estadounidense permaneció en el mismo lado en su neutralidad y no tuvo en cuenta las protestas. Con el fin de aliviar el estrangulamiento del bloqueo, el Gobierno alemán decidió introducir un contrabloqueo en el mar del Norte y en el canal de la Mancha, declarándolos zona de guerra y comenzando una guerra submarina sin restricciones. Alemania advirtió a los gobiernos neutrales que no permitieran que sus barcos nevegaran por esta zona, porque no siempre les era posible a los U-boot reconocer a una embarcación neutral.

Es una conjetura interesante saber qué habría sucedido si Estados Unidos no hubiera tolerado el bloqueo británico y el abuso de los derechos de países neutrales. Es posible que el bloqueo hubiera tomado una forma diferente y quizá los alemanes no se hubieran decidido por la guerra submarina sin restricciones. En respuesta a una pregunta del secretario de Estado estadounidense, Lansing, sobre si Alemania se adheriría a la ley marítima internacional según la Declaración de Londres de 1909, el

El transatlántico *Lusitania* en su último viaje hacia Gran Bretaña, donde fue torpedeado el 7 de mayo de 1915 por el submarino alemán *U-20*. Casi 1.200 pasajeros perdieron la vida entre las olas.

El viejo buque de guerra británico *HMS Juno* fue retirado al puerto inesperadamente después de navegar sobre minas escoltando al *Lusitania*.

Gobierno alemán contestó afirmativamente. Gran Bretaña, por otro lado, declaró que se reservaba el derecho a hacer cambios. Esos cambios se referían principalmente a los artículos considerados contrabando, a los cuales añadió alimentos y medicinas, algodón, cobre y otros artículos, haciendo imposible la importación de estos artículos procedentes de países neutrales.

Mientras tanto, el presidente Wilson declaraba que él pensaba que Estados Unidos permanecería fuera de la guerra. Incluso aunque le criticaran por esta postura, especialmente los republicanos, muchos norteamericanos compartían su actitud. Cuando el presidente presentó su candidatura para la reelección en 1916 lo hizo con el eslogan «Él nos mantuvo fuera de la guerra» y el presidente no perdió la oportunidad de dar discursos por todo el país defendiendo su postura, lo cual causó gran impresión.

A pesar de esto, es discutible hasta qué punto Wilson creía de verdad en su propia postura, porque un examen más detallado sugería que en realidad pensaba de otra manera. En 1915 ya parece haber llegado a la conclusión de que Estados Unidos debería ponerse de parte de los aliados y tomar parte en la guerra.

Por tanto, ¿cuál es la verdad? Durante 1915 Wilson envió a su emisario personal, el coronel House, a Gran Bretaña para que se reuniera con el ministro de Asuntos Exteriores británico, Edward Grey. Durante esa visita, House le pidió a Grey que le dijera qué querían los británicos que hiciera Estados Unidos para ayudar a los aliados a ganar la guerra. Fue una pregunta sorprendente que demuestra que Estados Unidos no era neutral en realidad.

Después del regreso de House a Estados Unidos, el 17 de octubre de 1915 escribió a Grey con la aprobación del presidente. La carta ofrecía claramente unirse a la guerra al lado de los aliados con ciertas condiciones. En esta carta House escribía que él iba a ir a Europa a hablar sobre los deseos de los aliados. Luego vistaría Alemania e indicaba que esperaba que los aliados rechazaran la propuesta de una conferencia de paz que haría él. También estaba casi seguro de que los alemanes aceptarían una propuesta así, pero si no lo hacían sería razón suficiente para que Estados Unidos se pusiera de parte de los aliados y dejar escapar ideas de conversaciones de paz. Si Alemania acudía a las conversaciones, entonces Estados Unidos apoyaría las demandas de los aliados, y si se rechazaban estas demandas, Estados Unidos abandonaría las conversaciones como uno de los aliados.

En enero de 1916 House viajó a Gran Bretaña de nuevo. En Londres repitió el acuerdo de Estados Unidos de unirse a la guerra. Desde Londres fue a París, donde se reunió con el primer ministro francés, Briand, y el embajador, Cambon. En esa reunión les dijo que Estados Unidos pronto –probablemente ese año– tomaría parte en la guerra al lado de los aliados. Los franceses apenas podían creer lo que escuchaban sus oídos y le pidieron que repitiera lo que había dicho. Después lo puso por escrito, pero House escribió en su diario que él sólo había prometido que Estados Unidos intervendría si los aliados estuvieran perdiendo la guerra. Sabiamente dejó su definición de «intervenir» en el aire. En febrero

Póster de reclutamiento estadounidense basado en el famoso póster británico que presentó Kitchener.

House regresó a Londres y se reunió una vez más con el ministro de Asuntos Exteriores, Grey, quien le preguntó qué quería decir exactamente con «intervenir». House repitió los detalles y los dos lo pusieron por escrito en un memorándum del 17 de febrero de 1916, que establecía las propuestas estadounidenses. Con sumo cuidado, las palabras decían que el presidente Wilson convocaría conversaciones de paz en un momento favorable para los aliados. Si Alemania las rechazaba, entonces posiblemente Estados Unidos se uniría a los aliados en la guerra. El memorándum continuaba informando de que el coronel House había declarado que el Gobierno de Estados Unidos haría propuestas favorables a los aliados durante las conversaciones. Si los alemanes las rechazaban y actuaban irracionalmente, entonces no se podría lograr la paz y Estados Unidos abandonaría las conversaciones como uno de los aliados.

El «peligro latente» de este memorándum de Grey y House, que parecía a primera vista tan favorable a los aliados, se encontraba en el hecho de que serían los norteamericanos los que dictarían los términos de paz y esto causó una enorme resistencia entre los franceses. Por consiguiente, el plan fracasó para gran pesar de Wilson.

Sin embargo, todo este asunto demuestra claramente que Wilson ya estaba intentando forzar la paz en 1915 al ponerse de parte de los aliados y presionando a los alemanes para que aceptaran. Al mismo tiempo estaba montando su campaña de reelección con el eslogan «Él nos mantuvo fuera de la guerra». Es obvio, por lo que acabamos de ver, que él tenía otros planes en privado. Estos planes se convirtieron en actos después de su reelección.

Murieron más norteamericanos después del *Lusitania* cuando fueron torpedeados el *Arabic* y el *Sussex*.

La armada estadounidense se prepara para la guerra. El *USS New Mexico* abandona el puerto para realizar ejercicios.

Hay algo totalmente ambivalente en la postura del presidente de Estados Unidos. Aunque no era belicista realmente y se esforzó hasta el final por lograr una paz justa, sus motivos no están claros y por consiguiente los historiadores dividen sus juicios sobre él. Wilson estaba a favor de los británicos claramente y consideraba intolerable una victoria alemana. Al vincularse Estados Unidos cada vez más a la causa aliada, tanto financiera como económicamente, la presión de la industria (y por tanto también de la prensa) se hizo cada vez mayor. Esto tuvo una enorme influencia en el pueblo norteamericano y el hundimiento del *Lusitania* (con muchas pérdidas de vidas americanas), seguido por el del *Arabic* y el del *Sussex,* inclinó la balanza del pensamiento del pueblo a favor de los aliados. Mientras tanto, Wilson se había convencido de que sus planes de «una paz justa, una paz sin vencedores y sin castigo» no se podía lograr si Estados Unidos no tomaba parte en el conflicto. Su ideal era restablecer la paz mundial representando Estados Unidos un papel principal. Le apoyó el secretario de Estado, Lasing, y el propio consejero personal del presidente, el coronel House, quien había opinado desde el principio que Estados Unidos no podía permanecer fuera de la guerra y que se unirían a los aliados. Wilson decidió entonces que llevaría a su país a la guerra cuando el pueblo norteamericano lo permitiera. Esto sucedió cuando los alemanes anunciaron la reanudación de la guerra sin restricciones con U-boots, después de lo cual el Gobierno estadounidense tuvo que romper sus relaciones diplomáticas

El 1 de mayo de 1916 el presidente Wilson decide preparar a Estados Unidos para la posible desgracia. Un «desfile de preparación» en Nueva York; 13 de mayo de 1916.

en vista de los cambios inminentes, y poco después declaró la guerra a Alemania. Esta decisión es incomprensible en vista del hecho de que el Gobierno de Estados Unidos nunca había sido neutral en realidad. La reanudación de la guerra de U-boots era una excusa más que una razón para que Estados Unidos decidiera entrar en la guerra.

ATAQUE CON TORPEDOS AL *LUSITANIA* (2)

UN DÍA TRISTE

Fue un día triste el 7 de mayo de 1915. El antiguo ganador de la banda azul, el *SS Lusitania,* con sus cubiertas llenas de pasajeros, se aproximaba a las Islas Británicas después de un crucero en calma desde Estados Unidos. Había a bordo unos 1.700 pasajeros británicos y norteamericanos que querían echar un primer vistazo a la costa ya próxima. De ellos, 1.198 nunca

El reclutamiento a gran escala comenzó en Estados Unidos. Aquí se muestra en formación una división de infantería de reciente creación.

llegarían a la costa y morirían al cabo de unas horas ahogados en el frío e inhospitalario mar. Hombres, mujeres y niños, entre ellos 128 norteamericanos, eran completamente inconscientes de que sus muertes serían una de las razones por las que el Gobierno estadounidense decidiera ir a la guerra contra Alemania.

El drama del *Lusitania* ha emocionado desde entonces y los historiadores han tenido opiniones diferentes durante todos estos años, y el debate continúa.

¿Cuál es la verdad? No había habido ningún incidente en el viaje del *SS Lusitania*. Bajo lo que se conocía como «Cruiser Rules», según las cuales se esperaba que por la ley internacional consuetudinaria los submarinos debían permitir primero que los pasajeros y la tripulación abandonaran el barco en sus botes salvavidas antes de hundir la embarcación, los pasajeros se sentían prácticamente seguros. La costa estaba a la vista y el viejo crucero británico *HMS Juno* se unió a ellos para escoltarles por entre las minas hacia puerto seguro. De repente se oyó el grito «¡Torpedo a la vista!» Casi inmediatamente fue seguido de una enorme explosión entre las chimeneas tercera y cuarta. Poco después hubo una segunda explosión, mayor que la primera. El barco escoró rápidamente y desapareció bajo las olas en menos de veinte minutos. Sólo sobrevivieron unos cientos de personas de las que iban a bordo y casi 1.200 se fueron con el barco hacia su tumba.

El mundo se conmocionó. Comenzaron entonces las discusiones sobre el drama y Gran Bretaña y Alemania tenían posturas claramente diferentes. Hay dos versiones de los hechos, las dos que se ofrecen a continuación.

VERSIÓN BRITÁNICA

Los británicos estaban furiosos, por supuesto. Sin embargo, aún hubo otro acto bárbaro por parte de los alemanes, en el que murieron casi 1.200 inocentes, entre ellos mujeres y niños, matados por un asesino furtivo sin previo aviso ni dar la menor oportunidad. Contravenía todas las leyes internacionales respetadas por todas las naciones civilizadas. Todo el mundo aborreció este acto y este aborrecimiento aumentó cuando la prensa británica informó de que el Gobierno alemán había otorgado una medalla conmemorativa para glorificar esta «victoria» contra el enemigo. El asesinato de inocentes a manos de este furtivo y del submarino U-20 y la celebración de este acto en Alemania causaron un gran impacto y la aversión hacia los alemanes en todo el mundo. Toda buena voluntad que quedara hacia Alemania había desaparecido.

Hubo una investigación oficial del desastre, por supuesto, y la comisión de investigación era unánimemente antigermana. Se declaraba que el

Construcción de submarinos en un astillero estadounidense.

Lusitania había sido torpedeado sin previo aviso, que había testimonio de un segundo torpedo y que el barco se había hundido en veinte minutos. La investigación se pronunció en contra de este «acto de piratería» que demostraba los actos barbáricos de «Huno» de envenenar pozos, emplear gas venenoso y matar civiles en Bélgica. Ahora Alemania había extendido sus crímenes a sangre fría y había calculado matar a pasajeros inocentes, un crimen como nunca se había visto en alta mar, que supuso una mancha sobre el carácter alemán que no podría olvidarse.

Después del empleo de este lenguaje emocional hubo un resumen de hechos en el cual se recordaba que el *Lusitania* era un barco de pasajeros desarmado que no formaba parte de la armada real y que no transportaba ni tropas ni armas. Ya que Alemania no tenía justificación bajo las «Cruiser Rules» para torpedear al barco sin avisar, Alemania era culpable claramente de quebrar la ley marítima internacional y de asesinar a 1.198 pasajeros.

Alemania refutó completamente este juicio, pero los argumentos alemanes no eran convincentes y las actitudes cambiaron hacia ella en Estados Unidos. El torpedeamiento del *Lusitania* se apoderó de la imaginación pública y la opinión pública se inclinó en contra de esa nación que podía llevar a cabo actos tan bárbaros.

Anna Olenda batió el récord de «recargar proyectiles», con 10.600 en un solo día.

VERSIÓN ALEMANA

El Gobierno alemán se indignó por la fuerte reacción, especialmente la de los norteamericanos. En una nota enviada al Gobierno estadounidense declaraban que ya no era posible emplear las Cruiser Rules en los submarinos, porque ponía en peligro a las tripulaciones. La decisión británica de armar buques mercantes y darles la orden de intentar atacar submarinos alemanes si se enfrentaban a uno, haría posible, argüían, adherirse a la convención. La guerra submarina sin restricciones era resultado directo de un bloqueo británico ilegal y la decisión de los británicos de armar buques mercantes.

Declararon que el *Lusitania* era un transporte auxiliar armado de contrabando británico con armas y municiones y que el empleo de torpedos estaba por tanto justificado. Añadían que habían avisado explícitamente de este peligro por medio de anuncios en periódicos norteamericanos y declarando zona de guerra a las aguas que

Derecha: Fabricación de proyectiles en serie en una fábrica de armamento norteamericana. Las mujeres trabajadoras llenaban de explosivos los proyectiles vacíos.

El presidente Wilson pidió permiso al Congreso para declarar la guerra a Alemania, el 2 de abril de 1917. Los primeros soldados norteamericanos partieron hacia Francia un poco después. Aquí las tropas del 142.° Regimiento de Infantería embarcan en el barco de transporte de tropas *MS Charles*.

rodean las Islas Británicas, donde cualquier barco británico o aliado corría el riesgo de ser torpedeado y que viajar a bordo de un barco así en calidad de pasajero tenía sus riesgos concomitantes. Finalmente, el Gobierno alemán remitía su nota a todos los países neutrales, en la cual anunciaba una política de guerra submarina sin restricciones y daba razones para ella.

Uno tras otro los barcos abandonan puertos estadounidenses llenos de tropas camino de la lucha en Francia. Una media de 200.000 o 250.000 partían cada mes hacia Europa.

LA POSTURA NORTEAMERICANA

La postura de Estados Unidos como país neutral después del desastre del *Lusitania* era muy difícil a causa de las víctimas norteamericanas. El Gobierno nunca había advertido a su pueblo de que viajar en barcos británicos pudiera resultar peligroso ni había tomado medidas para reducir los riesgos.

Los pasajeros pensaban que las Cruiser Rules todavía eran válidas y que por tanto apenas corrían riesgos. Después de todo, un submarino tendría que avisarles antes de disparar un torpedo.

La nota del Gobierno alemán era difícil para el Gobierno estadounidense, porque si ellos aceptaban las afirmaciones alemanas tendrían que responsabilizarse de su fracaso de evitar que ciudadanos estadounidenses entraran en zona de guerra. Hubo un intercambio de notas entre los dos gobiernos que resultaron inútiles. El Gobierno estadounidense exigía que los alemanes se responsabilizaran plenamente y reconocieran que el empleo de un torpedo en esas circunstancias era un error e ilegal. El Gobierno alemán se negó a hacer esto, aunque estaban dispuestos a tener un gesto de buena voluntad y evitar que se deterioraran las relaciones con Estados Unidos pagando una indemnización, pero fue rechazada. A causa de otros casos más de ataques de torpedos, las discusiones concernientes al *Lusitania* se paralizaron y el Gobierno decidió aplazar otras reacciones o medidas hasta después de las elecciones presidenciales de 1916.

Barco de tropas norteamericano en Le Havre. A finales de 1918 dos millones de soldados estadounidenses habían desembarcado en Francia.

Llegada del comandante estadounidense general Pershing y sus oficiales a Boulogne, el 13 de junio de 1917.

Por tanto, ¿cuál de las dos versiones de este drama, que captó la imaginación del mundo durante tanto tiempo, y casi fue la causa de que el Gobierno estadounidense rompiera relaciones diplomáticas, es la verdad? La respuesta no está clara. El debate continúa todavía hoy y puede que nunca termine. Hay respuestas, por supuesto. En general, se han probado los hechos siguientes:

LOS HECHOS

Es bastante lógico que los alemanes consideraran al *SS Lusitania* barco auxiliar. Su silueta aparecía en *Jane's fighting Ships,* una publicación internacional que daba detalles de todos los buques de guerra del mundo. La primera indicación de que el *Lusitania* era un barco auxiliar se dio cuando el magnate norteamericano de la navegación J. P. Morgan intentó hacerse

cargo de la Cunard Line en 1902, pero fue rechazado por el Gobierno británico al declarar que los barcos de pasajeros de la Cunard Line eran esenciales para la marina y que por tanto no se tendrían que eliminar del registro de barcos británico. La decisión de construir el *Lusitania* se tomó ese mismo año. El Gobierno británico concedió grandes subvenciones, pero con varias condiciones. El barco tenía que ser capaz de alcanzar 24 nudos y medio de velocidad y apropiado para montar varios cañones.

Tropas norteamericanas en la costa de Le Havre.

También se exigió a la Cunard que en la tripulación del barco hubiera cierta proporción de oficiales de las Reservas de la armada real. Este acuerdo, firmado el 30 de julio de 1903, también exigía que el *Lusitania,* al igual que la mayoría de los barcos de pasajeros, estuviera disponible como auxiliar de la armada en tiempo de guerra. Los alemanes estaban al corriente de todo esto.

El 19 de febrero de 1913 se ordenó a la compañía naviera que coloca-
ra al barco en dique seco para poder realizar una serie de modificaciones y
adecuar al barco como auxiliar de la armada. Se quitaron seis de las vein-
ticinco calderas y se amplió la bodega de proa, eliminando parte del espacio del entrepuente. Esta zona estaba destinada por completo al transporte de cargamentos para el Almirantazgo. Los rumores de que los barcos
tenían también seis cañones en ese momento no parecen infundados. El
24 de septiembre de 1914 la compañía naviera fue advertida de que el barco no se utilizaría de auxiliar sino que se necesitaría para transportar mercancías al Almirantazgo entre Estados Unidos y Gran Bretaña, y se asume
que esto significa transporte de armamento y otras mercancías militares o,
en otras palabras, contrabando. El director de la Cunard Line, Alfred

Acto de bienvenida para el general Pershing en el muelle de Boulogne.

El embajador norteamericano Page, el parlamentario británico Lord Darling y el general británico French durante la bienvenida de Pershing.

Booth, escribió sobre ello: «En resumen, me ordenan que sea un contrabandista de alto nivel en interés de la nación».

Esto respalda la conclusión de que no era totalmente infundada la afirmación de Alemania de que el *Lusitania* no era sencillamente un inocente barco de pasajeros, sino un auxiliar británico al servicio de la armada real británica. La afirmación de que iba armado parece basarse en el hecho de que la armada real británica había ordenado doce cañones de seis pulgadas para el *Lusitania,* pero nunca se montaron, porque se decidió en el último momento que no se emplearía de auxiliar.

Sin embargo, los alemanes tienen razón en su declaración de que el barco transportaba contrabando o, en otras palabras, mercancías para la guerra contra Alemania. Se ha comprobado que el barco transportaba 1.248 cajas (US Customs dio una cifra posterior de 1.250) y cada una de ellas contenía cuatro proyectiles «Shrapel» para los cañones de tiro rápido británicos de trece libras utilizados por la caballería. Esto sumaba un total de 5.000 proyectiles con un peso de explosivos total de 6.260 libras. Los proyectiles estaban montados con una espoleta de distribución con detonador de mercurio que es muy explosivo.

Además de estos 5.000 proyectiles, el *Lusitania* también transportaba más cajas de municiones: parte de las municiones y explosivos para el ejército británico. Desde el punto de vista alemán, éste era un barco enemigo (británico), que formaba parte de la armada real británica, que transportaba armas y municiones desde un país neutral a Gran Bretaña para utilizarlas en la guerra contra Alemania. Ésta es la razón por la que los alemanes justificaban el hundimiento de ese barco.

Respecto al asunto de que el comandante alemán del U-boot no actuó de acuerdo a las Cruiser Rules, el Gobierno alemán insistía en que había sido necesario por la decisión de los británicos de armar buques mercantes

El primer contingente de tropas estadounidenses desfila por París el 5 de julio de 1917.

y también señalaban el hecho de que el Gobierno estadounidense permitiera que esos buques mercantes armados accedieran a sus puertos neutrales y no hubieran condenado el bloqueo británico ilegal.

Es cierto que Churchill dio órdenes de que se armaran buques mercantes y que sus capitanes no iban a obedecer la orden de detención de los U-boots alemanes, sino que iban a navegar a toda máquina hacia el U-boot con intención de atacarle o destruirle con sus cañones. Churchill también subrayaba que los capitanes que entregaran sus barcos al enemigo tendrían un consejo de guerra y se les consideraría terroristas. Los alemanes estaban al corriente de esta orden. Había llegado a sus manos una copia de ella cuando detuvieron al *Ben Chruachan* el 30 de enero de 1915 antes de hundirlo. El conocimiento de estas instrucciones llevó a los alemanes a no obedecer más las Cruiser Rules.

Marines de Estados Unidos preparados para marchar hacia el frente; 18 de marzo de 1918.

Los alemanes tenían razón también cuando declaraban que el bloqueo económico británico iba contra la ley internacional. Es cierto que los británicos no habían ratificado la Declaración de Londres de 1909, en la cual se establecían las normas internacionales para llevar a cabo bloqueos, pero habían firmado el Tratado de París de 1856, en el cual se establecían y reconocían internacionalmente las normas para tales bloqueos. El Gobierno estadounidense también opinaba que los británicos estaban contraviniendo la ley internacional al detener barcos neutrales y confiscar sus cargamentos, y también en el asunto de la devolución de lo que los británicos consideraban contrabando. Por supuesto, el abandono de las Cruiser Rules por parte de Alemania también contravenía la ley internacional.

El Gobierno estadounidense sugirió a ambas partes que, si los alemanes volvían a obedecer las Cruiser Rules, los británicos permitirían barcos neutrales con cargamentos de alimentos destinados a la población civil de Alemania. Alemania aceptó esta propuesta, pero fue rechazada por los británicos y por tanto la situación permaneció sin cambios. Aunque el Gobierno estadounidense protestó, no llevaron a cabo ninguna acción, principalmente porque miraban hacia el futuro y no querían dañar su relación con los aliados.

Aunque Alemania tuviera posiblemente el argumento más fuerte, su acto de torpedear a un barco de pasajeros hizo que la opinión pública norteamericana se volviera contra ellos. Una vez más el presidente Wilson no rompió las relaciones diplomáticas a pesar de la presión que ejercían la prensa y los republicanos. Aun así el ataque de torpedos se ha de ver como un punto de partida y fue una de las razones por la que Estados Unidos decidió entrar en la guerra al lado de los aliados en abril de 1917.

Los dos hermanos MacDonald durante la instrucción.

La participación de Estados Unidos decidió el destino de Alemania. La muerte de 128 ciudadanos norteamericanos iba a suponer finalmente la caída del Reich alemán.

EL TELEGRAMA DE ZIMMERMANN, LA GOTA QUE COLMÓ EL VASO

El ataque con torpedos sobre el *SS Lusitania* cambió la actitud de Estados Unidos hacia Alemania, pero no llevó a Estados Unidos a la guerra inmediatamente. No obstante, la reanudación de la guerra submarina sin restricciones y un intento de conseguir que México actuara contra Estados Unidos causó un mayor alboroto y fueron los responsables directos de la decisión del presidente de entrar en la guerra al lado de los países de la entente.

¿Por qué fue así? Había una lucha dentro del Gobierno alemán sobre si reanudar la guerra submarina sin restricciones. El canciller alemán, Bethmann Hollweg, se oponía inexorablemente, porque estaba convencido de que llevaría a los norteamericanos a la guerra. Zimmermann, quien sustituyó a

Antes de marchar al frente, los inexpertos soldados estadounidenses recibieron primero dos meses más de instrucción en Francia.

Jagow en el cargo de ministro de asuntos exteriores el 22 de noviembre de 1916, opinaba de una forma completamente distinta. Estaba de acuerdo con Hindenburg y Ludendorff y con el Almirantazgo alemán de que una guerra sin restricciones con submarinos podría hacer terminar la guerra en 1917. Desestimaban a Estados Unidos por ser un factor insignificante, que no era tan fuerte como podría parecer, porque el ejército de Estados Unidos en ese momento era pequeño y ellos no creían que pudieran preparar una fuerza mayor, ni instruirla ni llevarla a Europa. Cuando lograran conseguirlo, era seguro que Alemania ya habría ganado una guerra de U-boots y por tanto se consideró su reanudación una elección responsable para terminar rápidamente la guerra.

El 1 de febrero se anunció que Alemania iba a reanudar la guerra submarina sin restricciones, aunque aquello llevara a Estados Unidos al borde de la guerra. El 3 de febrero el presidente Wilson anunció que el Gobierno estadounidense había roto las relaciones diplomáticas con Alemania, pero no se tomó la decisión todavía de declarar la guerra. Un simple telegrama le empujó y le hizo tomar la decisión final de unirse a los aliados. El 12 de noviembre Zimmermann envió un telegrama a su embajador de México, Eckhardt, con intención de descubrir si México estaría interesado en una

El 307.º Regimiento estadounidense marcha hacia Farnechon al son de la música de una banda militar británica.

alianza con Alemania. La respuesta que recibió fue lo suficientemente afirmativa para que él enviara el siguiente telegrama a Eckhardt el 19 de enero de 1917:

«Tenemos intención de empezar la guerra submarina sin restricciones el 1 de febrero. A pesar de ello, intentaremos mantener neutral a los Estados Unidos de América. En caso de no tener éxito, hacemos a México una propuesta o alianza según esta base: hacer la guerra juntos, hacer la paz juntos, generoso apoyo económico y un acuerdo por nuestra parte de que México va a reconquistar el territorio perdido en Tejas, Nuevo México y Arizona. La colonización en detalle se les deja a ustedes. Informará al presidente de que esto es secreto tan pronto como sea segura la guerra contra Estados Unidos y añada la sugerencia de que él, como iniciativa propia suya, invite a Japón para que se adhiera en seguida y al mismo tiempo medie entre Japón y nosotros mismos. Por favor, llame la atención del presidente sobre el hecho de que el empleo despiadado de nuestros submarinos ofrece ahora la perspectiva de obligar a Inglaterra a hacer la paz dentro de unos meses.» Firmado, Zimmermann.

Lo que Zimmermann no sabía es que el Servicio de Inteligencia Británico había interceptado y descodificado los telegramas diplomáticos alemanes con éxito desde hacía algún tiempo. El 24 de febrero entregaron una copia del telegrama de Zimmermann a Walter Page, el embajador estadounidense en Londres, quien inmediatamente lo envió a Washington. Ésta fue la gota que colmó el vaso y el 20 de marzo de 1917 el presidente de Estados Unidos decidió llevar a su país a la guerra. La declaración de guerra se hizo el 2 de abril. Alemania había perdido la oportunidad de ganar la guerra.

ACTO FINAL: ESTADOS UNIDOS DECLARA LA GUERRA

La opinión pública norteamericana se volvió en contra de Alemania después del torpedeamiento del *SS Lusitania,* del *Arabic* y del *Sussex.* El telegrama de Zimmerman fue la gota que colmó el vaso y convenció al presidente Wilson de que había llegado el momento en el que los norteamericanos ya no se resistirían a su participación en la guerra al lado de los aliados. Así que tomó la decisión de entrar en la guerra.

El 2 de abril de 1917, el presidente se dirigió al Congreso y propuso una declaración de guerra contra Alemania. El presidente habló con las siguientes palabras: «Con un profundo sentido del carácter solemne e incluso trágico del paso que estoy dando y de las serias responsabilidades que conlleva, pero en inmediata obediencia a lo que creo es mi deber constitucional, pido al Congreso que declare que la reciente conducta del Gobierno imperial alemán no es nada menos que una guerra contra el Gobierno y el pueblo de los Estados

Soldados norteamericanos en su tienda de campaña durante su instrucción en Francia.

Unidos, que formalmente acepta la postura de beligerante y así nos lo ha puesto en evidencia, y que obliga a dar los pasos inmediatos no sólo para poner al país en un estado de mayor defensa sino también para ejercer todo su poder y emplear todos sus recursos para que el Gobierno de Alemania acepte la situación y termine la guerra». El presidente declaró que Estados Unidos movilizaría inmediatamente todos los recursos para obligar a Alemania a terminar la guerra y lograr la paz.

El Congreso de EE.UU. apoyó unánimemente al presidente cuando él declaró la guerra a Alemania formalmente el 2 de abril. El enorme potencial de soldados y capacidad industrial de Estados Unidos se iba a demostrar ahora tras los aliados y contra Alemania, decidiendo el destino para el futuro. Veinte meses después de que Wilson se dirigiera a Alemania, ésta se vio obligada a pedir la paz y terminar la guerra, aunque no supuso el fin para el sufrimiento del pueblo alemán. El Tratado de Versalles que velaba por esa «paz» no dio la paz que buscaba el mundo y contenía la semilla de una segunda guerra mundial más terrible, en la cual millones de personas perderían la vida. *«L'Histoire se répète»*. La historia tiene la costumbre de repetirse y la Segunda Guerra Mundial no será el fin de la guerra.

Soldados norteamericanos practicando con la bayoneta. La fotografía se tomó el 3 de agosto de 1918.

EL FINAL

La «paz sin vencedores» es una ilusión

LA REVOLUCIÓN RUSA

La guerra creó un nivel de intranquilidad creciente en Rusia. Enormes pérdidas, aumento del hambre y falta de liderazgo en el país y en el frente dieron como resultado que el pueblo se rebelara. El zar, que había tomado el mando de las fuerzas rusas pero que no era apropiado para esa misión, se encontraba cada vez más vencido por ataques de depresión. La zarina se encontraba cada vez más influida por su confidente, el monje conocido como Rasputín, quien le aconsejaba y utilizaba para intentar destruir a sus propios enemigos. Disminuía la confianza en la corte y el zar consentía en casi todo lo que su esposa le pedía. Rasputín fue asesinado por dos aristócratas, el príncipe Romanov y el archiduque Dimitri Pavlowitch, en la Navidad de 1916, según una de las propias profecías de Rasputín, en las cuales también preveía la caída de la monarquía. La segunda parte de la profecía de Rasputín también se hizo realidad sólo diez semanas más tarde, cuando el zar abdicó y la nación se vio inmersa en una revolución.

El Gobierno alemán había estado en contacto con comunistas rusos desde el principio de la guerra en 1914; estos comunistas vivían en el exilio, principalmente en Suiza. Entre ellos se encontraba Lenin, el líder comunista más importante, quien se preparaba para regresar a Rusia cuando llegara el momento.

ABDICACIÓN DEL ZAR

En la primavera de 1917 la situación era cada vez más grave en Rusia. El presidente de la Duma o Parlamento ruso, Michael Rodschanko, avisó al zar de que se requería

Póster ruso para pedir al pueblo que obtuviera préstamos de guerra al 5,5 por 100.

El zar con el comandante en jefe ruso, archiduque Nicolás, de quien asumió el mando de sus tropas en 1917.

El general Suchomlinov, antiguo ministro de la Guerra ruso, quien posteriormente fue juzgado por corrupción.

su presencia urgentemente y de que había peligro de perder el control, pero el zar no hizo caso a esta petición urgente y se quedó donde estaba. A principios de febrero hubo disturbios a gran escala en San Petersburgo, donde la gente requería alimentos y atacaron y saquearon tiendas. El gobernador local envió a los cosacos para que se encargaran de la multitud, pero ellos se negaron a actuar y en algunos casos incluso se unieron a los saqueos. La intranquilidad se repitió varias semanas más tarde y 250 alborotadores resultaron muertos por disparos cuando la policía abrió fuego. Una vez más, el ejército se negó a ayudar a la policía. Dos regimientos de guardias que vinieron para ayudar también se negaron a obedecer órdenes y ése fue el momento en el que el pueblo de San Petersburgo tomó el poder y comenzó la revolución. Atacaron las prisiones y liberaron a los prisioneros políticos. La fortaleza de Pedro y Pablo fue incendiada y tuvo lugar un saqueo sin prece-

dentes. La revolución se extendió rápidamente y el ministro de la Guerra informó al zar de que se habían amotinado muchos regimientos y unidades del ejército. El 27 de febrero el presidente de la Duma envió un mensaje urgente al zar en el que le informaba de que la monarquía estaría perdida a menos que regresara él en seguida a San Petersburgo a tomar el mando. El zar ni se dignó contestar. Ni siquiera otros informes del amotinamiento creciente en otros regimientos pudo sacarle de su apático estado. No hizo caso a todos estos gritos pidiendo ayuda, como si no hubieran existido. La situación era explosiva. El ejército no actuaba; al contrario, las tropas ya no obedecían a los superiores y se unían a los saqueos, poniéndose de parte de los revolucionarios. Había estallado una revolución y se extendía por todo el país a la velocidad de un rayo. El zar, que finalmente se dio cuenta de que el asunto era más grave de lo que él había pensado, pidió consejo ahora al presidente de la Duma. El único consejo que podía dar al zar era

El héroe ruso sargento Chibenco, del V Ejército siberiano, consiguió cuatro veces la Cruz de San Jorge, la mayor condecoración otorgada a suboficiales del ejército ruso.

Derecha: Después de estallar la Revolución rusa hubo deserciones masivas en el frente. Aquí soldados heridos han asaltado un tren para que los lleve a su país después de retirarse de Galitzia.

Un tren cargado de agitadores leninistas enviados al frente llega a Kiev, donde la mayoría de ellos fueron ejecutados.

Tropas bolcheviques en Kronstadt en 1917. Un capitán del 56.º Regimiento habla a sus soldados.

abdicar. El pueblo se había rebelado, el ejército amotinado, se estaban creando consejos de trabajadores y soldados por todas partes para hacerse con el poder, y no había otra cosa que pudiera hacer el zar que abdicar. El 16 de marzo firmó el acta de abdicación a favor de su hermano Michael y fue apresado.

Su sucesor también renunció a su derecho al trono ese mismo día y el ministro de Trabajo, Kerensky, pasó a ser el jefe del gobierno revolucionario provisional. Kerensky decidió continuar la guerra al lado de los aliados y parecía que se iba a restaurar el orden. En realidad, las cosas eran totalmente diferentes. El zar se reunió con su esposa y sus hijos en el palacio de Detskoie-Selo, donde se encontraba prisionera la familia real y sometida a una notable humillación. Un tiempo después fueron trasladados a Jekaterinenburg, donde fueron brutalmente asesinados durante la noche del 16 al 17 de julio de 1918. La antigua dinastía centenaria de los Romanovs había llegado a su fin.

RUSIA SE RETIRA DE LA GUERRA

Los alemanes observaban los sucesos de Rusia con gran interés. Pensaban que podrían llegar a un acuerdo con el Gobierno ruso provisional, pero cuando se vio claramente que Kerensky deseaba continuar la guerra, ellos decidieron echar una mano a la revolución. Dieron permiso a Lenin para que viajara a Rusia con el fin de fortalecer los grupos radicales. El 9 de abril de 1917, Lenin y su grupo de treinta personas fieles partieron en un tren especial de Zurich a San Petersburgo, a donde llegaron el día 16. Le dieron la bienvenida con entusiasmo y desde el año siguiente hasta su muerte, en 1924, iba a tomar el mando del nuevo Estado soviético.

La revolución comenzó en San Petersburgo con fuego y destrucción. Las víctimas se enterraron el 3 de mayo de 1917.

Durante la revolución se formaron consejos de soldados. Aquí está reunido uno de ellos en San Petersburgo.

Época de mucha intranquilidad. Un soldado lee a los soldados una de las muchas proclamas.

Pero esto pertenece al futuro. Kerensky llegó a ser ministro de la Guerra en el nuevo Gobierno. En este cargo ordenó al general Brusilov que empezara una nueva ofensiva. Esto iba a ser el principio del fin. El 1 de junio de 1917 Brusilov atacó a las tropas alemanas y austrohúngaras en la cordillera de los Cárpatos con cuarenta y cinco divisiones. En una semana sus tropas habían avanzado casi treinta kilómetros y la acción prometía ser un gran éxito, pero después los rusos fueron retenidos y la ofensiva perdió su fuerza completamente. Sus soldados se negaron a cumplir órdenes, muchos desertaban o sencillamente se iban a casa, y los alemanes recuperaron rápidamente el terreno que habían perdido. Brusilov fue retirado y se formó un nuevo Gobierno provisional, de nuevo bajo el mando de

El primer ministro ruso, Kerensky, que había sido ministro de la Guerra, visitó el frente el 12 de septiembre de 1917 después de la abdicación del zar el 27 de marzo y de la toma del poder por Lenin en abril. Kerensky está en el centro señalando con el dedo.

Kerensky. La guarnición de San Petersburgo perdió la confianza en el Gobierno provisional y Lenin tomó el poder. Formó un consejo de comisarios del pueblo y declaró que quería terminar la guerra, aunque esto supusiera la pérdida de territorio ruso.

Leon Trotsky, que había estado exiliado en Estados Unidos mientras el zar estaba en el poder, regresó a Rusia ese mes de febrero y Lenin le puso al frente de Asuntos Exteriores. Contactó con los alemanes y les ofreció una paz independiente. Las conversaciones se celebraron al fin en Brest-Litovsk, pero las exigencias alemanas fueron consideradas inaceptables por Trotsky. En ese momento él, unilateralmente, declaró el fin de la guerra con las Potencias Centrales y anticipó la aceptación de ello por parte de Alemania, pero el comandante en jefe alemán ordenó una continuación de la campaña rusa y las tropas alemanas penetraron rápidamente en Rusia.

Derecha: Kerensky ordenó al general Brusilov que comenzara una nueva ofensiva contra los alemanes el 1 de junio de 1917. Aquí se ven tropas rusas preparadas para el último gran ataque. La ofensiva comenzó con mucho éxito, avanzaron casi treinta kilómetros, pero después los soldados se negaron a continuar y se detuvo la ofensiva.

En su avance hacia Tarnopol los soldados rusos se trasladaban de un agujero de proyectil a otro bajo el fuego de proyectiles «shrapnel» de seis y ocho pulgadas, los cuales mataron a muchos.

Un negociador ruso llevado con los ojos vendados al cuartel general alemán...

... y le reciben allí para hablar de una tregua.

El final se acerca. Trotsky llega a Brest-Litovsk para mantener conversaciones de paz
con los alemanes.

La habitación de Jekaterinenburg en que la zarina pasó sus últimos días en cautividad antes de que ella y su familia fueran brutalmente asesinadas.

Los bolcheviques colocaron una valla alrededor de la villa de Jekaterinenburg para evitar cualquier contacto con el mundo exterior.

Habitación en la que estuvieron retenidas las hijas del zar hasta que fueron brutalmente asesinadas en la noche del 16 al 17 de julio.

Lenin intervino en este momento y ordenó que la guerra tenía que terminar a toda costa, así que finalmente la guerra entre Alemania y Rusia terminó oficialmente el 3 de marzo de 1918. Rusia perdió un tercio de su territorio en favor de Alemania. Aproximadamente el 90 por 100 de las minas de carbón rusas estaban ahora en manos alemanas, además de un tercio de tierra agrícola y casi la mitad de la industria rusa.

Alemania estaba jubilosa y rápidamente trasladó tropas del frente oriental al occidental con la esperanza de cambiar el rumbo de la guerra. Ahora sabemos, por supuesto, que esto no resultó fructífero. Los soldados que eran trasladados parecían estar infectados de la revolución rusa que se extendía entre las tropas. Un nuevo oponente, en forma de Estados Unidos, también apareció ahora en el frente. Las oportunidades de que Alemania ganara la guerra se habían terminado definitivamente.

La retirada unilateral de la guerra por parte de Rusia y la toma del poder por los comunistas causaron un importante distanciamiento entre las potencias occidentales y Rusia que hasta ahora no ha empezado a curarse. No obstante, el pueblo ruso no se libró de su sufrimiento bajo el mando de Stalin ni de sus sucesores, como sabemos ahora.

LA OFENSIVA ALEMANA EN MARZO DE 1918

UN ÚLTIMO INTENTO

En marzo de 1918 la guerra continuaba en todos los frentes a excepción de Rusia en el Frente Oriental, ya que la Revolución rusa había terminado con las hostilidades entre Rusia y Alemania. En el oeste los aliados estaban exhaustos y deseaban evitar cualquier batalla a gran escala, dando tiempo a que los norteamericanos, que acababan de entrar en la guerra, se presentaran con la fuerza suficiente para dar un giro positivo a la lucha. Se esperaba que la guerra continuara en 1919 y los acontecimientos todavía no se habían decidido a favor de los aliados.

Por el lado alemán se habían hecho varios intentos inútiles de mantener conversaciones con los aliados. También el Papa intentó mediar, de nuevo sin resultado. En diciembre de 1916 había tenido lugar un primer intento de conversaciones de paz por parte del presidente Wilson, pero fueron rechazadas por los aliados.

Esto dejaba claro que Alemania no podría contar, comprensiblemente, con ninguna benevolencia hacia ella por parte de los aliados. La decisión de Estados Unidos de entrar en la guerra inclinaría la balanza a favor de los aliados; por tanto, no era el momento de hablar de paz. El comandante en jefe alemán también comprendía esto y decidió presentar una última batalla decisiva antes de que las tropas norteamericanas en masa estuvieran disponibles, momento en el que ellos cambiarían la inclinación de la balanza y harían imposible una paz favorable a Alemania.

Hacer la guerra estaba más allá de los medios de Alemania en 1918 y el Gobierno intentaba conseguir el dinero necesario para continuar la lucha por medio de préstamos de guerra.

Alemania decidió una última gran ofensiva en marzo de 1918 para aprovecharse de la ventaja.
Tropas alemanas, camino del frente en marzo de 1918.

Concentración de tropas alemanas cerca de Templeux; marzo de 1918.

Una última inspección realizada por el mariscal de campo Hindenburg.

Comienza la Operación Michael: Tropas de asalto del XVIII Ejército alemán, instruidas especialmente, comienzan el ataque.

Por tanto, los motivos de la gran ofensiva de marzo, que tenía como fin una rápida victoria de Alemania, se basaron en estas razones. El Estado Mayor alemán argüía que:

- Se preveía que las tropas estadounidenses no estarían disponibles con gran fuerza antes del verano de 1918.
- Había más soldados alemanes en el Frente Occidental que tropas aliadas.
- Se esperaba que un millón de soldados del Frente Oriental se pudieran trasladar al Frente Occidental para lograr una supremacía aún mayor.

Éstas eran razones militares sobradas para una ofensiva y también las apoyaba la lógica política de que estaba aumentando la intranquilidad en Alemania por la falta de alimentos, que podrían convertirse en demandas al terminar la guerra.

COMIENZO DE LA OPERACIÓN MICHAEL
La ofensiva, codificada Operación Michael, no sorprendió a los aliados como un trueno en un cielo azul, pero les sorprendió su magnitud.

Tropas de asalto atacan al enemigo.

La artillería alemana de cañones de 77 mm traslada el ataque a las cercanías de Ypres.

Derecha: Tropas británicas en Picardy; marzo de 1918.

Infantería británica en retirada cerca de Avelay.

Cientos de miles de hombres habían recibido instrucción, se había llevado provisiones y se había trasladado tropas al frente durante muchos meses. Se habían preparado posiciones, trincheras y refugios, y una enorme cantidad de municiones estaban listas sin que el enemigo se hubiera dado cuenta prácticamente. Todos los movimientos se realizaban durante la noche. Durante el día todo parecía en calma y las nuevas tropas se ocultaban todo lo posible en los bosques. Algunas veces, si existía el riesgo de ser descubiertos, incluso se alejaban del frente durante un tiempo antes de regresar al caer la noche. La instrucción de las tropas de asalto especiales era muy completa y nada se pasaba por alto. Finalmente, todo estaba preparado para la batalla del 21 de marzo de 1918 y se podía dar la señal de

Almacén de municiones capturadas a los británicos.

No todo cayó en manos alemanas. Soldados británicos trasladan un depósito de municiones antes de retirarse.

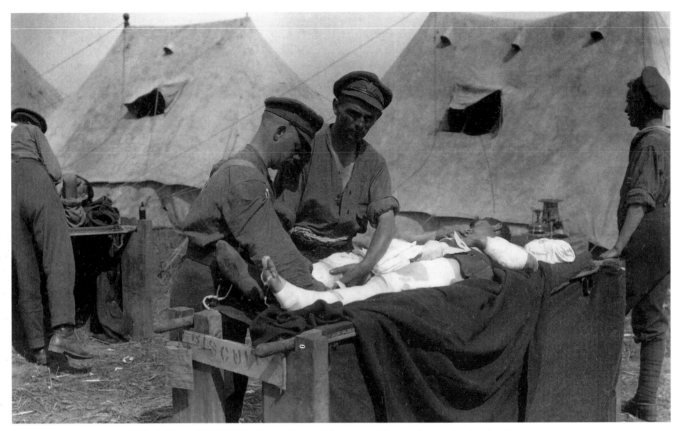

Las pérdidas de los aliados eran enormes y resultaba imposible atender a todos los heridos.
En la fotografía, un hospital de campaña.

Heridos británicos esperando a que los recojan.

Los británicos lanzaban de todo en la defensa. Un cañón de dieciocho libras defendiendo St. Albert el 28 de marzo de 1918.

El avance alemán se encontró con un terreno difícil de atravesar.

El campo de batalla de Armentières entre el 9 y 11 de abril. Los alemanes atacaron desde esta posición.

Heridos de la 51.ª División Highland se dirigen a un puesto de campaña detrás del frente.

Soldados británicos heridos en un puesto de socorro de Merville que cayó en manos alemanas el 8 de abril de 1918.

comienzo una vez que el general Ludendorff se hubo trasladado a su cuartel general de Avesnes. Tres ejércitos se pusieron en movimiento: el II bajo el mando del general von Marnitz, el XVII al mando de von Below y el XVIII bajo el mando del general Hutier, formando setenta y una divisiones en total.

Miles de cañones y tres mil morteros abrieron fuego a las cinco de la mañana y dispararon en el área comprendida entre La Fêrre y Arras durante cuatro horas, antes de que la infantería abandonara sus trincheras y comenzara el ataque. El plan era que el XVII Ejército avanzara hacia Bapaume antes de dirigirse al norte hacia Arras. El II Ejército tenía como

Tropas británicas defendiendo el canal en Merville; 8 de abril de 1918.

Cañón británico en el puente de Vermont.

Caballos que tiraban de un carro de munciones, muertos a causa de un proyectil.

Un cañón de seis pulgadas Mark VII en Gaesteren; 23 de abril de 1918.

Columna de transporte alemana camino del frente pasa por delante de prisioneros de guerra británicos sentados, que esperan que les lleven a la retaguardia.

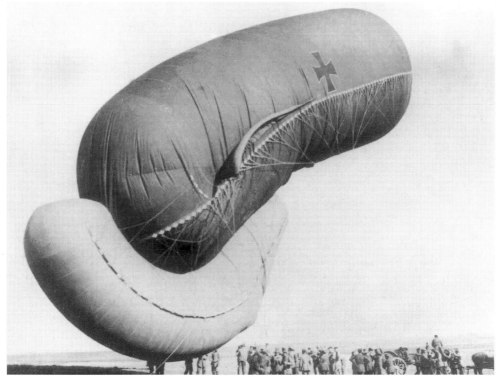

Elevación de un globo de observación de tiro de la artillería alemana.

Izquierda: El número de heridos aumenta.

Tropas alemanas transportadas al frente en un tren de vía estrecha.

objetivo Péronne. Después de cercar este lugar iba a dirigirse al norte hacia Doullens, mientras la misión principal del XVIII Ejército era empujar hacia el Somme, con el fin de proteger el flanco derecho de los Ejércitos XVII y II contra los contraataques franceses. Ludendorff intentaba de esta manera primero conseguir una ruptura y después arrollar el frente, obligando a los británicos a dirigirse hacia la costa del canal mientras amenazaban París por el otro lado, dividiendo las dos fuerzas aliadas antes de destruirlas.

Los británicos eran débiles en el punto elegido. El sector norte estaba ocupado por el III Ejército británico bajo el mando del general Byng (14 divisiones) mientras las posiciones británicas del sur estaban en manos del V Ejército del general Gough. Al sur de los británicos se encontraba en VI Ejército francés bajo el mando del general Duchêne.

El XVIII Ejército realizó un rápido avance después de lanzarse el ataque alemán. El III Ejército británico ofreció una gran resistencia, pero las líneas avanzadas británicas hacia el sur fueron capturadas al mediodía y la segunda

Derecha: Puestos de ametralladoras británicas esperando al enemigo.

La infantería alemana ataca el canal de Aisne en mayo de 1918.

La infantería alemana cruza una carretera bajo el fuego británico.

Las tropas alemanas avanzan. La infantería alemana ataca cerca de Fisnes el 27 de mayo de 1918.

Un vaso de leche fresca durante un descanso en la lucha en Soissons; mayo de 1918.

línea cayó por la tarde. Ludendorff modificó su plan y trasladó el empuje principal hacia el sur. Al tercer día el general Gough tuvo que retirar sus tropas detrás del Somme. Hutier recibió entonces la orden de avanzar por las dos orillas del Somme, atacando tanto a los británicos como a los franceses, con el fin de crear la separación necesaria. Las tropas alemanas se dirigieron hacia Arras al norte y hacia Amiens en el centro, mientras el XVIII Ejército avanzaba hacia París, aunque la rápida ruptura pronto llevó a una retención. Las reservas desplegadas rápidamente tuvieron éxito en retener a los alemanes cerca de Amiens y el XVIII Ejército, que intentaba penetrar en Noyon, se vio obligado a detenerse, porque sus tropas estaban exhaustas y necesitaban descansar. El 4 de abril se intentó de nuevo penetrar en Arras, pero este ataque careció de la fuerza necesaria y el 5 de abril Ludendorff se vio obligado a detener la ofensiva.

SEGUNDO INTENTO: LA OPERACIÓN GEORGE

Ludendorff ya estaba planeando una segunda ofensiva el 7 de abril. Las tropas iban a intentar penetrar hacia el norte y el sur de Armentières. Nueve divisiones alemanas atacaron en Armentières el 9 de abril. Esta zona estaba defendida por cuatro divisiones portuguesas que se derrumbaron bajo

Los alemanes tomaron Kemmel, cerca de Ypres, a los franceses.

Un soldado alemán lanza una granada de mano durante el combate cerca de Soissons.

Soldados alemanes en una trinchera tomada a los franceses en la colina de Kemmel.

Tropas alemanas se preparan para tender una línea de ferrocarril de vía estrecha hacia las trincheras británicas de Ypres...

...las cuales pronto son capturadas.

la presión alemana y huyeron llenas de pánico. Se creó una brecha de unos seis kilómetros de anchura, a través de la cual los alemanes trasladaron rápidamente sus tropas. El ataque hacia el norte de la ciudad tuvo éxito también y el 11 de abril los dos ejércitos intentaron reunirse.

Al día siguiente parecía que la penetración había sido un éxito. Haig envió refuerzos, pero fueron incapaces de cambiar la situación. Foch no hizo caso a las súplicas de que viniera en su ayuda. Las órdenes del día de Haig daban más importancia a la defensa a toda costa, ya que una penetración alemana resultaría fatal. Encargó al general Plumer la defensa de este frente y tuvo el sentido común de reducir la anchura del frente, aun cuando significara ceder terreno por el que habían luchado y había costado miles de vidas británicas, pero esto supuso que se demorara el avance alemán por un terreno difícil y finalmente se detuviera el 29 de abril cuando Ludendorff ordenó detener la ofensiva. Los alemanes habían perdido a 350.000 hombres y los británicos a 305.000.

París sufrió el fuego de la artillería. Uno de los cañones alemanes de gran alcance que dispararon sobre París.

TERCER INTENTO: EL PLAN HAGEN

Una vez más Ludendorff dirigió sus esfuerzos al sector británico. Estaba seguro de que los británicos se encontraban muy debilitados y que un ataque a gran escala tendría éxito. Esta operación se llamó Plan Hagen. Con el fin de desviar a las tropas británicas y francesas del sector del norte, planeó primero una maniobra en Chemin des Dames. Además habría un ataque del XVIII Ejército de Hutier, el VII Ejército del general Boehn y el I Ejército de von Mudra, que comprendía cuarenta y una divisiones en un frente de más de 36 kilómetros entre Anizy y Berry-au-Bac. Esta zona estaba defendida por cuatro divisiones británicas y siete francesas del VI Ejército del general Duchêne. El objetivo de Ludendorff era penetrar por aquí hacia la línea de Soissons-Reims, para lo que preparó el ataque completo. Los alemanes abrieron fuego el 27 de mayo con unos cuatro mil cañones que dispararon a las posiciones francesas y británicas durante cuatro horas ininterrumpidamente. Después hubo una barrera de fuego de la artillería, detrás de la cual avanzaban las tropas de asalto. El ataque fue un éxito tremendo, en parte debido a las débiles posiciones defensivas del VI ejército. Los atacantes golpearon a las líneas francesas y el 30 de mayo ya habían capturado 45.000 prisioneros de guerra, unos 400 cañones y miles de ametralladoras.

Artilleros alemanes colocan la cápsula a los proyectiles de los cañones que dispararon sobre París.

Prisioneros de guerra británicos reunidos esperando a que se los lleven.

Los refuerzos se acercaron hacia la brecha abierta y lograron demorar el avance alemán. Después de tomar Chateau Thierry, las tropas norteamericanas tuvieron éxito al lograr detener a los alemanes. París se encontraba amenazada directamente y el pánico era grande entre los aliados. El 1 de junio los alemanes tomaron posiciones a unos 65 kilómetros de París y habían hecho 65.000 prisioneros de guerra. Reims también estaba amenazada, pero las provisiones eran ahora más difíciles y sus soldados estaban exhaustos. El avance se demoró más porque las tropas alemanas se distraían saqueando los almacenes aliados que capturaban y se hartaban de comida y de bebida sin responder a las órdenes. Ludendorff ya no podía conseguir reservas suficientes y el 3 de junio decidió detener la ofensiva y darles un descanso a sus hombres.

También se utilizaban perros en el frente. Aquí uno de ellos lleva comida a las líneas.

Una estación de telégrafos alemana sin cable, alimentada por medio de una dinamo a la que hacen funcionar dos «ciclistas».

CUARTO INTENTO: LA OPERACIÓN GNEISENAU

Ludendorff ordenó una nueva ofensiva el 9 de junio, de nuevo con el XVIII Ejército de Hutier, once divisiones de primera línea y siete divisiones de reserva apoyadas por quinientos aviones y 625 baterías artilleras. Las divisiones ya no tenían toda su fuerza después de las pérdidas de los ataques anteriores; con frecuencia no contaban con más de la mitad de la fuerza y había muchos reclutas inexpertos. La situación alimentaria era crítica también. No había forraje para los caballos y las provisiones de alimentos para las tropas eran mínimas. Muchos soldados sufrían tal hambre que les llevaba al saqueo a gran escala y también a la deserción.

El ataque tuvo lugar con nueve divisiones a lo largo de un frente de unos 36 kilómetros entre Montdidier y Noyon, y en cuestión de horas llegaron al Oise, donde las tropas penetraron entre Rollot y Thiescourt atravesando un sector de 10 kilómetros hacia el oeste de Méry. Los franceses enviaron refuerzos y lograron detener a los atacantes. El 11 de junio contraatacaron y detuvieron la ofensiva alemana, con un coste de 40.000 hombres. Los alemanes perdieron 25.000 hombres en esta ofensiva. Las ofensivas alemanas habían ganado mucho terrero y unos 212.000 prisioneros de guerra, pero fracasaron en dividir a los ejércitos francés y británico.

QUINTO INTENTO: LA OPERACIÓN MARNESCHUTZ
Y BATALLA DE REIMS

Ludendorff decidió hacer un último intento de ofensiva definitiva. A pesar de las advertencias de que esperara hasta que sus tropas estuvieran lo suficientemente fuertes y hubieran descansado, decidió arriesgarse a un nuevo ataque. Creía que la guerra tenía que terminar en 1918 antes de que los aliados se hicieran más fuertes con la llegada de tropas norteamericanas mientras sus propias tropas se debilitaban progresivamente y no podrían luchar durante mucho más tiempo. Tenía cuarenta y nueve divisiones preparadas y dio órdenes al general Boehn, del VII Ejército, de cruzar el Marne hacia el este de Château Thierry con el fin de tomar Tére-Champenois. Los Ejércitos I y III de von Mudra y de von Einem iban a atacar al este de Reims con el fin de ocupar Châlons sur Marne.

Ludendorff era demasiado optimista y estaba completamente seguro de que el ataque tendría éxito. Declaró que este ataque sería una absoluta derrota para los aliados y daría la victoria a la Alemania por la que tanto tiempo habían luchado. Este optimismo es difícil de comprender dada la gran debilidad de sus fuerzas. En las cuatro ofensivas había perdido casi medio millón de hombres (95.000 muertos) y carecía de reservas. Los refuerzos que habían venido del frente oriental trajeron muchos problemas con ellos. Carecían de disciplina y de entusiasmo. La cantidad de desertores aumentó de forma alarmante.

Puesto de observación británico cerca de Ypres.

Vendajes británicos que se lavaban y se volvían a utilizar.

No obstante, las tropas alemanas se movieron una vez más el 15 de julio. El ataque fue precedido de gas mostaza, que no tuvo efecto porque el viento iba en otra dirección. Los Ejércitos I y III tropezaron en seguida con una fuerte resistencia y avanzaron poco, y aún menos por la falta de apoyo de la artillería. El VII Ejército avanzó más de seis kilómetros por el Marne para tomar posiciones francesas. Debido al poco avance de los Ejércitos I y III, la unión entre ellos y el VII Ejército les puso en peligro y el general Boehn pidió permiso para retirarse. Ludendorff, viendo sin embargo que fracasaba otra ofensiva en la cual él había puesto mucha esperanza, dudó en estar de acuerdo y cuando reaccionó ya era demasiado tarde. Mientras tanto, decidió dar autorización al Plan Hagen original, para el cual ya había colocado tropas en Flandes. Esto nunca sucedió porque el 18 de julio los franceses contraatacaron y Ludendorff se vio obligado a abandonar el Plan Hagen y trasladar a Soissons las tropas que había enviado para ello.

CONTRAOFENSIVA ALIADA

Aunque muy debilitados, los franceses contraatacaron con 1.600 cañones, según lo planeado, el 18 de julio. El X Ejército francés, bajo el mando del general Mangin (10 divisiones, entre ellas dos estadounidenses en el primer grupo y seis divisiones de infantería y un cuerpo de caballería en el segundo, además de dos divisiones británicas en reserva), y el VI Ejército al mando del general Degoutte (siete divisiones que comprendían dos divisiones de Estados Unidos y una división de reserva en el segundo grupo) contra el VII Ejército alemán (cinco divisiones y seis divisiones de reserva) y el IX ejército (seis divisiones y dos divisiones de reserva). Las tropas norteamericanas que estaban presentes eran numerosas por primera vez (unos 85.000 hombres). Otras tres divisiones estadounidenses (cada división estaba compuesta por 17.000 hombres y era mucho más grande que la división aliada o alemana) iban camino del frente. Esta supremacía numérica de los aliados obligó a retroceder a los alemanes de una forma lenta pero segura y los oficiales aconsejaron a Ludendorff que se retirara hacia la línea de Siegfried. Temiendo las consecuencias políticas de esto para su patria y la moral de sus tropas, rechazó el consejo. No tenía reservas disponibles para detener la ofensiva aliada y la presión era cada vez mayor.

La suerte estaba ahora de su parte; esta vez porque los franceses habían sufrido muchas pérdidas (unos 160.000 hombres) y ya no les era posible

Soldados franceses muertos en una trinchera capturada por los alemanes; julio de 1918.

El mariscal Joffre visita el frente; octubre de 1918.

conseguir sustitutos. La ofensiva aliada se detuvo por tanto el 22 de julio. Los alemanes perdieron 110.000 hombres y no tenían perspectivas de poder sustituirlos.

Ludendorff, que todavía planeaba mantener al VII ejército en posición, fue obligado por Hindenburg a abandonar esta idea y a retirar sus tropas detrás del Marne. Estaba muy deprimido y dio la impresión de nerviosismo y melancolía a sus oficiales y comandantes. Esto no debe sorprender, porque había empezado la gran marcha atrás y el comandante en jefe alemán había perdido la iniciativa ante los aliados.

8 DE AGOSTO: DÍA NEGRO PARA EL EJÉRCITO ALEMÁN

Hubo un período de relativa calma después de la contraofensiva que permitió a los aliados reforzar sus posiciones y dar algún descanso a las tropas exhaustas.

Mientras tanto, planeaban empujar a los alemanes hacia atrás. Esta vez el IV Ejército británico, bajo el mando del general Rawlinson (quien sucedió al general Gough, al que habían herido en marzo), y el I Ejército francés, al mando del general Debeney, iban a montar una ofensiva juntos contra el II Ejército alemán del general Marwitz y el XVIII Ejército del general Hutiers entre el río Avre y St. Albert.

El rey Jorge de Gran Bretaña y el rey Alberto de Bélgica también visitaron el frente.

Tropas alemanas marchan hacia nuevas posiciones, más atrás, en septiembre de 1918...

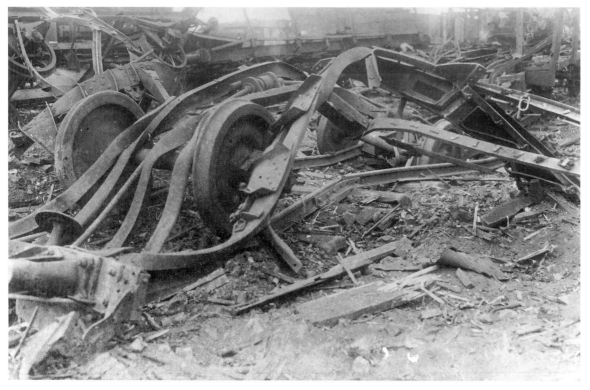

...dejando devastación tras ellos.

Derecha: Apenas unos ladrillos quedaron en pie como resultado de una retirada estratégica
para dificultar el propósito de los aliados.

Tropas alemanas en retirada vuelan una estación de ferrocarril.

Los alemanes consiguen salvar la mayor parte de sus cañones.
Una batería de obuses de 210 mm se prepara para la retirada; octubre de 1918.

Soldados alemanes se protegen en un cráter de proyectil; octubre de 1918.

Tropas alemanas durante la retirada hacia la línea de Hindenburg.

Tropas alemanas en retirada caen bajo el fuego pesado de los aliados.

Un gran proyectil de obús francés explota en medio de posiciones alemanas.

Hacía mucho frío en noviembre. Un centinela alemán vigila el paisaje nevado.

Dos mil cañones aliados dispararon con furia por la mañana temprano el día 8 de agosto a lo largo de un frente de unos diez kilómetros, seguidos de un ataque de 450 tanques a los que siguió la infantería. Por la tarde las tropas británicas habían penetrado casi 15 kilómetros en la línea alemana, habían hecho 16.000 prisioneros de guerra y se habían apropiado de cientos de cañones.

Ametralladora alemana capturada por los aliados en Landreville; 7 de noviembre de 1918.

Mortero de trinchera alemán de 85 mm preparado para disparar. Este tipo de mortero todavía se encuentra en el antiguo campo de batalla en Francia.

Izquierda: Los alemanes colocaban obstáculos antitanques por todas partes.

Un obús alemán de 210 mm capturado por tropas americanas.

Obús alemán Schneider.

Cañón estadounidense de camuflaje; 27 de julio de 1918.

Tropas estadounidenses preparadas para atacar detrás de una cortina de humo.

Búnquer de mortero alemán en Varneville capturado por tropas americanas el 22 de octubre de 1918.

Trincheras alemanas en el Bois des Esparges, adonde el 261.º Regimiento norteamericano dirigió el ataque el 10 de septiembre de 1918.

Izquierda: Soldado alemán muerto en Hamel.

519

Cañones de 14 pulgadas sobre raíles disparan a posiciones alemanas en los bosques de Argonne.

Hubo un gran caos durante el avance norteamericano: un enorme atasco de tráfico cerca de St. Michiel.

Los franceses tuvieron menos éxito y avanzaron con más lentitud. Aunque apresaron a unos 5.000 alemanes y 160 cañones, los rápidos refuerzos alemanes consiguieron que aminoraran su velocidad y después detuvieron la ofensiva aliada. Ésta fue una de las razones por las que el general Rawlinson quería el permiso de Haig para terminar esa ofensiva. Haig estaba de acuerdo, pero el mariscal Foch exigía que los británicos tomaran primero Pèronne y Ham, con el fin de empujar a los alemanes hacia detrás del Somme. El IV Ejército británico intentó hacerlo al día siguiente sin éxito y esta vez Haig se mantuvo en sus trece y terminó el ataque. Las pérdidas fueron grandes una vez más. De los 450 tanques únicamente quedaron 67, mientras que los franceses y británicos perdieron 45.000 hombres frente a los 75.000 de Alemania. El contraataque franco-británico no tuvo

Soldados norteamericanos leen un aviso alemán sobre ataques aéreos después de tomar Bayonville.

El Gobierno alemán intenta conseguir dinero para pagar las indemnizaciones de guerra al final. Un póster que intenta atraer el interés del público sobre nuevos préstamos de guerra.

éxito en la ruptura, aunque estaba claro que los aliados habían tomado la iniciativa ahora.

Aunque las tropas alemanas habían detenido la ofensiva aliada su comandante en jefe lo consideró un desastre, pues, aunque habían tenido éxito en detener el avance, la ruptura se había convertido en un golpe. Por primera vez parecía que el deseo de ganar estaba ausente en las tropas alemanas. Unidades enteras se habían rendido al enemigo, los soldados ya no obedecían a sus oficiales y cientos de miles desertaron. Ludendorff se dio cuenta por primera vez de que todo había terminado para el ejército alemán y que ya no era posible la victoria. En las memorias que escribió después decía que se sentía traicionado por sus propias tropas y que ya no era de sentido común continuar la guerra, que ya debía terminar. A partir de este momento Alemania tendría que limitarse a la defensa

Puesto de socorro norteamericano en una iglesia en ruinas de Neuville; 26 de septiembre de 1918.

Soldados norteamericanos heridos, en un hospital de París.

Izquierda: Tropas de abastecimiento en primera línea.
Soldados norteamericanos llevan pan al frente.

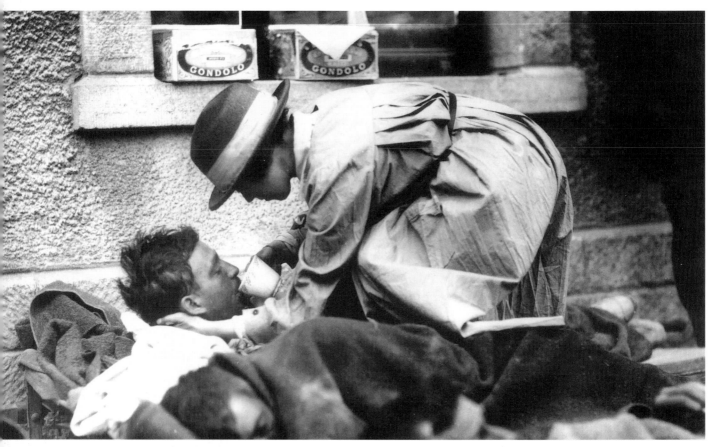

Una enfermera de la Cruz Roja da de beber a un hombre gravemente herido.

Las ropas de los soldados afectados por un ataque de gas mostaza se reúnen y se queman.

Derecha: Un tren hospital norteamericano lleva heridos a París.

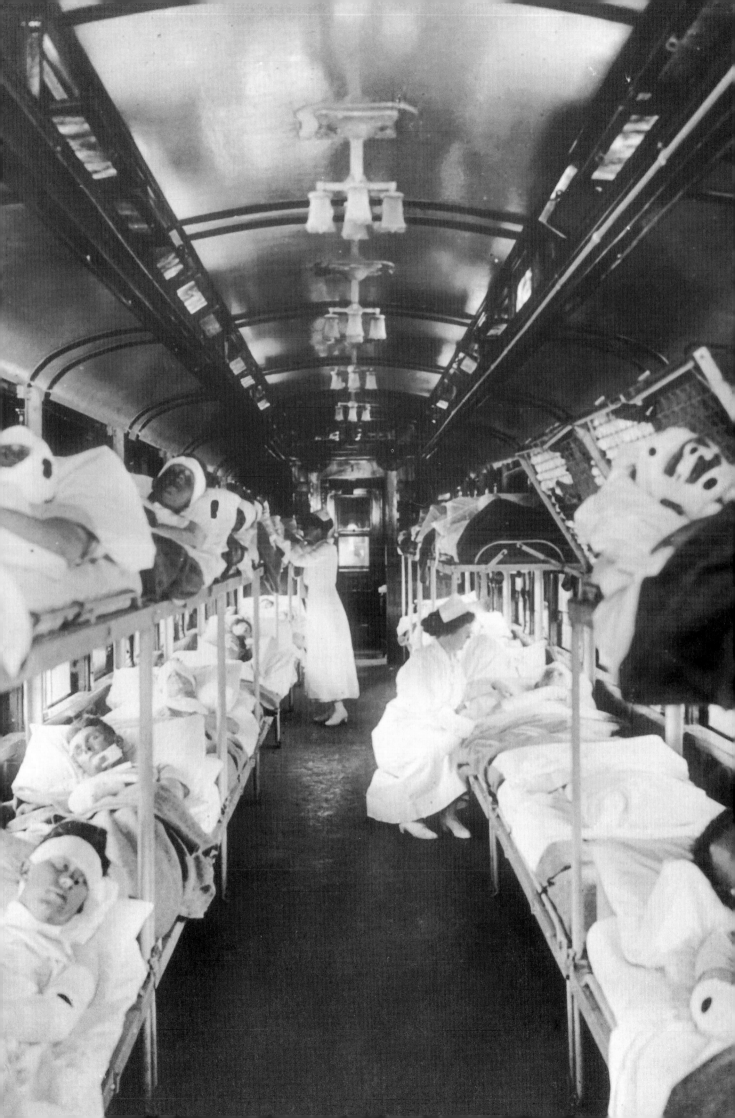

Un capellán del Ejército de Estados Unidos oficiando un servicio en el campo.

El 39.º Regimiento de la 93.ª División de Estados Unidos compuesta por soldados afroamericanos bajo el mando francés. Mantienen posiciones y luchan cerca de Maffrecourt en mayo de 1918. Lucharon bien y a muchos les recompensaron con condecoraciones francesas.

Ataques del 326.º Regimiento de Infantería norteamericano el 1 de agosto de 1918.

Las tropas norteamericanas sufrieron con frecuencia pérdidas innecesarias a causa de su inexperiencia.

Tropas estadounidenses durante su marcha a la importante cabeza de línea ferroviaria de Soissons.

y continuar la lucha sólo podría servir para ganar tiempo para las conversaciones de paz con el enemigo. Una vez más se negó a retirar sus tropas. Las tropas se quedarían donde estaban y era necesario defender la línea de defensa de vanguardia. Para lograrlo, envió todos los refuerzos posibles, pero esto, por supuesto, debilitó significativamente otros frentes.

Ese mismo día informó a Hindenburg y al káiser de la situación y explicó que ya no pensaba en una posible victoria. Guillermo II escuchó en un silencio sepulcral y después convocó una reunión con el canciller y el ministro de Asuntos Exteriores en el cuartel general de Spa. La reunión se celebró el 13 de agosto. Ludendorff les puso al día de la situación y afirmó que ya no era posible la victoria. Añadió que los aliados estaban también al límite de sus fuerzas y que su nueva estrategia era una defensa fuerte y dura del territorio ocupado en ese momento. La comunicación era bastante primitiva. Estaba convencido de que los aliados no querrían luchar y les obligaría a pensar en la paz. Ésta era una representación demasiado optimista de la situación en ese momento y carente de realismo. El canciller deseaba

El 308.° Regimiento estadounidense después de capturar la segunda línea alemana en los bosques de Argonne al norte de Four de París.

Los tanques no estaban equipados de radios. Envío de una paloma mensajera desde un tanque con un mensaje para el puesto de mando.

Los tanques franceses contribuyeron al avance de las tropas estadounidenses en Soissons en 1918.

Tanques aliados en el ataque de Soissons.

Tropas norteamericanas cavan cerca de Nanteuil el 29 de junio de 1918.

Tropas norteamericanas atacan cerca de St. Barbe el 13 de agosto de 1918.

Las bajas norteamericanas fueron muchas durante este ataque.

Izquierda: El 326.° Regimiento de Estados Unidos ataca en Choloy el 1 de agosto.

Tropas norteamericanas en acción una vez más el 8 de octubre. La 30.ª División ataca en Fremont.

El káiser Guillermo II visita, en octubre de 1918, un mes antes de su abdicación, una fábrica de armas donde apeló a los trabajadores para que detuvieran el trabajo.

prepararse para entablar conversaciones de paz, pero Ludendorff se oponía con fuerza. Las conversaciones de paz únicamente podrían llevarse a cabo, decía él, después de la victoria y, aunque la situación era grave, aún tenía esperanza. Von Hertling y el ministro Hintze partieron hacia Alemania muy pesarosos, pero con cierto alivio de sus temores después de que Hindenburg declarara también que no tenían que olvidar que tropas alemanas todavía ocupaban territorio enemigo y era posible permanecer allí.

Soldados alemanes muertos durante el avance norteamericano.

Había escasez de todo en Alemania. Un póster ruega
a las mujeres que recojan pelo para la industria de defensa.

El káiser alemán habla con un trabajador
durante su visita a Kiel.

Reservas americanas pasan por el Marne.

Vista del frente norteamericano desde la Compañía «A»; 14 de junio de 1918.

Panadería norteamericana de campaña. Sus cincuenta y cuatro panaderos y ocho hornos cocían 54.000 panes en el campo todos los días.

Empleo de medios de guerra salvajes y despiadados: una trampa.

La batalla del bosque de Argonne. La carretera de Varenne-Four de París el 4 de noviembre de 1918.

Prisioneros de guerra alemanes apresados por las Divisiones 27 y 33 norteamericanas.

Atrapados en el último momento. Cuatro espías alemanes con uniformes estadounidenses
fueron descubiertos y ejecutados en el momento; noviembre de 1918.

Un soldado norteamericano reza ante un crucifijo superviviente entre muerte y destrucción, en Somme Dieu; noviembre de 1918.

Pronto se vio claramente la verdadera situación en el frente y que la confianza mostrada por el comandante en jefe era infundada y ya no era posible mantener sus posiciones. Los aliados estaban planeando ahora otra gran ofensiva con mucha ayuda norteamericana; los alemanes no tenían tropas para hacerles frente y pronto Ludendorff e Hindenburg se dieron cuenta de que tenían que aceptar que la situación era desesperada. Con el fin de salvar todo lo posible, suplicaron al Gobierno que pidiera un alto el

Un soldado canadiense pide a los alemanes escondidos que salgan de un refugio alemán tomado.
Dury, 2 de septiembre de 1918.

fuego y aconsejaban que lo hicieran a la mayor brevedad, porque cada día que se retrasara supondría un desastre total. Esta petición sorprendió al Gobierno. Ahora se sentían obligados a pedir un alto el fuego, ya que no tenían ninguna oportunidad, en su débil posición, y estaban en las peores circunstancias posibles. Un gran drama estaba a punto de suceder.

ALEMANIA PIDE UN ALTO EL FUEGO

Las ofensivas alemanas de marzo a julio habían conseguido victorias tácticas, pero no la ruptura que pretendían y este fracaso terminó con la posibilidad de ganar la guerra por medio de un conflicto armado. En marzo Alemania todavía tenía una fuerza importante, pero la situación cambió considerablemente en julio. La última ofensiva costó 700.000 hombres y entre julio y octubre los alemanes perdieron 800.000 hombres más. El total de bajas alemanas desde el comienzo de la guerra en

1914 sumaba 4.500.000 muertos, heridos, desaparecidos y prisioneros de guerra, y sencillamente no había hombres suficientes para sustituir estas pérdidas. Ni siquiera era posible encontrar la mano de obra necesaria que construyera posiciones detrás de los frentes. Muchas divisiones del frente existían sólo de nombre o únicamente se podía disponer de ellas en parte.

Al mismo tiempo, la fuerza de lucha de los aliados aumentaba constantemente. A principios de noviembre de 1918 las tropas norteamericanas que desembarcaron en Francia sumaban 1.800.000 hombres y se añadían de 200.000 a 250.000 cada mes. Estas tropas norteamericanas estaban preparadas para el combate sólo en parte, por supuesto, y eran muy inexpertas.

Parece muy extraño que los aliados no parecieran preocuparse de lo seria que era la situación de las fuerzas alemanas a las que se enfrentaban. Aunque aumentaba la sensación de que ahora los aliados habían tomado la

Un soldado británico permanece en la «inexpugnable» línea de Hindenburg.

543

iniciativa de los alemanes, se presentía que la guerra continuaría durante algún tiempo y seguramente seguiría en 1919 en vista de la fuerte oposición de los alemanes en su defensa. Había cierta preocupación sobre si la gente continuaría apoyando la guerra. Las propias pérdidas de los aliados eran enormes, llegando a 850.000 hombres entre marzo y julio. Las pérdidas entre julio y noviembre aún fueron mayores. Los franceses perdieron 530.000 hombres, los británicos 410.000 y los estadounidenses

El mariscal Foch. La delegación alemana le preguntó por sus propósitos. Dijo que no tenía ninguno.

Los aliados se reúnen el 2 de julio de 1918 para establecer sus demandas de alto el fuego.

El primer ministro británico, Lloyd George, durante la Conferencia Interaliada del 2 de julio de 1918.

El representante estadounidense en el Cuartel General aliado, el general H. Bliss.

300.000, llegando a 2.100.000 en total. Y esto no fue todo. No sólo las divisiones alemanas estaban diezmadas, las divisiones británicas se habían reducido de doce batallones a nueve, y en mayo se eliminaron diez divisiones por falta de soldados. La capacidad ofensiva del ejército francés nunca se había recuperado por completo desde la gran rebelión de 1917 y dependía por completo de los británicos y posteriormente también del apoyo norteamericano. Los aliados también habían agotado prácticamente sus reservas. En julio de 1918 los aliados pidieron al presidente Wilson que enviara a cuatro millones de hombres inmediatamente o la guerra se perdería. Esta petición de cuatro millones es absurda. Era más del total de las fuerzas aliadas en Francia en ese momento, pero no se indicaba la mala situación de los aliados entonces y tampoco se indicaba la mala situación de los alemanes. Los generales aliados podían planear grandes ofensivas, pero carecían de soldados para realizarlas con éxito. Había otra cuestión importante: el presidente Wilson tenía propuestas de paz a las que los aliados se

El nuevo canciller alemán, el príncipe Max von Baden, al que se le confirió la misión de iniciar conversaciones de alto el fuego con los aliados.

Churchill en Lille justo antes del alto el fuego; 24 de octubre de 1918.

El general von Winterfeldt, jefe de la comisión alemana de alto el fuego, el 29 de noviembre de 1918.

Herr Erzberger, miembro del Reichstag alemán y de la comisión de alto el fuego, de conversación con el mariscal Foch en su vehículo.

Miembros de la comisión de alto el fuego se dirigen hacia el mariscal Foch.

habían opuesto por completo. El Gobierno de Estados Unidos les había hecho saber que si los aliados rechazaban sus propuestas de paz ellos podrían acordar una paz independiente con el enemigo. Esto debía evitarse a toda costa, porque no era posible ganar la guerra sin los norteamericanos. Los británicos opinaban que, si la guerra iba a continuar durante mucho más tiempo, sería sensato mantener conversaciones de paz rápidamente con los alemanes desde una posición de fuerza cuando se pudieran pedir términos más favorables que los que proponía el presidente Wilson. Deseaban evitar una postura norteamericana prevaleciente que les obligara a aceptar sus términos sobre los de los demás aliados. El creciente número de tropas norteamericanas en suelo francés daba la posibilidad de que la opinión estadounidense prevaleciera con más probabilidad en ese momento.

Ésta era la situación entonces, cuando el alto mando alemán decidió que su Gobierno pidiera un alto el fuego. Esa petición llegó como un rayo de luz en el cielo azul para el pueblo alemán. Hasta entonces el alto mando alemán había mantenido abiertamente que la victoria era posible a pesar de todos los sacrificios. El 13 de agosto Hindenburg y Ludendorff habían continuado afirmando que hasta el último momento los alemanes podían mantener el territorio que habían ocupado y podían obligar a una

Miembros aliados de la comisión de alto el fuego en Spa. De izquierda a derecha:
teniente general Sir Richard Haking (Reino Unido), el general de división Rhiodes (EE.UU.)
y el general Dunant (Francia).

paz honrosa. Ellos habían rechazado la idea de conversaciones de paz. Ahora, de repente, un alto el fuego sería un gracia salvadora y esta noticia causó impresión, incredulidad y falta de confianza entre el pueblo alemán. Era exactamente la señal que necesitaban los descontentos de la nación para empezar una revolución y, por consiguiente, terminar de una vez con la guerra.

Anuncio de alto el fuego en Le Havre.

Escena en una calle de Winchester (Inglaterra) cuando se anuncia el Armisticio.

También hubo alegría en Alemania. Las tropas que regresan son recibidas como héroes.

Izquierda: Un multitud jubilosa se reúne en el exterior del Palacio de Buckingham el 11 de noviembre de 1918 para celebrar el Armisticio.

Una multitud jubilosa se amontona en el palacio real porque tropas alemanas regresan a su patria.

El alto mando alemán pensaba en esta revolución porque sistemáticamente desviaba al pueblo de la situación en el frente. Cuando finalmente se hizo pública la realidad, tuvo el efecto de una enorme ola que barría el último vestigio de esperanza y confianza del pueblo alemán, con todas las consecuencias que se derivaran de ello. La petición de alto el fuego también impactó enormemente a los aliados y era algo totalmente inesperado. Dado que ahora parecía que los alemanes deseaban detener la lucha a toda costa, los aliados podían aumentar sus demandas al máximo posible. Esto se vio claramente durante las conversaciones de paz. Se habían tirado los dados. Alemania había perdido la lucha y se veía obligada a aceptar un armisticio y las posteriores peticiones de paz, que serían la semilla de la guerra siguiente, aún más espantosa, que estalló unos veinte años después, cuando una vez más sería necesario que Estados Unidos viniera al rescate. La historia se repite, pero esta lección no se había aprendido y supuso trágicas consecuencias.

Izquierda: Tropas alemanas marchan por Berlín agitando banderas y al son de tambores.
No había sensación de derrota.

Tropas alemanas que habían quedado atrás en Rusia regresan a casa en tren.

Residencia privada de Hindenburg en Spa.

Derecha: Soldados con heridas leves regresan a casa.

Residencia de Ludendorff en Spa.

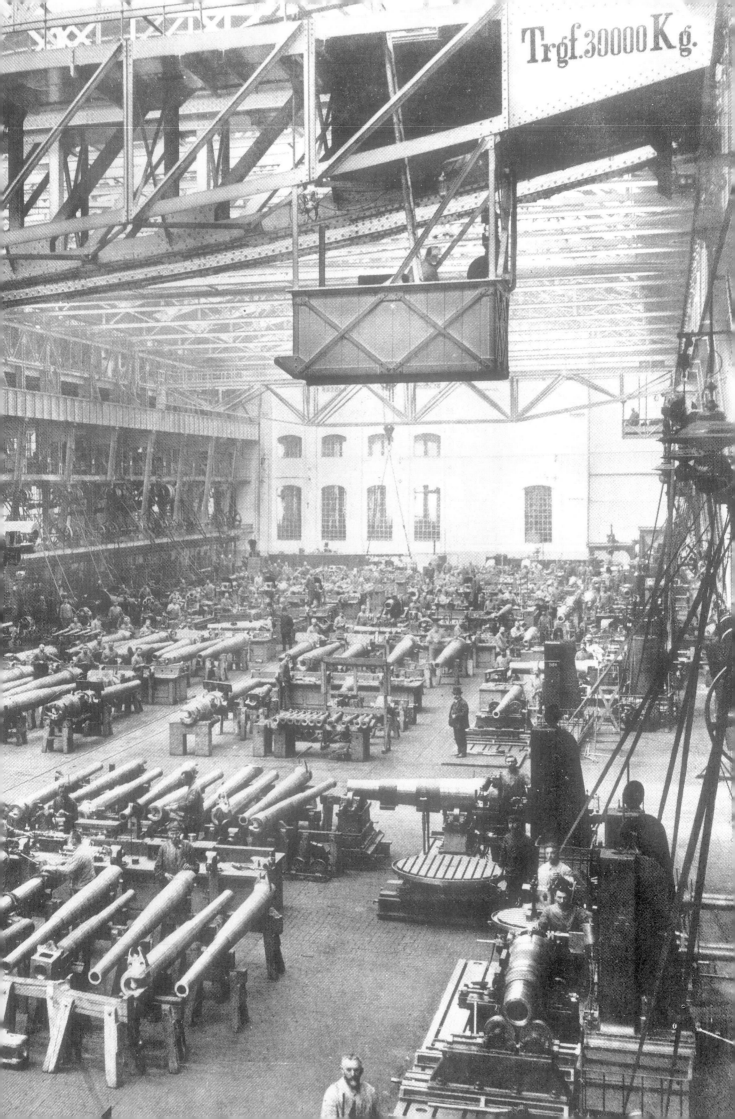

PAZ SIN VENCEDORES

NEGOCIACIONES DE ARMISTICIO
Ya había en 1917 políticos alemanes que no creían posible la victoria y pedían una paz rápida. Uno de ellos era Erzberger, quien descubrió por un amigo de las fuerzas armadas que la situación militar de Alemania era cada vez más difícil y que su aliado, Austria-Hungría, se iba a ver obligado a terminar la guerra unilateralmente.

Erzberger formó un grupo de miembros del Reichstag compuesto por centristas, socialdemócratas y progresistas que redactaron una «resolución

El comandante en jefe británico, general Haig, con sus oficiales el día del Armisticio, 11 de noviembre de 1918.

Izquierda: Las enormes fábricas de armamento de Krupp tuvieron que ser desmanteladas.

El sargento estadounidense Philips disparó el último tiro de la guerra desde el sector norteamericano en Neuville-sur-Meuse el 11 de noviembre de 1918.

Tropas norteamericanas cruzan la frontera de Luxemburgo hacia Alemania el 20 de noviembre de 1918.

Tropas británicas camino de Colonia.

El rey británico Jorge V y su consorte, la reina Mary, camino de la catedral de San Pablo
para un servicio de conmemoración por el Armisticio.

de paz» como iniciativa para conseguir pronto la paz. Creían que primero era necesario enmendar la Constitución a un sistema parlamentario. Su plan consiguió en seguida un gran apoyo y finalmente, aunque a disgusto, fue aceptado por el káiser.

El canciller, Bethmann Hollweg, pensaba que no era el momento oportuno para llevar a cabo el plan, aunque estaba a favor de él, pero el plan de paz terminó en un cajón y se aplazó una primera introducción de sistema parlamentario.

Había otros que trabajaban por la paz. A la cabeza iba el presidente Wilson con su ambición de paz en la que puso todas sus fuerzas. Su primer esfuerzo importante en la mediación entre los partes enfrentadas tuvo lugar poco después del ataque con torpedos al barco británico *SS Lusitania* en 1915. Wilson llamó al embajador alemán y propuso a Alemania que detuviera la guerra submarina a cambio de la presión de Estados Unidos sobre los británicos para que levantaran el bloqueo marítimo a Alemania, pero este intento no llegó a ninguna parte.

Poco después el presidente envió a su emisario, el coronel House, a Gran Bretaña durante el invierno de 1915-1916 para mantener conversaciones con el ministro de Asuntos Exteriores, Edward Grey, en las cuales habló de la posibilidad de conversaciones de paz.

House repitió esta visita a Grey varios meses después, cuando se apartó de los principios de estricta neutralidad. Preguntó a Grey cuáles eran sus deseos y le dijo que a Estados Unidos le gustaría hacer todo lo posible para ayudar a los aliados a ganar la guerra. Dijo: «Estados Unidos desearía que el Gobierno británico permitiera que Estados Unidos hiciera lo que fuera necesario para que los aliados ganaran la guerra.»

Él fue aún más abierto con los aliados cuando visitó París tiempo después y declaró que, si los aliados perdieran, el Gobierno estadounidense les apoyaría. Los aliados creyeron que aquello significaba que Estados Unidos se pondría de parte de ellos, pero House afirmó después que éste no era el significado y que esta conclusión es errónea, aunque no explicó lo que quería decir en realidad.

El presidente norteamericano Wilson realizó una visita especial a Gran Bretaña. Aquí aparece visitando Manchester el 30 de diciembre de 1918.

Posteriormente, House propuso conversaciones de paz en las cuales él aseguraría que los puntos de la discusión expresarían el punto de vista de los aliados. Si entonces Alemania rechazaba estos puntos, Estados Unidos entraría en la guerra al lado de los aliados. Estos asuntos se consignaron en el famoso Memorándum House-Grey del 22 de enero de 1916. El «peligro latente» de este memorándum tan favorable en apariencia, se encontraba en el hecho de que iban a ser los norteamericanos los que dictaran los términos de paz si se aceptaba la propuesta, y tanto Gran Bretaña como Francia se oponían totalmente. Por esta razón este plan no siguió adelante y una vez más fracasó la iniciativa de paz del presidente de EE.UU.

A finales de 1916, después de su victoria sobre Rumania, Alemania se dirigió a los norteamericanos y pidió al presidente que intentara mediar de nuevo. El presidente estuvo de acuerdo y envió una nota a los combatientes preguntándoles con qué condiciones aceptarían una paz duradera. Esta nota supuso una dura crítica por parte de los aliados, que se enojaron porque el presidente Wilson no se había puesto de parte de ellos abiertamente.

La multitud saluda al presidente norteamericano Wilson durante un desfile por Londres.

El ministro de Asuntos Exteriores alemán, Brockdorff-Rantzau, que encabezó la misión alemana
en las conversaciones del Armisticio en 1919. «Pudimos sentir el odio hacia nosotros cuando llegamos.
Admitir la culpa sería una mentira por mi parte...»

A pesar de ello, los aliados hicieron a disgusto lo que pidió el presidente y
presentaron sus demandas. El centro de estas demandas era que Alemania se
rendiría sin condiciones.

Alemania también respondió sin mucho entusiasmo y envió una respuesta ambigua. Sin duda alguna, los que libraban la batalla no estaban preparados todavía para pensar en la paz y cada vez aumentaban más las hostilidades entre ellos. A pesar de ello, los alemanes se dieron cuenta de que

El presidente Wilson a la salida de la Conferencia del Armisticio el 17 de mayo de 1919, en la cual los alemanes recibieron propuestas de paz.

era poco probable que mejorara su situación a largo plazo y por tanto se aferraron al arma de la guerra submarina sin restricciones de manera que pudiera eliminarse la desigualdad entre las partes.

El presidente de EE.UU. continuó proponiendo la paz y el 22 de enero de 1917 dio un tremendo discurso, en el cual pedía al mundo que apoyara su sorprendente plan de paz. El tema principal era una «Paz sin victoria» o vencedores. Las partes iban a acordar una paz sobre la base de acuerdos existentes relacionados con la libertad de los mares, el derecho a la autodeterminación de todos los pueblos, el fin de todas las alianzas o tratados secretos y una retirada hacia el propio territorio

El primer ministro británico, Lloyd George, abandona la conferencia.

Palacio de Versalles, donde los alemanes firmaron el tratado de paz, con protestas, el 28 de junio de 1919.

anterior de cada uno. Se iba a basar en una completa igualdad y sin prorratear la culpa.

Era un plan magnánimo, pero algo ingenuo, y todos lo rechazaron. Un silencio sepulcral rodeó a Wilson y la falta de reacciones positivas hizo que Wilson se preguntara si debía abandonar su política de neutralidad y unirse a los aliados. Esta indecisión se fortaleció con los incidentes del *Lusitania* y del *Arabic*. El telegrama de Zimmermann y la reanudación de la guerra submarina sin restricciones por parte de Alemania cerraron la puerta a la paz y provocaron que Wilson decidiera unirse a los aliados. El

3 de febrero de 1917 rompió las relaciones diplomáticas con Alemania después de haber anunciado ésta la reanudación de la guerra submarina sin restricciones. El 2 de abril de 1917 Estados Unidos declaró la guerra a Alemania.

EL PLAN DE CATORCE PUNTOS DEL PRESIDENTE WILSON

Aunque oficialmente Estados Unidos estaba ahora en el lado de los aliados, esto no evitó que el presidente Wilson siguiera con sus iniciativas de paz. Al contrario, su decisión de entrar en la guerra iba de la mano con la idea de que proporcionaría mucha más influencia sobre los que libraban la

Un ala del palacio de Versalles.

batalla que si Estados Unidos no participaba en la guerra. Al involucrarse él podría hacer demandas a los aliados y si era necesario hacerles retroceder desde una posición más fuerte.

Mientras tanto, trabajó todo el verano y parte del invierno de 1917-1918 en su plan de «Paz sin victoria» y dio su famoso discurso de catorce puntos el 8 de enero de 1918, que fue muy aclamado en Estados Unidos.

Por desgracia, la gente se entusiasmó menos en Europa. Los aliados no estaban de acuerdo con ninguno de los catorce puntos. El primer ministro francés, Clemenceau, hizo un comentario mordaz y *The Times* comentó que quizá Wilson pensaba que ya se había celebrado el juicio final en la tierra. Alemania también reaccionó fríamente y no muy positivamente.

El plan del presidente comprendía varias cuestiones importantes, como la libertad de los mares, la eliminación de barreras económicas, la devolución de Alsacia y Lorena a Francia, un gobierno libre y justo respecto a los acuerdos coloniales en los cuales los intereses de la gente tuvieran igual peso, autodeterminación para los países balcánicos, la apertura de los Dardanelos y la creación de la Liga de las Naciones, en la cual cada nación, grande o pequeña, poseería los mismos derechos de independencia política e integridad territorial.

A primera vista era un plan brillante, pero llevarlo a la práctica era algo diferente. La total libertad de los mares no la iban a aceptar los británicos cuyo gobierno sobre el mar estaba enraizado en la psique nacional. Para Alemania la devolución de Alsacia y de Lorena era igualmente inaceptable y nadie estuvo de acuerdo con las proposiciones sobre las colonias. Sin embargo, las reacciones negativas no desanimaron a Wilson. Por el contrario, dio un discurso el 11 de febrero en el que añadió cuatro nuevos puntos (los cuatro principios) a los catorce anteriores. Se consideraba que, hasta donde fuera posible, las aspiraciones de los gobernantes territoriales gobernados por potencias coloniales deberían adherirse y que todo acuerdo territorial debería ir en interés de los habitantes de ese territorio.

Este discurso fue también muy criticado. En Gran Bretaña pensaron inmediatamente en su Imperio. Lo que Wilson estaba proponiendo era un desmembramiento del Imperio británico y los británicos no estaban dispuestos a aceptar esto, pero una vez más el presidente hizo poco caso a las críticas. El 4 de junio de 1918 añadió cuatro puntos más a su «manifiesto». En resumen, se pueden describir así:

1. Imparcialidad y justicia entre los pueblos.
2. Gobierno limitado respecto a la autodeterminación.

El gabinete imperial de guerra británico.

3. Los mismos principios morales para todos.
4. Más detalles para crear una organización de paz mundial.

Esta vez la situación de la guerra iba a favor de Wilson. Los alemanes habían comenzado una ofensiva importante en marzo y los aliados se habían visto obligados a retroceder por todas partes. Éstos temían ahora perder la guerra y por tanto rogaron a Wilson que enviara tropas. Ya que le necesitaban, parecía que ellos estaban más dispuestos a escuchar las propuestas y planes de Wilson.

El primer ministro británico, Lloyd George, prometió a los británicos que exprimiría a los alemanes «como a un limón».

El 17 de septiembre el presidente respondió añadiendo más propuestas nuevas a su plan: «the five particulars». Un punto importante era la petición de que todos los participantes en futuras conversaciones de paz serían completamente iguales, que todos los acuerdos secretos existentes entre países se harían públicos y que se prohibirían alianzas y tratados secretos.

La demanda de que a cada parte se la trataría como a un igual era muy importante para Alemania al haber visto fracasar su marcha ofensiva, aunque comenzara con éxito y viera que su fuerza se agotaba. El 4 de octubre el Gobierno alemán informó al presidente Wilson de que aceptaba su plan

El salón de los espejos del palacio de Versalles el 8 de junio de 1919: el mismo lugar donde se creó el nuevo Estado alemán el 18 de enero de 1871 había acabado en desastre por un tratado de paz deshonroso.

Firmas del Tratado de Versalles con el que terminó oficialmente la Primera Guerra Mundial, pero que sembraría las semillas de una guerra mucho más terrible veinte años después.

Un regimiento francés en el desfile de la victoria en Londres; 19 de julio de 1919.

de catorce puntos como base para entablar conversaciones de paz con los aliados y le pidieron que iniciara las conversaciones para conseguir un alto el fuego.

Los demás aliados estaban muy descontentos con el plan de catorce puntos de Wilson o mejor dicho su plan de veintisiete puntos. Clemenceau no pudo evitar comentar: «el mismo Dios sólo necesitó diez mandamientos», e inmediatamente rechazó la petición alemana de alto el fuego, porque creía que los alemanes habrían dirigido esta petición más a Francia y a Gran Bretaña que a Estados Unidos.

El primer ministro británico, Lloyd George, era más realista en cuanto a las propuestas. Le preocupaba que Wilson presionara, sin cooperación de ellos si fuera necesario, y podría traicionar a Alemania. El astuto zorro viejo se dio cuenta de que el plan de Wilson era magnánimo y noble, pero pensaba en realidad que no se podría realizar y que sus puntos podían modificarse significativamente con el acaloramiento y la presión de la negociación.

Finalmente, los franceses y los británicos respondieron que estaban dispuestos a aceptar el plan de Wilson, con ciertas condiciones, como un punto de partida de las conversaciones. El presidente se encontró en un

El general Pétain, «héroe de Verdún», recibe una alta condecoración de manos del rey Jorge V de Gran Bretaña el 19 de julio de 1919.

embarazoso apuro después de recibir la nota alemana. Sabía que los demás aliados no iban a aceptar su plan con tanto entusiasmo. ¿Cómo reaccionaría su propio pueblo, a quien él acababa de meter en una guerra, ante su plan de paz? ¿Y qué seguridad tenía él de que los alemanes deseaban de verdad un alto el fuego?

El 8 de octubre envió al Gobierno alemán una nota en la que decía que él no sólo mantenía su plan de catorce puntos sino que quería que los alemanes abandonaran inmediatamente los territorios ocupados. También exigía que el Gobierno alemán hablara por el pueblo y no por el káiser o por el comandante en jefe.

El hijo del general Pershing y las dos hijas del general Haig estuvieron presentes también en las celebraciones.

El general Pershing (Estados Unidos) y el general Haig (Gran Bretaña).

Alemania respondió afirmativamente también a estas demandas el 12 de octubre, pero Wilson, bajo la presión de sus aliados, hizo ahora nuevas demandas. El 14 de octubre respondió que había también demandas militares por parte de los aliados. Alemania tenía que poner fin a la guerra submarina inmediatamente y poner fin a la destrucción sistemática del territorio ocupado. El 20 de octubre el Gobierno alemán respondió que aceptaba estas propuestas también, pero Wilson pidió ahora que primero abdicara el káiser antes de poder hablar de un alto el fuego. En vista de la revolución que había estallado entonces en Alemania, los alemanes se vieron obligados a aceptar esta demanda también y, aunque el káiser no había abdicado todavía, el Gobierno alemán envió una respuesta afirmativa una

Después de la guerra surgió un movimiento independentista en Bélgica que pedía la independencia de Flandes.

vez más. Wilson envió un borrador de tratado de paz para que lo estudiaran los alemanes.

Bajo la presión de Gran Bretaña y Francia hubo varios cambios importantes en el plan de catorce puntos de Wilson. El punto sobre la libertad de los mares desapareció y se añadió un punto completamente nuevo que exigía una considerable compensación a Alemania, lo cual significó que el principio de igualdad entre las partes y de la «Paz sin victoria» se perdiera en su totalidad.

Alemania había aceptado el plan de Wilson de forma específica por este punto y ahora se sentía traicionada. No obstante, en vista del estado de anarquía en el país el Gobierno se vio obligado a estar de acuerdo con las demandas con la esperanza de que durante la negociación pudieran modificar la paz según los principios prometidos en el plan de catorce puntos de Wilson. Se iba a demostrar que era una esperanza vana.

Miles de flamencos se manifestaron por la independencia, pero no consiguieron nada.

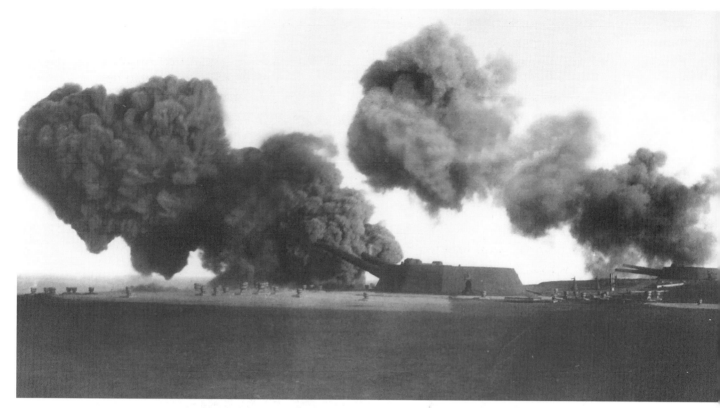

Los aliados empezaron a demoler inmediatamente las fortificaciones y cañones de Helgoland conforme al Tratado de Versalles.

EL ARMISTICIO

Finalmente, el 8 de noviembre de 1918 una delegación alemana llegó a la ciudad francesa de Compiègne, donde fueron recibidos en un vagón por el mariscal Foch en nombre de los aliados. Foch les preguntó por la razón de su visita. El delegado alemán Erzberger dijo que le agradaría tener propuestas de Foch para llegar a un alto el fuego. Foch dijo que no tenía propuestas. «Estamos esperando su respuesta de parte de los aliados», dijo otro delegado. A esto le siguió el silencio.

«¿Desean un alto el fuego?», preguntó Foch. «Si lo desean entonces les hablaré de nuestras demandas», y después pidió a uno de sus colegas que leyera las demandas en francés en voz alta. La delegación alemana se quedó asombrada. Las demandas eran nada menos que una rendición incondicional. Foch comentó que ellos podían aceptar o rechazar estas demandas. La negociación no era posible.

Entre las demandas se encontraban:

1. Desocupación inmediata del territorio ocupado.
2. Desocupación inmediata de la orilla occidental del Rin.
3. Dejar libre una cabeza de puente hacia territorio alemán.
4. Devolución de todos los prisioneros de guerra.
5. Entrega inmediata de 5.000 cañones, 25.000 ametralladoras, 3.000 morteros, 1.700 aviones y todos los submarinos.

Tropas norteamericanas montan guardia en el Rin. Centinelas de la División «Arco Iris» vigilan en Nieder Briesig; 19 de diciembre de 1918.

6. Internamiento de toda la flota alemana.
7. Pago del coste de un ejército aliado de ocupación en Alemania.
8. Restauración de todo el daño causado en los territorios ocupados por los alemanes.
9. Entrega de 5.000 locomotoras totalmente utilizables, 15.000 vagones y 5.000 camiones.
10. El bloqueo económico iba a continuar de momento.

Está claro que los aliados querían aprovecharse de su conocimiento de la revolución que había en Alemania. Las demandas no eran términos para un alto el fuego sino que formaban parte inmediata de demandas de capitulación. No había negociación posible y rápidamente resultó obvio que los aliados no tenían intención de hacerlo. Alemania tenía que aceptar sencillamente y tendría el trato de enemigo vencido.

El pueblo de Alemania todavía se aferró al anuncio de Wilson de que los aliados habían estado de acuerdo con su Plan de Catorce Puntos, pero los alemanes fueron engañados una vez más. Respecto al alto el fuego parecía que poco más podía hacer la delegación que firmar el acuerdo de Armisticio el 11 de noviembre con un metafórico cañón apuntándoles a la cabeza.

TRATADO DE PAZ DE VERSALLES, CAMBIO EN LAS FRONTERAS EUROPEAS

Los aliados comenzaron a preparar el tratado de paz inmediatamente después del Armisticio. Hasta el 28 de junio de 1919 no se pudo firmar el tratado por la protesta de Alemania. Fue precedido de un momento embarazoso para los aliados. La delegación alemana fue a Versalles a principios de junio con el fin de recibir los términos de paz definitivos.

Cuando la delegación entró en el Salón de los Espejos el murmullo se convirtió en silencio. Clemenceau se puso en pie junto con los otros doscientos delegados. El ministro de Asuntos Exteriores alemán, Brockdorff-Rantzau, encabezó su delegación atravesando la masa silenciosa hacia los lugares que le indicaron, inclinó la cabeza ligeramente y se sentó.

Todos los reunidos, a excepción de Clemenceau, se sentaron. Él dio la bienvenida a los presentes y después se dirigió a la delegación alemana diciendo: «Caballeros delegados de Alemania: nos reunimos aquí para resolver definitivamente nuestra situación. Ustedes piden la paz, nosotros estamos dispuestos a concederles la paz. Ahora les ofreceremos nuestros términos. Pueden tomarse su tiempo para estudiarlos, pero debe quedar claro que los aliados desean plena compensación. Esperaremos su respuesta dentro de dos semanas. ¿Desean decir algo?»

Brockdorff-Rantzau levantó la mano para mostrar que él sí tenía algo que decir. Cuando empezó a hablar no se levantó y para sopresa de todos

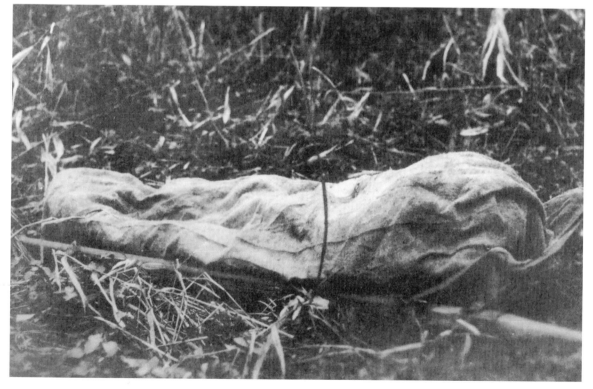

Uno de los muchos soldados que no regresaron espera ser enterrado.

Visión horrible. Huesos recogidos de cientos de miles de soldados muertos.

los presentes permaneció sentado. Era una señal clara y todos los presentes lo consideraron un desaire, especialmente porque Clemenceau había permanecido en pie mientras se dirigía a los alemanes.

«Pudimos sentir el odio en cuanto entramos en esta sala», empezó a decir el ministro de Asuntos Exteriores levantando la voz. «Ustedes esperan que aceptemos toda la culpa de esta guerra. Si esa afirmación saliera de mi boca sería una mentira. Alemania y el pueblo alemán están firmemente convencidos todavía de que hicieron una guerra defensiva y yo me niego aquí con la mayor vehemencia a que Alemania cargue con toda la culpa. Cuando empezaron ustedes a hablar de compensación en pocas palabras les pedí que recordaran que tardaron ustedes seis semanas en entregarnos su armisticio y otros seis meses más después para formular sus términos de paz. Cientos de miles de ciudadanos inocentes alemanes, mujeres y niños que han muerto de hambre desde el 11 de noviembre de 1918 porque continúa el bloqueo fueron llevados a la muerte deliberadamente después de su victoria y después de tener más que garantizada su seguridad. Les pido que piensen en ellos cuando hablen de conceptos como el de culpabilidad y castigo.» Con estas palabras terminó su discurso.

Hubo un silencio sepulcral durante un momento en la sala, pero después estalló un tumulto. Clemenceau golpeó en la mesa pidiendo silencio

Derecha: 100.000 toneladas de huesos, la terrible cosecha de sólo un sector de zona de guerra.

y clausuró la reunión. La delegación alemana abandonó la sala y la gente oyó a Brockdorff-Rantzau decir a otro miembro de su delegación: «Cómo se atreve ese viejo loco senil de Clemenceau a humillarnos así. El único modo de poder demostrar mi desdén era quedarme sentado. Nunca olvidaremos esto y ¡esto será un escándalo!» Fueron palabras proféticas que pronto se cumplirían. El tratado iba a tener unas consecuencias desastrosas para el mundo.

Alemania perdió el 13 por 100 de su anterior territorio y el 10 por 100 de su población, todas sus colonias, entre ellas todas las posesiones privadas alemanas que había en ellas, casi toda su flota mercante y la mayor parte de su equipamiento de ferrocarril, que partió la columna de la economía del país durante mucho tiempo.

Pero peor todavía fue que el bloqueo británico continuó en 1919, por lo que muchos más alemanes, especialmente mujeres y niños, murieron de hambre. Los británicos querían asegurarse de que los alemanes no restablecerían sus lazos comerciales con demasiada rapidez y antes de que los británicos mismos se hubieran recuperado. Sin una flota mercante los alemanes tenían pocas probabilidades, pero Alemania fue obligada también a construir al menos 200.000 toneladas de barcos al año durante cinco años

para los aliados. También se obligó a Alemania a no utilizar los yacimientos de carbón de Saarland durante treinta y cinco años. Éstos proporcionaban más carbón que toda Francia. Y además se exigió que Alemania pagara a los aliados como compensación mil millones de marcos alemanes, aun cuando todo el mundo sabía que el país no podía disponer de ese dinero.

Pero el mayor insulto se encontró en la conferencia de paz, en la cual Alemania era declarada única responsable de causar la guerra y por tanto soportaría todos los daños. Esto no fue evaluado por una comisión neutral sino por el enemigo.

El famoso economista Keynes, delegado británico en la conferencia, describió al tratado de «inmoral e incompetente» y dimitió en protesta. No

Muerto por su rey y por su patria.

fue el único que protestó. Incluso Lloyd George intentó hacer cambios en el tratado a las once horas, pero Clemenceau bloqueó cada intento y extrañamente fue apoyado por el presidente Wilson. Fue el hombre de estado sudafricano, general Smuts, el que comentó posteriormente que en vez de crear la paz ellos habían decidio continuar la guerra con el fin de llevar a la ruina a Europa. «El tratado de paz llevará finalmente a una revolución o a otra guerra», declaró.

La voluntad alemana de resistir había desaparecido y el país se vio obligado a ceder ante una fuerza superior, sufriendo la ocupación de los aliados. No se podía hacer otra cosa que aceptar el escándalo y declarar: «Cediendo ante la abrumadora supremacía, pero sin cambiar nuestra posición sobre la ignorada injusticia de los términos de paz, el Gobierno de la República alemana se declara preparado a aceptar los términos de paz como establecen los aliados y sus países y los firmamos».

Y así se hizo. Un nuevo drama, que llegaría a conocerse como Segunda Guerra Mundial, se gestó en el Tratado de Versalles de 1919. Los preparativos de la venganza alemana comenzarían pronto.

Pero hasta 1950, cuando un grupo de políticos internacionales e historiadores se reunieron en Verdún, no se reconoció oficialmente que ningún país ni sus habitantes fue responsable único y culpable de la Primera Guerra Mundial, sino más bien fue una cadena de acontencimientos y reacciones a ellos.

Por desgracia, una vez más millones de personas habían sido víctimas y este reconocimiento les llegó tarde.

La delegación alemana abandona el antiguo cuartel general alemán de Spa, en el cual se ubicó la Comisión de Armisticio Aliada. Observen al centinela alemán.

BIBLIOGRAFÍA

Albertini, L, *The Origins of the War 1914* (Londres, 1965)

Anderson, E.N., *The First Moroccan Crisis, 1904-1906* (Chicago, 1930)

Andrew, C.M. & Kanya Forstner, A.S., Gabriel Hanataux, «The Colonial Party and the Fashoda Strategy» en *Journal of Imperial and Commonwealth History* (1975)

Andriessen, J.H.J., *De Andere Waarheid* (2.ª Edición, Amsterdam, 1999)

Andriessen, J.H.J. & Dagniaux, S.D.I., *Verdun 1916* (2.ª Edición, Amsterdam, 1999)

Káiser Guillermo II

Asprey, R.B., *The German High Command at War* (Londres, 1993)

Asquith, H.H., *The Genesis of the War* (Londres, 1923)

Baernreiter, J., *Fragmenten eines Politisches Tagebuches* (Viena, 1928)

Bailey, T.A. & Ryan, P.B., *The Lusitania Disaster* (Nueva York, 1975)

Ballard, R.D., *Op het spoor van de Lusitania* (Amsterdam, 1995)

Bainville, M., *Italy at War* (Toronto, 1916)

Barlos, I., *The Agadir Crisis* (Chapel Hill, 1940)

Barth, *Aus der Werkstatt der Deutschen Revolutions Almanach für 1919*

Enver Pasha

Bennett, G., *Naval Battles of the First World War* (Londres, 1983)

Bentley-Moth, Col. T., *The Memoirs of Marshal Joffre* (Londres, 1932)

Berghahn, Volker R., *Der Tirpitz Plan* (Düsseldorf, 1971)

Bernstein, E., von, *Dokumente zum Weltkrieg 1914* (en color) (Berlín, 1921)

Bethmann Hollweg, T., *Betrachtungen zum Weltkriege* (Berlín, 1921)

Beumelburg, W., *Bismarck gründet das Reich* (Berlín, sin año)

Birdwoood, Field–Marshal Lord, *Khaki and Gown* (1941)

Bismarck, Conde Otto von, *Gedanken und Erinnerungen* (Berlín, 1911)

Bitten, L., *Österreich-Ungarns Aussenpolitik von der Bosnischen Krise 1908 bis zum Kriegsausbruch 1914.* Archivos diplomáticos del Ministerio de Asuntos Exteriores austrohúngaro. (Viena, 1930)

Blake, R., (Ed.) *The private papers of Douglas Haig 1914–1919* (Londres, 1952)

Bled, J.P., *Franz-Joseph* (Oxford, 1992)

Blond, G., *Verdun* (1962)

Bogitchevich, M., *Die Auswärtige Politik Serbiens (z.p., z.j.)*

Bogitchevich, M., *An examination into the causes of the European War.*

Bordeaux, H., *The last days of Fort Vaux* (Londres, 1917)

Brandis, C. von, *Die Stürmer von Douaumont* (Berlín, 1917)

Delcassé

Brook Shepherd, C., *November 1918* (Boston, 1981)

Bruun, G., *Clemenceau* (Connecticut, 1968)

Buchan, J., *The Battle of the Somme* (Londres, sin año)

Buchholz, A., *Moltke, Schlieffen and Prussian War Planning* (Oxford, 1993)

Buffetout, Y., *Verdun, Images de L'enfer* (París, 1995)

Bülow, B. von, Conde, *Denkwürdigkeiten* (Berlín, 1931)

Cain, P. & Hopkins, A.G., *The Political Economy of British expansion overseas* (1980)

Callwell, C.E., Maj-Gen., *Field Marshal Sir Henry Wilson* (Londres, 1927)

Churchill, Winston, *The World Crisis* (Londres, 1923)

Clemenceau, G., *Grandeur and Misery of Victory* (Londres, 1930)

Collin, H., *La Côte 304 et le Mort-Homme* (París, 1934)

Edward Grey

Poincaré

Haldane

Cranon, A, von, *Deutschlands Schicksalbund mit Österreich-Ungarn* (Berlín, 1932)

Dalton, Hugh, *With British Guns in Italy* (Londres, sin año)

Diplomatische Kriegsrüstungen. Dokumente zu den englisch-russischen Verhandlungen über ein Marineabkommen aus dem Jahre 1914 (Berlín, 1919)

Dobrorolski, S. Gen., *Die mobilmachung der Russischen Armee 1914* (Berlín, 1922)

Documents diplomatiques. Les accords franco-italiens de 1900–1902 (París, 1920)

Dollinger, H., & Hiltermann, G.B.J., *Geschiedenis van de Eerste Wereldoorlog in foto's en documenten* (Baarn, 1969)

Enthoven, H.E., *De dal van Delcassé* (Utrecht, 1930)

Erbelding, E., *Vor Verdun* (Stuttgart, 1917)

Ettighofer, P.C., *Verdun, das Grosze Gericht* (Gütersloh, 1936)

Falls, C., *Caporetto 1917* (Londres, 1966)

Farrar-Hockley, A.H., *The Somme* (Londres, 1983)

Fay, S.B., *The Origins of the World War* (Nueva York, 1932)

Ferguson, N., *Virtual History* (Londres, 1997)

Fischer, F., *Griff nach der Weltmacht* (Düsseldorf, 1984)

Fischer, F., *Wir sind nicht hineingeschlittert* (Reinbak, 1983)

Fischer, F., *War of Illusions* (Nueva York, 1975)

Fischer, K., *Die Kämpfe um die I-Werke* (1982)

Suchomlinov

Fischer, K. & Klink, S., *Spurensuch bei Verdun* (Bonn, 2000)

Foch, Marshal, *The Memoirs of Marshal Foch* (Gulford, 1932)

Frémont (Ed.), *Geschichte der Kampfereignisse über das fort Vaux*

Freud, Sigmund & Bullitt, W., *Thomas Woodrow Wilson* (Londres, 1967)

Geiss, I., *Das Deutsche Reich und die Vergeschichte des Ersten Weltkrieges* (Munich, 1985)

Gelfand, L.E., *Britain and the París Peace Conferences 1919–1923* (Yale, 1963)

Gelfand, L.E., *The Inquiry, American Preparations for Peace 1917–1919* (Londres, 1963)

Gilbert, M., *First World War* (Londres, 1994)

Giles, J., *The Ypres Salient* (Londres, 1979)

Gliddon, G., *The Battle of the Somme* (1998)

Admirante Tirpitz

Goodspeed, D.J., *Ludendorff* (Gütersloh, 1968)

Gorbett, J., *Naval Operations* (1921)

Gras, G., *Douaumont* (Verdun, 1949)

Grey of Falloden, E., *Twenty Five Years* (Londres, 1926)

Grupp, P., *Deutschland, Frankreich und die Kolonien* (Tübinga, 1980)

Guin, P., *British strategy and Politics 1914–1918* (Oxford, 1965)

Haffner, S., *Eine deutsche Revolution* (Munich, 1979)

Haldane, Lord, *Before the War* (Londres, 1920)

Hallauer, Dr., *Die Explosionscatastrophe im Fort Douaumont* (1916)

Hamilton, I., *Gallipoli Diary* (1920)

Harper, Contraalmirante J.E.T., *The Truth about Jutland* (Londres, 1927)

Hayne, M.B., *The French Foreign Office and the Origins of the First World War* (Princeton, 1996)

Headlan, J.W., *The History of Twelve Days* (Londres, 1915)

Heckscher, A., *Woodrow Wilson* (Nueva York, 1993)

Heijster, R, Ieper (Tielt, 1998)

Heijster, R, *Verdun, Breuklijn der beschaving* (Rijswijk, 1996)

Heller, A., *Zo waren mijn frontjaren* (manuscrito, 1919)

General
Von Hindenburg

Hellmut, D., *Seemacht Politik in 20. Jahrhundert* (Munich, 1924)

Henig, R., *Versailles and after* (Nueva York, 1995)

Heresch, E., *Verraad, lafheid en bedrog* (Amsterdam, 1993)

Herre, F., *Kaiser Franz-Joseph von Österreich, senie Zeit* (Colonia, 1978)

Hillgruber A., *Deutschlands Rolle in der Vorgeschichte der beiden Weltkriege* (Göttinga, 1986)

Hindenburg, *Generalfeldmarshall, Aus meinem Leben* (Leipzig, 1920)

Admirante De Robeck

General Hunter Weston

Hobbing, R., (Ed.), *Der Friedensvertrag von Versailles und das Rheinlandstatut* (Berlín, 1925)

Horn, D., War, *Mutiny and Revolution in the German Navy* (Brunswick, 1967)

Horne, A., *The Price of Glory* (Nueva York, 1963)

Hosse, *Die englisch-belgische Aufmarschpläne gegen Deutschland* (1930)

Hötzendorff, Conrad von., Feldmarschall, *Aus meiner Dienstzeit* (Munich, 1922)

Hough, R., *The Great War at Sea 1914-1918* (Oxford, 1986)

Hughes, C., *Mametz* (Londres, 1985)

Hurst, M., (Ed.) *Key Treaties for the Great Powers* (Londres, 1972)

Japiske, N., *Europa en Bismarcks vredespolitiek* (Leiden, 1925)

Jelavich, B., *History of the Balkans* (Cambridge, 1983)

Jelavich, B., *The Habsburg Empire in European Affairs 1814-1918* (Chicago, 1969)

Jellicoe, Almirante Lord, *The Grand Fleet 1914-1916* (Londres, 1919)

Johnson, J.H., *The unexpected victory* (Londres, 1997)

Jollivet, G., *Le Colonel Driant* (París, 1918)

Kabisch, G., *Verdun, Wendes des Krieges* (Verdún, 1935)

Kann, R., *Kaiser Franz-Joseph und der Ausbruch des Weltkrieges* (Viena, 1971)

Kautsky, K., (Ed.) *Die Deutsche Dokumente zum Kriegsausbruch* (Charlottenburgo, 1927)

Kautsky, K., *Hoe de oorlog ontstond* (Rotterdam, 1919)

Keegan, J., *The Price of Admiralty* (Londres, 1988)

Keegan, J., *The face of Battle* (Harmondsworth, 1983)

Keith, J., (Ed.) *The Military Correspondence of Field Marshal Sir Henry Wilson* (1985)

Kennedy, P., (Ed.), *The War Plans of the Great Powers 1880-1914* (Boston, 1985)

Kennan, G.F., *Russia leaves the War* (Nueva Jersey, 1989)

Kenworthy, J.M. & Yong, *Freedom of the Seas* (Londres, 1927)

Kettle, M., *The Allies and the Russian Collapse* (Londres, 1981)

Keyes, Admiral R., *Naval Memoirs* (1934)

Liman von Sanders

Keynes, John Maynard, *The Economic Consequences of the Peace* (1988)

Kielmansegg, P., *Count, Deutschland und der Erste Weltkrieg* (Kempten, 1968)

Klüfer, K., von, *Die Seelenkrafte im Kampf um Douaumont* (Berlín, 1938)

Knight Patterson, W.M., *Germany from the Defeat to Conquest 1913-1933* (Londres, 1945)

Kraft, B.D.E., *Lord Haldane's zending naar Berlijn 1912* (Utrecht, 1931)

Von Richthofen

L'Alliance franco-russe. Origines de l'Alliance 1890–1893. Convention militaire 1892-1899 et Convention navale 1912 (París, 1918)

Laffan, R.G.D., *The Serbs, The Guardians of the Gate* (Nueva York, 1989)

Laffin, J., *Damn the Dardanelles* (Londres, 1980)

Lambi, I., *The Navy and German Power Politics* (Boston, 1984)

Lansing, R., *The Peace Negotiations, a personal narrative* (Nueva York, 1921)

Lansing Papers 1914-1920 (Washington, 1940)

Lazarewitsj, D.R., *Die Schwarze Hand* (Lausana, 1917)

Lefebvre, J.H., *Die Hölle von Verdun* (Verdún, sin año)

Lee, D.E. (Ed.), *The outbreak of the First World War, Causes and Responsibilities* (1970)

Lentin, A., *Lloyd George, Woodrow Wilson and the guilt of Germany* (1985)

Lieven, D., *Nicholas II Emperor of all the Russians* (Londres, 1993)

Lieven, D., *Russia and the Origins of the First World War* (Londres, 1993)

Lijnar, E.W., *Deutsche Kriegsziele 1914-1918* (1964)

Linke, A.S., (Ed.) *The Papers of Woodrow Wilson* (Princeton, 1966)

Lloyd George, D., *War Memoirs* (Long Acre, 1936)

Lloyd George, D., *The Truth about Reparations* (Londres, 1932)

Ludendorff, E., *Meine Kriegserinnerungen 1914-1918* (Berlín, 1919)

Lutz, R.H., *The causes of the German collapse 1918*

Macdonald, L., *Somme* (Londres, 1983)

Mahan, capitán A.T., *The influence of Sea Power upon history* (Londres, 1890)

Manfred, J., *The United States and Germany* (Londres, 1984)

Marchand, R., (Ed.) *Une Livre Noir. Diplomatie d'avant Guerre, d'apres les documents des archives russes. Novembre 1910-juillet 1914* (París, 1922)

Marder, J.A., (Ed.) *Fear God and Dread Nought* (Londres, 1959)

Marsden, A., *British Diplomacy and Tunis 1875-1902* (Londres, 1972)

Marston, F.S., *The Peace Conference of 1919, Organization and Procedures* (Oxford, 1944)

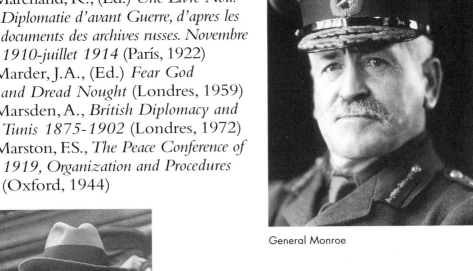

General Monroe

Winston Churchill

Massie, R.K., *Dreadnought* (Londres, 1992)

McMaster, J.B., *The United States in the World War* (Nueva York, 1918)

Mee, C.L., *The end of order, Versailles 1919* (Nueva York, 1980)

Middlebrook, M. & M., *The Somme Battlefields* (Londres, 1994)

Middlebrook, M., *The Kaiser's Battle* (Nueva York, 1988)

Ministère des Affaires Etrangères, *Documents Diplomatiques Français 1871-1914* (París, 1936)

Ministerie van Buitenlandse Zaken, Bélgica, *Uit de Belgische archieven 1905–1914. Berichten der diplomatieke vertegenwooordigers van België te Berlijn, Londen en Parijs aan den minister van Buitenlandse Zaken te Brussel*

Moltke, H. von, *Erinnerungen, Briefe, Dokumente 1877-1916* (Stuttgart, 1922)

Morel, E.D.F., *Truth and the War* (Londres, 1916)

Morgenthau, H., *Secrets of the Bosporus* (1918)

General Falkenhayn

Morris, A.J.A., *Radicalism against War 1906-1914* (Londres, 1972)

Moulton, H.G., & McGuire, C.E., *Het betalingsvermogen van Duitsland* (Leiden, 1923)

Moyer, L., *Victory must be ours* (Londres, 1995)

Muller, Joh., *Engelands rol bij het uitbreken van de Eerste Wereldoorlog* (Amsterdam, 1914)

Müller, Almirante G.A., *Der Kaiser, Anzeichnungen des Chefs des Marinekabinetts* (Zurich, 1965)

Neilson, K., *The Anglo-Russian Alliance 1914-1917* (Londres, sin año)

Neumann, N., *Die Kämpfe um das Fort Douaumont von 25/2-4/3 1916* (Meckenheim, 1999)

Nicolson, H., *Peacemaking 1919* (Londres, 1967)

General Pershing

Capitán de fragata Strasser

Nitti, F.S., *Peaceless Europe* (Londres, 1922)

Nowak, K.F., *Die Aufzeichnungen des General Major Max Hoffmann* (Berlín, 1930)

Offer, A., *The First World War, An Agrarian interpretation* (Oxford, 1991)

O'Keef, K.J., *A Thousand Deadlines. The Nueva York City Press and American neutrality* (1972)

Oncken, E., *Panthersprung nach Agadir: Die deutsche Politik während der zweiten Marokkokrise 1911* (Düsseldorf, 1981)

Owen, R.L., *The Russian Imperial Conspiracy 1892-1914* (Nueva York, 1926)

Owen, R.L., *Rede über die Kriegsschuldfrage* (Berlín, 1924)

Paléologue, M., *La Russie des Tsars pendant la Grande Guerre* (París, 1922)

Paschall, R., *The Defeat of Imperial Germany 1917-1918* (Chapel Hill, 1989)

Peeters, J., *België 1914* (Utrecht, 1997)

Persell, S.M., *The French Colonial Lobby 1889-1938* (Stanford, 1983)

Pershing, Gen. J., *My experiences in the World War* (Londres, 1931)

Pétain, Marshal, *La Bataille de Verdun* (París, 1938)

Poincaré, R., *The Origins of the War* (Melbourne, 1922)

Powell, E.A., *Italy at War* (Nueva York, 1918)

Radtke, E., *Douaumont, wie es wirklich war* (Berlín, 1934)

Radtke, E., *Die Erstürmung von Douaumont* (Leipzig, 1938)

Ranke, L. von, *Serbien und die Türkei im 19 Jahrhundert* (Leipzig, 1879)

Raynal, Col., *Le drame du Fort Vaux* (París, 1919)

Renouvin, P., *La Politique extérieure de Th. Delcassé 1898-1906* (París, 1962)

Reuter, Almirante L. von, *Scapa Flow* (Londres, 1940)

Rhodes James, R., *Gallipoli* (Londres, 1965)

Ritter, G., *The Schlieffenplan* (Londres, 1958)

Robers, S.H., *History of French Colonial Policy 1870-1925* (Londres, 1929)

Robertson, Mariscal de campo Sir William, *Soldaten und Staatsmänner* (Berlín, 1927)

Röhm, Ernst, *Geschichte eines Höchverräters*

Rolo, P., *Entente Cordiale. The Origins and Negotiation of the Anglo-French Agreements* (Londres, 1969)

Romberg, barón G. von, *Falsifications of the Russian Orange Book* (Nueva York, 1923)

Almirante Von Scheer

Almirante Jellicoe

Mariscal Foch

Ruge, vicealmirante F., *Scapa Flow 1919: Das Ende der deutschen Flotte* (Oldenburg, 1969)

El embajador Page

Scheer, almirante Reinhard, *Germany's High Seas Fleet in the World War* (Londres, 1920)

Schilling, barón von, *How the War began in 1914* (Londres, 1925)

Schreiner, G.A., (Ed.) *Entente Diplomacy and the World* (Londres, 1921)

Schulte Nordholt, J.W., *Woodrow Wilson* (Amsterdam, 1990)

Schwabe, K., *Woodrow Wilson, Revolutionary Germany and Peacemaking 1918-1919* (Londres, 1985)

Seton Watson, R.W., *Sarajevo* (Londres, 1920)

Seymour, C.H., *The intimate papers of Colonel House* (Cambridge Mass., 1926)

Sharp, A., *The Versailles settlement* (Londres, 1991)

Siccama, K.H., *De annexatie van Bosnië Herzegovina 5 oktober 1908-19 april 1909* (Utrecht, 1950)

Simpson, C., *The Lusitania* (Boston, 1972)

Stegemans, H., *Geschichte des Krieges* (Berlín, 1917)

Zar Nicolás II

Steinberg, J., *Yesterday's Deterrent: Tirpitz and the Birth of the German Battle Fleet* (Nueva York, 1965)

Steiner, Z.S., *Britain and the Origins of the First World War* (Londres, 1991)

Suchomlinov, W.A., *Erinnererungen* (Berlín, 1924)

Tarrant, V.E., *Jutland* (Londres, 1999)

Taylor, A.J.P., *Germany's first bid for Colonies* (Londres, 1938)

Taylor, A.J.P., *The struggle for Mastery in Europe 1848-1918* (Oxford, 1984)

Thimmermann, H. von, *Verdun-Souville* (Munich, 1936)

Trotsky

Tirpitz, almirante von, *Erinnerungen* (Leipzig, 1919)

Toland, J., *No Man's Land* (Londres, 1980)

Trevelyan, G.M., *Grey of Fallodon* (Londres, 1937)

Tunstall, G.A., *Planning for War against Russia and Serbia* (Nueva York, 1983)

Uys, I., *Delville Wood* (Johannesburgo, 1983)

Mariscal Joffre

General Bliss

Vat, D. van der, *The Grand Scuttle* (Londres, 1982)

Waller, vicealmirante G., *The Fifth Battle Squadron at Jutland* (1935)

Warner, P., *Kitchener* (Londres, 1985)

Watt, R.M., *The Kings depart. The German Revolution and the Treaty of Versailles* (Suffolk, 1973)

Wegener, A. von, *Die Kriegsschuldfrage* (Berlín, 1926)

Wendel, H., *Die Ermordung des Erzherzogs Franz-Ferdinand* (1923)

Werth, G., *Verdun, Slacht und Mythos* (1982)

Werth, G., *1916 Schlachtfeld Verdun, Europas Trauma* (Berlín, 1994)

Wesseling, H.L., *Verdeel en heers* (Amsterdam, 1991)

Wilhelm II, *Ereignisse und Gestalten 1878-1918* (1922)

Wilhelm II, *Gedenkschriften van keizer Wilhelm II* (Amsterdam, 1922)

General D. Haig

Williamson, S.R., *Austria-Hungary and the Origins of the First World War* (Londres, 1994)

Wilson, K., *Decisions for War* (Londres, 1995)

Winter, D., *Haig's Command* (Londres, 1992)

Witte, conde, *Mémoires* (París, 1923)

Wright, P., *Conflict on the Nile. The Fashoda Incident of 1898* (Londres, 1972)

ÍNDICE ONOMÁSTICO

A

Aehrenthal, 49, 53
Albert, koning, 107
Albertini, 71
Albrecht, hertog, 93
Ardent, 403
Asquith, 239

B

Beatty, 398, 416, 419
Below, Von, 485
Berchtold, 61, 65
Bethmann Hollweg, 454, 562
Bieberstien, Von 76
Birdwood, 234
Bismarck, 14, 16, 28, 78
Black Prince, 403
Boehn, 498, 503
Boisdeffre, 33
Booth, Alfred, 449
Briand, 433
Brockdorff-Rantzau, 583
Brusilov, 356, 359, 467
Byng, 490
Bülow, Von, 93, 113

C

Cambon, 433
Castelnau, de 83, 119
Churchill, Winston, 108, 199, 232, 414, 451
Clemenceau, 570, 575, 583, 587
Colman Freiherr von der Goltz, 231

Conrad von Hötzendorff, 50, 59, 66, 194

D

Debeney, 506
Degoutte, 505
Delcassé, 18
Driant, 259, 267
Dubail, 37, 83
Ducarne, 35
Duchêne, 490, 498

E

Eckhardt, 455
Edward VII, 34, 79
Edward-House-memorandum, 434
Einem, Von, 503
Elbing, 403
Emmich, Von, 97
Erzberger, 559, 581

F

Falkenhayn, Von, 195, 247, 297
Fayolle, Remile, 339
Fisher, Jack, 205
Foch, 497, 521, 581
Fortune, 403
Francois, Von, 175, 178
Franz-Ferdinand, 56, 57, 58
Franz-Joseph, 60, 64

French, 104
Fryatt, 110

G

Gallieni, 114
Gallwitz, Von, 99
Garden, 205, 230
Giers, 34
Gough, 490, 506
Grabez, 56
Grey, Edward, 37, 70, 433, 434, 563
Grierson, 35
Guretsky, 285

H

Haig, 299, 306, 310, 325, 344, 497, 521
Hamilton, 213, 230, 238
Hausen, Von, 93
Heeringen, Von, 93
Hentsch, 114
Herr, 272
Hertling, Von, 535
Hindenburg, Von, 175, 193, 195, 298, 359, 455, 506, 528, 551
Hintze, 541
Hipper, 392
Hitler, Adolf, 149
Hoffmann, 175
House, 432, 563
Hunten Weston, 325
Hutier, 485, 506

I

Iswolski, 49, 54

J

Jagow, 454
Jellicoe, 392, 397, 398, 412
Joffre, 83, 112, 114, 115, 272, 299, 306, 354

K

Karageorgevic, Peter, 43, 45
Karl, Aartshertog, 359
Kerensky, 464
Keyers, Roger, 230
Keynes, John Maynard, 586
Kiderlen Wächter, 23
Kitchener, 71, 208, 239
Kluck, Von, 102, 113, 115
Knobelsdorf, Von, 255

L

Laffin, John, 241
Lanrezac, 102
Lansing, 429, 431, 435
Leman, 97
Lenin, 460, 465
Lettow Vorbeck, Von, 246
Lichnowski, 92
Liman von Sanders, 76, 231
Lloyd George, 23, 575

Ludendorff, Erich, 175, 194, 298, 455, 485, 494, 502, 505, 522, 551

M

Mangin, 504
Manoury, 112
Marchand, 18
Marnitz, Von, 485
Marwitz, 506
McCrae, John, 165
Melow, Von, 173
Moltke, Von, 66, 81, 92, 113, 114, 116
Monroe, 239
Morgan, J.P., 446
Mudra, Von, 498, 503

N

Napoleón III, 12
Nassau, 401
Northcliff, 429

O

Obrenovic, Alexander, 43

P

Page, Walter, 457
Pavlowitch, Dimitri, 460
Pétain, 260, 272
Pflantzer, 358
Plumer, 497
Poincaré, 72
Pommern, 404
Princip, 58
Prittwitz und Gaffon, Von, 172, 175

R

Raspoetin, 460
Rawlinson, 306, 346, 506
Raynal, 285
Rennenkampf, Von, 173, 175, 194
Reuter, Herman Ludwig von, 423, 427
River Clyde, 234
Robeck, De, 230
Rodsjanko, Michael, 460
Romanov, prins, 460
Romarch, 133
Rommel, Erwin, 373
Roosevelt, Theodore, 428
Rostock, 403

Rupprecht, kroonprins, 93

S

Samsonov, 173, 176, 181, 194
Sazonov, 54
Scheer, 397, 398, 412, 414, 416
Scheidemann, 423
Seeckt, Von, 359
Sixt von Arnim, 102
Smith Dorrien, 103, 171
Smuts, 587
Sophie, 58
Souchon, 199
Sparrowhawk, 403
Stalin, 474
Stettin, 418
Suchomlinov, 87

T

Tirpitz, Von, 376, 388, 427
Tisza, 59, 62, 64
Trotsky, 468

V

Victoria, koningin, 34
Viviani, 73

W

Wilhelm II, 32, 80, 89, 92, 528
Wilson, Henry, 23, 36
Wilson, Woodrow, 428, 431, 432, 434, 453, 455, 457, 474, 547, 562, 568, 571, 575

Z

Zimmermann, 454, 456

AGRADECIMIENTOS POR LAS FOTOGRAFÍAS

Todas las fotografías de este libro, a excepción de las marcadas con «aut» proceden del Imperial War Museum, Lambeth Road, Londres SE1 6HZ, Reino Unido
© The Trustees of The Imperial War Museum, Londres.